王逢振　主编

詹姆逊作品系列

政治无意识

[美]弗雷德里克·詹姆逊（Fredric Jameson）著

王逢振 陈永国　译

中国人民大学出版社

·北京·

总　序

众所周知，弗雷德里克·詹姆逊（Fredric Jameson，1934—　）是当代著名的思想家和批评家，也是公认的、仍然活跃在西方学界的马克思主义者。其作品已经被翻译成十多种文字，产生了广泛的影响。因此，在“詹姆逊作品系列”出版之际，对詹姆逊及其作品做一简要介绍，不仅必要，而且也不乏现实意义。

一、弗雷德里克·詹姆逊其人

20 多年前，我写过弗雷德里克·詹姆逊，当时心里主要是敬佩；今天再写，这种心情仍在，且增添了深厚的友情。自从 1983 年 2 月与他相识，至今已经 35 年多，这中间交往不仅没有中断，而且日益密切，彼此在各方面有了更多的了解，因此我称他为老友。他也把我作为老朋友，对我非常随便。例如，2000 年 5 月，他和我同时参加卡尔加里大学的一个小型专题研讨会，会后帕米拉·麦考勒姆（Pamela Macclum）教授和谢少波带我们去班夫国家公园游览，途中他的香烟没有了（当时他还抽烟），不问我一声，便从我的口袋里掏出我的烟抽起来。此事被帕米拉·麦考勒姆和谢少波看在眼里，他们有些惊讶地说：“看来你们的关系真不一般，这种事在北美是难以想象的。”

其实，我和他说来也是缘分。1982 年秋季我到加州大学洛杉矶分校作访问学者，正好 1983 年 2 月詹姆逊应邀到那里讲学，大概因为他是马克思主义批评家，想了解中国，便主动与我联系，通过该校的罗伯特·马尼吉斯教授约我一起吃饭，并送给我他的两本书：《马克思主义与形式》(*Marxism and Form*，1970) 和《政治无意识》(*The Political Unconscious*：*Narrative as a Socially Symbolic Act*，1981)，还邀请我春天到他当时任教的加州大学圣克鲁兹分校访问。

说实在的，他送的那两本书我当时读不懂，只好硬着头皮读。我想，读了，总会知道一点，交流起来也有话说，读不懂的地方还可以问。4 月，我应邀去了圣克鲁兹。我对他说，有些东西读不懂。他表示理解，并耐心地向我解释。我们在一起待了一个星期，我住在他家里，并通过他的安排，会见了著名学者海登·怀特和诺曼·布朗等人，还做了两次演讲——当时我在《世界文学》编辑部工作，主要是介绍中国翻译外国文学的情况。

1983 年夏天，我们一起参加了在伊利诺伊大学厄本那-香槟分校召开的“对马克思主义和文化的重新阐释”的国际会议。正是在这次会议上，我认识了一些著名学者，如佩里·安德森 (Perry Anderson，英)、G. 佩特洛维奇 (G. Petrovic，南斯拉夫)、亨利·列斐伏尔 (Henri Lefebvre，法) 和弗朗哥·莫雷蒂 (Franco Moretti，意) 等人 (我在会议上的发言与他们的发言后来一起被收入了《马克思主义和文化阐释》[*Marxism and the Interpretation of Culture*] 一书)。此后，1985 年，我通过当时在北京大学国政系工作的校友龚文庠 (后任北京大学传播学院副院长) 的帮助和安排，由北京大学邀请詹姆逊做了颇有影响的关于后现代文化的系列演讲。詹姆逊在北京四个月期间，常到我家做客。后来我到杜克大学访问，也住在他家里。

詹姆逊生于美国的克里夫兰，家境比较富裕，自幼受到良好的教育，幼年还学过钢琴，对音乐颇有悟性。他聪明好学，博闻强记，20 岁 (1954 年) 在哈弗福德学院获学士学位，22 岁

(1956年)获耶鲁大学硕士学位,接着在著名理论家埃里希·奥尔巴赫的指导下,于25岁(1959年)获耶鲁大学法国文学和比较文学博士学位;其间获富布赖特基金资助在德国留学一年(1956—1957年),先后就读于慕尼黑大学和柏林大学。1959年至1967年在哈佛大学任教,1967年到新建的加州大学圣地亚哥分校任教,在那里,他遇到了一度是法兰克福学派的重要人物和激进学生领袖的赫伯特·马尔库塞。此后,从1976年到1983年,他任耶鲁大学法文系教授,1983年转至加州大学圣克鲁兹分校。1985年夏天,杜克大学为了充实和发展批评理论,高薪聘请他任该校讲座教授,专门为他设立了文学系(Graduate Program in Literature),由他当系主任,并决定该系只招收博士研究生,以区别于英文系。记得当时还聘请了斯坦利·菲什(Stanley Fish)、简·汤姆金斯(Jane Tomkins),以及年轻有为的弗兰克·兰垂契亚(Frank Lentricchia)和乔纳森·阿拉克(Jonathan Arac,后来没去)。从那时至今,他一直在杜克大学,2003年辞去系主任职务,不过仍担任批评理论研究所所长和人文学科教授委员会主任。2014年才辞去所有职务。

1985年他刚到杜克大学时,该校给了他一些特殊待遇。正是这些特殊待遇,使他得以在1985年秋到中国讲学一个学期(他的系列演讲即后来国内出版的《后现代主义和文化》),并从中国招收了两名博士研究生:唐小兵和李黎。唐小兵现在是南加州大学教授,李黎是中美文化交流基金会董事长。由于詹姆逊对中国情有独钟,后来又从中国招收过三名博士研究生,并给予全额奖学金,他们分别是张旭东、王一蔓和蒋洪生。张旭东现在已是纽约大学教授,蒋洪生任教于北京大学中文系。

虽然詹姆逊出身于富裕之家,但因为马克思主义的影响,生活上并不讲究。也许是为了有更多的时间读书,他几乎从不注意衣着，在我与他的交往中，只见他打过一次旧的、过时的领带。他总是随身带着一个小本子，每当谈话中涉及他感兴趣的问题，他就会随手记下来，过后再进行思考——这也许是值得我们学习的方法。在我看来，他除了读书写作和关注社会之外，几乎没有什么业余爱好——当然，他喜欢喝酒，也会关注某些体育比赛（我记得他很关注世界杯足球赛的结果）。他并不像某些人讲的那样，旅行讲学必须住五星级宾馆，至少我知道他来中国旅行讲学时，大多住在学校的招待所里。1985 年他第一次来中国时，当时交通条件还不像现在这么便利舒适，我和他曾一起坐过没有空调的硬卧火车，在小饭馆里喝过二锅头。他与许多衣着讲究的教授形成鲜明的对照。可能由于他住在乡间的房子里，加上不注意衣着，张旭东在杜克大学读书时，他的儿子曾把詹姆逊称作“农民伯伯”。詹姆逊妻子苏珊也是杜克大学教授，是个典型的环保主义者，自己养了许多鸡，还养羊（当然詹姆逊有时也得帮忙），鸡蛋和羊奶吃不完就送给学生。因此，在不甚确切的意义上，有人说詹姆逊的生活也体现了他的马克思主义情怀。

二、詹姆逊的学术成就

到 20 世纪 70 年代中期，詹姆逊已被公认是最重要的马克思主义批评理论家。但直到《政治无意识》出版之后，他的独创性才清晰地显现出来。他在该书的一开始就鲜明地提出自己的主张：“总是要历史化!”并以此为根据，开始了对他称之为“元评论”的方法论的探讨，对于长期存在的美学和社会历史的关系问题，从理论上给出了一种自己的回答。与传统的历史批评形式相对，詹姆逊不仅把文化文本置于它们与历史语境的直接关系之中，而且从解释学的角度对它们进行探讨，探讨解释的策略如何影响我们对个体文本的理解。但与其他现代解释理论不同（例如罗伯特·姚斯［H. R. Jauss］的接受理论），詹姆逊强调其目标是一种马克思主义的意识形态分析，并认为马克思主义包含所有其他的解释策略，而其他的解释策略都是片面的。

《政治无意识》奠定了詹姆逊在学术界的地位。有人说，詹姆逊是“第二次世界大战以来美国最重要的马克思主义文学批评家。只有英国的雷蒙德·威廉斯写出过和他同样重要的作品”①。“詹姆逊是当前文坛上最富挑战性的美国马克思主义思想家。他对法兰克福学派主要人物的解释，他对俄国形式主义、法国结构主义、后结构主义的解释，以及他对卢卡奇、萨特、阿尔都塞、马克斯·韦伯和路易斯·马丁的解释，都对20世纪马克思主义和欧洲思想历史做出了重大贡献。詹姆逊对小说发展的论述，对超现实主义运动的论述，对巴尔扎克、普鲁斯特、阿尔桑德洛·曼佐尼（Alessandro Manzon）和阿兰·罗伯-格里耶（Alain Robbe-Grillet）这些欧洲作家的论述，以及他对包括海明威、肯尼思·勃克（Kenneth Burke）和厄休拉·勒奎恩（Ursula Le Guin）在内的各类美国作家的论述，构成了强有力的政治的理解。”② “詹姆逊是当前杰出的马克思主义批评家，很可能是我们这个时代最重要的以社会历史为导向的批评家……他的《政治无意识》是一部重要著作，不仅文学家要读，历史学家、社会学家以及哲学家都应该读它。”③ “在大量的批评看法当中，詹姆逊坚持自己的观点，写出了最动人的谐谑曲式的著作。”④

---

① *Contemporary Literary Criticism*（University of Oklahoma Press，1986），p. 111.

② *Postmodernism and Politics*（University of Minnesota Press，1986），p. 123.

③ Hayden White 写的短评，见 *The Political Unconscious*（Cornell University Press，1981）封底。

④ *New Orleans Review*（Spring，1984），p. 66.

詹姆逊的理论和学术贡献是多方面的。就文学批评而言，主要表现在历史主义和辩证法方面。他是一个卢卡奇式的马克思主义者，但超越了卢卡奇的怀旧历史主义和高雅人道主义。他所关心的是，在后结构主义对唯我论的笛卡尔主义、超验的康德主义、目的论的黑格尔主义、原始的马克思主义和复归的人道主义进行深刻的解构之后，人们如何严肃地对待历史、阶级斗争和资本主义非人化的问题，也就是说，“面对讽刺的无能，怀疑的瘫痪，人们如何生活和行动的问题”①。詹姆逊认为非常迫切的问题是：对“总体化”（totalization）进行马克思主义的探讨，包括与之相关的整体性的概念、媒体、历史叙事、部分与整体的关系、本质与表面的区分、主体与客体的对立等等，是不是要预先构想一种理想的哲学形式？是否这种形式必然是无视差别、发展、传播和变异的某种神秘化的后果？他大胆而认真地探讨这些问题，但他尽量避免唯心主义的设想，排除神秘化的后果。

在詹姆逊的第一部作品《萨特：一种风格的始源》（*Sartre: The Origins of a Style*，1961）里，他分析了萨特的文学理论和创作。该著作原是他在耶鲁大学的博士论文，由于受他的导师埃里希·奥尔巴赫以及与列奥·斯皮泽相关的文体学的影响，作品集中论述了萨特的风格、叙事结构、价值和世界观。这部著作虽然缺少他后来作品中那种典型的马克思主义范畴和政治理解，但由于20世纪50年代刻板的因循守旧语境和陈腐的商业社会传统，其主题萨特和复杂难懂的文学理论写作风格（那种以长句子著称的风格已经出现），却可以视为詹姆逊反对当时的守旧思潮，力图使自己成为一个批判型的知识分子。如果考察一下他当时的作品，联想当时的社会环境，人们不难看出他那时就已经在反对文学常

① *Postmodernism and Politics*, p. 124.

规，反对居支配地位的文学批评模式。可以说，詹姆逊的所有作品构成了他对文学批评中的霸权形式和思想统治模式的干预。

20 世纪 60 年代，受到新左派运动和反战运动的影响，詹姆逊集中研究马克思主义，出版了《马克思主义与形式》，介绍新马克思主义文学理论的辩证传统。自从在《语言的牢笼》（*The Prison-House of Language*，1972）里对结构主义进行阐述和批判以后，詹姆逊集中精力发展他自己的文学和文化理论，先后出版了《侵略的寓言：温德姆·路易斯，作为法西斯主义的现代主义者》（*Fables of Aggression*：*Wyndham Lewis*，*the Modernist as Fascist*，1979）、《政治无意识》和《后现代主义，或晚期资本主义的文化逻辑》（*Postmodernism*，*or*，*the Cultural Logic of Late Capitalism*，1991），同时出版了两卷本的论文集《理论的意识形态》（*The Ideologies of Theory*，第一卷副标题为"理论的境遇"，第二卷副标题为"历史的句法"，两卷均于 1988 年出版）。随着文化研究的发展，他还出版了《可见的签名》（*Signatures of the Visible*，1991）和《地缘政治美学》（*The Geopolitical Aesthetic*，1992），收集了他研究电影和视觉文化的文章。此后他出版了《时间的种子》（*The Seeds of Time*，1994）和《文化转向》（*The Cultural Turn*，1998）两部论述后现代主义的著作。这期间，他仍然继续研究和阐释马克思主义理论和马克思主义美学，出版了《晚期马克思主义》（*Late Marxism*，1990）、《布莱希特与方法》（*Brecht and Method*，2000）和《单一的现代性》（*A Singular Modernity*，2003）。最近一个时期，他从乌托邦的角度探索文化的干预功能，出版了《未来的考古学》（*Archaeologies of the Future*，2005）。

在詹姆逊的作品里，除了《萨特：一种风格的始源》一书之外，他一直坚持两分法或辩证法的解释方法。应该说，他的著作具有明显的连续性。人们不难发现，从 20 世纪 70 年代初到 80 年代后期，随便他的哪一篇文章或哪一本书，在风格、政治和关注的问题方面，都存在着某种明显的相似性。实际上，今天阅读他的《理论的意识形态》里的文章，仍然会觉得这些文章像昨天刚写的一样。然而，正如詹姆逊在论文集的前言里所说，在他的著作里，重点已经发生了根本变化："从经转到了纬：从对文本的多维度和多层面的兴趣，转到了只是适当地可读（或可写）的叙事的多重交织状况；从解释的问题转到了编史问题；从谈论句子的努力转到（同样不可能的）谈论生产方式的努力。"换句话说，詹姆逊把聚焦点从强调文本的多维度，如它的意识形态、精神分析、形式、神话-象征的层面（这些需要复杂的、多种方式的阅读实践），转向强调如何把文本纳入历史序列，以及历史如何进入文本并促使文本的构成。但这种重点的转变同样也表明詹姆逊著作的连续性，因为从 20 世纪 60 年代后期到 90 年代，他一直优先考虑文本的历史维度和政治解读，从而使他的批评实践进入历史的竞技场，把批评话语从学院的象牙塔和语言的牢笼里解放出来，转移到以历史为标志的那些领域的变化。

因此，人们认为詹姆逊的作品具有一种开放的总体性，是一种相对统一的理论构架，其中不同的文本构成他的整体的组成部分。从结构主义到后结构主义，从精神分析到后现代主义，许多不同的观点都被他挪用到自己的理论当中，通过消化融合，形成他独创性的马克思主义文学理论和文化理论。马克思主义一直是詹姆逊著作的主线，以马克思主义为主导，他利用对意识形态和乌托邦的双重阐释，对文化文本中意识形态的构成因素进行分析和批判，并指出它们的乌托邦内涵，这使他不仅对现行社会进行批评，而且展现对一个更美好的世界的看法。可以说，在马克思主义理论家恩斯特·布洛赫（Ernst Bloch）的影响下，詹姆逊发展了一种阐释的、乌托邦的马克思主义文化理论观。

詹姆逊早期的三部主要著作及其大部分文章，旨在发展一种反主流的文学批评，也就是反对当时仍然居统治地位的形式主义和保守的新批评模式，以及英美学术界的既定机制。20 世纪 60 年代末和 70 年代初，黑格尔式的马克思主义在欧洲和美国出现，《马克思主义与形式》可以说是对这一思想的介绍和阐释。在这部著作中，詹姆逊还提供了其他一些马克思主义者的基本观点，如阿多诺、本雅明、马尔库塞、布洛赫、卢卡奇和萨特等，并通过对他们的分析形成了自己的观点和立场。他偏爱卢卡奇的文学理论，但坚持自己独特的黑格尔式的马克思主义，并在他后来的作品里一直保持下来。

卢卡奇论现实主义和历史小说的著作，对詹姆逊观察文学和文学定位方面都产生了相当大的影响。但詹姆逊一直不赞同卢卡奇对现代主义的批判。不过，他挪用了卢卡奇的一些关键的概念范畴，例如物化，并以此来说明当代资本主义的文化命运。在詹姆逊的著作里，黑格尔式的马克思主义的标志包括：把文化文本置于历史语境，进行广义的历史断代，以及对黑格尔的范畴的运用。他的辩证批评主要是综合不同的立场、观点和方法，把它们融合成一种更全面的理论，例如在《语言的牢笼》里，他的理论融合了结构主义和符号学，以及俄国形式主义。在《政治无意识》里，他广泛汲取其他理论，如弗洛伊德的精神分析、拉康的心理学、德里达的解构主义、萨特的存在主义等等，把它们用于具体的解读，在解读中把文本与其历史和文化语境相联系，分析文本的“政治无意识”，描述文本的意识形态和乌托邦的时刻。

对詹姆逊来说，辩证的批评还包含这样的内容：在进行具体分析的同时，以反思或内省的方式分析范畴和方法。范畴连接历史内容，因此应该根据它产生的历史环境来解读。在进行特定的、具体的研究时，辩证批评应该考虑对范畴和过程的反思；应该考虑相关的历史观照，使研究的客体在其历史环境中语境化；应该考虑乌托邦的想象，把当前的现实与可能的选择替代相对照，从而在文学、哲学和其他文化文本中发现乌托邦的希望；还应该考虑总体化的综合，提供一种系统的文化研究的框架和一种历史的理论，使辩证批评可以运作。所有这些方面都贯穿着詹姆逊的作品，而总体化的因素随着他的批评理论的发展更加突出。

20 世纪 70 年代，詹姆逊发表了一系列的理论探索文章和许多文化研究的作品。这一时期，人们会发现他的研究兴趣非常广泛，而且因其理论功底具有相当的洞察力。他的研究范围包括科幻小说、电影、绘画、魔幻叙事和现实主义与现代主义文学，也包括马克思主义文化政治、帝国主义、巴勒斯坦民族解放问题、马克思主义的教学方法，以及如何使左派充满活力。这些文章有许多收入《理论的意识形态》里，因此这部论文集可以说是他在《政治无意识》里所形成的理论的实践。这些文章，以及《后现代主义，或晚期资本主义的文化逻辑》里的文章，可以联系起来阅读，它们是他的多层次理论的不可分割的部分，表明了文学形式的历史、主体性的方式和资本主义不同阶段的相互联系。

三、政治无意识

应该说，《政治无意识》是詹姆逊的最重要的作品。在这部著作里，詹姆逊认为，批评家若想解释文本的意义，就必须经历一系列不同的阶段，这些阶段体现在文本之中，通过系统地解码揭示出来。为了做到这点，他汲取 20 世纪各种理论资源，从诺斯罗普·弗莱（Northrop Frye）的四个解释层面到拉康的无意识理论，从俄国形式主义到后结构主义，从德里达的解构主义到阿尔都塞的意识形态论述，几乎无一不被加以创造性地利用。在他看来，马克思主义批评不是排他性的或分离主义的，而是包容性的和综合性的，它融合各种资源的精华，因此可以获得更大的"语义的丰富性"。批评家应该考察文本指涉的政治历史、社会历史（按照传统马克思主义也就是阶级斗争的历史）和生产方式的历史。但这些方式不是互相取代，而是互相交叠融合，达至更高层次的普适性和更深层次的历史因果关系。

詹姆逊一向注重对总体化的探讨，包括伴随它的总体性概念、媒介、叙事、部分和整体的关系、本质和表面的区分、主体与客体的对立等等。他认为，总体性是在对矛盾的各阶级和对抗的生产方式的综合的、连贯性的叙事中表现出来的，对这种总体性的观察构成现时"真正欲望的形象"，而这种欲望既能够也确实对现时进行否定。但这种概念的作用不同于后结构主义的欲望概念，它是一种自由意志的结构，而不是存在意志的结果。

詹姆逊对总体性的设想，在他对欲望、自由和叙事等概念之间的联系中，清晰地展现了出来。他在讨论安德烈·布勒东（André Breton）的《超现实主义宣言》（*Premier manifeste du surréalisme*）时写道：

> 如果说超现实主义认为，一个真实的情节，一个真实的叙事，代表了欲望本身的真正形象，这并不过分；这不仅按照弗洛伊德的看法纯心理的欲望本身是意识不到的，而且还因为在社会经济关系里，真正的欲望很可能融化或消失在形成市场体系的那种虚假满足的大网之中。在那种意义上说，欲望就是自由在新的商业语境中所采取的形式，除非我们以一般欲望的方式来考虑自由，我们甚至认识不到自己已经失去了自由。[①]

---

① *Marxism and Form*（Princeton University Press，1970），pp. 100—101.

詹姆逊认为，当代批评的主要范畴不是认识论而是道德论。因此他不是构成某种抽象的存在，而是积极否定现时，并说明这种否定会导向一种自由的社会。例如，德里达虽然揭示了当代思想中的二元对立（如言语与写作，存在与虚无，等等），但他却没有注意善与恶这种类似的道德上的二元对立。对此詹姆逊写道：

> 从德里达回到尼采，就是要看到可能存在一种迥然不同的二元对立的解释，按照这种解释，它的肯定和否定的关系最终被思想吸收为一种善恶的区分。表示二元对立思想意识的不是形而上的玄学而是道德；如果我们不能理解为什么道德本身是思想的载体，是权力和控制结构的具体证明，那么我们就忘记了尼采思想的力量，就看不到关于道德的丑陋恶毒的东西。①

詹姆逊把西方哲学和批评从认识论和形而上学转向道德的这种观点，给人们留下了深刻的印象。他对欲望概念的政治化的阐述，在西方具有重要的意义，因而也比后结构主义的欲望概念更多地为人们接受。

大体上说，詹姆逊在《政治无意识》里所展现的理论思想有四个层次。第一，他坚持对各种事物的历史参照，比如人类的痛苦、人类所受的控制以及人类的斗争等；同时他也坚持对著作文本的参照，比如文本中充满对抗的历史语境，充满阶级和阶级矛盾的社会条件以及自相矛盾的思想意识的结构等。采用这种方式，他既接受后结构主义的反现实主义的论述，同时又否定其文本的唯心主义；他承认历史要通过语言和文本的解释进行思考，

---

① *The Political Unconscious*, p. 114.

但他仍然坚持历史的本体存在。第二，他坚持自己的解释规则，即资本主义社会物化过程的协调规则。这种协调采取谱系的结构形式，既不是遗传的连续性，也不是目的的一致性，而是一种“非共时性的发展”（nonsynchronous development）。按照这种观点，历史和文本可以看作一种共时性的统一，由结构上矛盾或变异的因素、原生的模式和语言等组成。因此詹姆逊可以把过去的某些方面看作现时物化因素的先决条件。第三，他坚持一种道德或精神的理解，遵循阿尔都塞的意识形态概念，认为再现的结构可以使个人主体想象他们所经历的那些与超个人现实的关系，例如人类的命运或者社会的结构等。第四，詹姆逊坚持对集体历史意义的政治理解，这一层次与第三个层次密不可分，主要论述超个人现实的特征，因为正是这种超个人的现实，把个人与某个阶级、集团或社会的命运联系在了一起。

实际上，《政治无意识》包含着他对文学方法的阐述，对文学形式历史的系统创见，以及对主体性的形式和方式的隐在历史的描述，跨越了整个文化和经验领域。詹姆逊大胆地建构他的马克思主义文学批评，他认为这是广阔的、最富包容性的理论框架，可以使他把各种不同的方法融入他自己的方法之中。他在从总体上考察了文学形式的发展历史之后，通过对意识形态和乌托邦的“双重阐释”（坚持乌托邦的同时对意识形态进行批判）的论述，确立了真正的马克思主义的解释方法。受卢卡奇启发，詹姆逊利用历史叙事说明文化文本何以包含着一种“政治无意识”，或被埋藏的叙事和社会经验，以及如何以复杂的文学阐释来说明它们。在《政治无意识》里，詹姆逊还明确谈到了资本主义初期资产阶级主体的构成，以及在当前资本主义社会里资产阶级主体的分裂。这种主体分裂的关键阶段，在他对吉辛、康拉德和温德姆·路易斯的作品的分析中得到了充分表现，并在他对后现代主义的描述里得到了进一步深化。

《政治无意识》是理解詹姆逊著作的基础。要了解他的理论，必须读这本著作，或者说读懂了这本著作，就克服了他的著作晦涩难懂的问题，就容易理解他所有的其他著作。

四、后现代主义文化研究

詹姆逊对后现代主义的研究，实际上是他的理论计划的合乎逻辑的后果。他最初对后现代文化特征的分析见于《后现代主义和消费社会》一文，而他的综合思考则见于他的《后现代主义，或晚期资本主义的文化逻辑》。根据马克思主义关于资本主义的理论，他对作为一种新的“文化要素”的后现代主义进行了系统的解释。

詹姆逊根据新马克思主义的资本主义发展阶段论的模式，把后现代文化置于社会阶段论的理论框架之内，指出后现代主义是资本主义新阶段的组成部分。他宣称，后现代主义的每一种理论，都隐含着一种历史的断代，以及一种隐蔽或公开的对当前多国资本主义的立场。依照厄尔奈斯特·曼德尔（Ernest Mandel）在其著作《晚期资本主义》（*Late Capitlism*）中的断代方式，詹姆逊提出，资本主义有三个基本阶段，每一个阶段都标志着对前一个阶段的辩证的发展。它们分别是市场资本主义阶段，垄断资本主义阶段或帝国主义阶段，以及当前这个时代的资本主义（通常人们错误地称作后工业资本主义，但最好称作多国资本的资本主义）阶段。他认为，与这些社会形式相对应的是现实主义、现代主义和后现代主义等文化形式，它们分别反映了一种心理结构，标志着某种本质的变化，因而分别代表着一个阶段的文化风格和文化逻辑。后现代主义的主要特点是商品化的思想渗透到各个文化领域，取消了高雅文化和通俗文化的界限；同时，由于现代传媒和电子计算机的广泛应用，模仿和复制也广泛流行。与这两种情况相关，人们开始产生一种怀旧情绪，出现了怀旧文化。詹姆逊指出，后现代主义还是一个时间概念，在后现代社会里，时间的连续性打破了，新的时间体验完全集中于“现时”，似乎“现时”之外一无所有。在理论方面，后现代主义主要表现为跨学科和注重“现时”的倾向。

在《后现代主义，或晚期资本主义的文化逻辑》、《可见的签名》和《文化转向》里，詹姆逊进一步发展了他的主张，从而使他成为著名的马克思主义文化理论家：他一方面保持和发展马克思主义的理论，另一方面对极不相同的文化文本所包含的政治、意识形态和乌托邦思想进行分析。他的著作把文学分析扩展到通俗文化、建筑、理论和其他文本，因此可以看作从经典文学研究到文化研究这一运动的组成部分。

《时间的种子》是詹姆逊论后现代主义的一部力作，是他根据在加州大学欧文分校一年一度的韦勒克系列学术演讲改写而成的。虽然篇幅不长，但因那种学术演讲十分重要，他做了精心准备，此后还用了两年多的时间修改补充。在这部作品里，詹姆逊以他惯有的马克思主义辩证观点和总体性，提出了后现代性和后现代主义的种种内在矛盾：二律背反或悖论。他关心整个社会制度或生产方式的命运，心里充满了焦虑，却又找不到任何可行的、合理的方案，于是便发出了这样的哀叹：“今天，我们似乎更容易想象土地和自然的彻底破坏，而不那么容易想象后期资本主义的瓦解，也许那是因为我们的想象力有某种弱点。”然而他并不甘心，仍然试图在种种矛盾中找到某种办法。出于这种心理，詹姆逊在《时间的种子》里再次提出乌托邦的问题，试图通过剖析文化的现状，打开关于未来世界的景观。确实，在《时间的种子》里，每一部分都试图分析判断文化的现状，展望其未来的前景；或者说，在后现代的混沌之中，探索社会的出路。

詹姆逊对后现代性和后现代主义的理论阐述，其基本出发点是对美国后期资本主义文化的反思和批判，是对后现代之后社会形态的思考。这在《时间的种子》的最后一节表现得非常清楚。他这样写道："另一方面，在各种形式的文化民族主义当中，仍然有一种潜在的理想主义的危险，这种文化民族主义倾向于过高地估计文化和意识的有效性，而忽视与之同在的经济独立的需要。可是，在一种真正全球性的后期资本主义的后现代性里，恰恰是经济独立才在各个地方又成了问题。"

从总体关怀出发，詹姆逊认为，现在流行的文化多元主义应该慎重地加以考虑。他以后福特主义为例指出，后福特主义是后现代性或后期资本主义的变体之一，它们基本上是同义词，只是前者强调了跨国资本主义的一种独特的性质。后福特主义运用新的计算机技术，通过定制的方式为个人市场设计产品，表面上似乎是在尊重各地居民的价值和文化，适应当地的风俗，但正是这种做法，使福特公司浸透到地方文化的内心深处，传播其消费主义的意识形态，从而难以再确定地方文化的真正意义。詹姆逊还通过对建筑的分析指出，跨国公司会"重新装饰你们自己本地的建筑，甚至比你们自己做得更好"。但这并不是为了保持自己已有的文化，而主要是为了攫取高额的利润。因此詹姆逊忍不住问道："今天，全球的差异性难道会与全球的同一性一致?"显然，詹姆逊认为，美国所谓的多元文化主义只不过是一种策略，其目的是推行消费主义的文化意识形态，因此必须把它与社会生产关系联系起来加以审慎的考虑。

詹姆逊的所有著作都贯穿着他的辩证思想。但他只能比较客观地面对后现代资本主义的现实，而没有提出解决现实社会问题的办法——这也是当前普遍关注的一个问题。尽管如此，詹姆逊的探索精神仍然是值得尊敬的。也许，一切都只能在实践中求取。

进入古稀之年以后，詹姆逊仍然孜孜不倦，从理论上对资本主义及其文化和意识形态进行探索。在全球化的形势下，他关注世界经济的发展变化，关注全球化与政治、科技、文化、社会的关系，揭露资本主义的内在矛盾，并力图从理论上阐述这些矛盾。在他看来，资本的全球化和高科技的发展可能会导致新的社会和文化革命，出现新的政治和文化形态，但马克思主义的原理并不会过时，而是应该在新的条件下进行新的解释和运用。他仍然坚持乌托邦的想象，认为随着全球化的发展，可能会出现新的世界范围的"工人运动"，产生新的文化意识，而知识分子的任务就是要从理论上对这些新的情况进行描述和解释，提出相应的策略，否则谈论文化研究和文学研究就像空中楼阁，既不实用也没有基础。《未来的考古学》，就是他的一部论述乌托邦的力作。而《辩证法的效价》（*Valences of the Dialectic*，2009）则是他对自己所依托的理论的进一步阐述，该书根据辩证法的三个阶段（黑格尔、马克思，以及最近一些后结构主义者对辩证法的攻击），对从中产生的问题进行理论探讨，把它们置于商品化和全球化的语境之中，借鉴卢梭、卢卡奇、海德格尔、萨特、德里达和阿尔都塞等思想家的著作，通过论述辩证法从黑格尔到今天的发展变化，尤其是通过论述"空间辩证法"的形成，对辩证法提出了一种新的综合的看法，有力地驳斥了德勒兹、拉克劳和穆夫等人对辩证法的攻击。詹姆逊自己认为，这本书是他近年来最重要的作品。（原来他想用的书名是《拯救辩证法》，后改为现在的名字。）

随着年事增高，詹姆逊开始以不同的方式与读者分享他的知识积累，近年来先后出版了《黑格尔的变奏》（*The Hegel Variations*，2010）、《重读〈资本论〉》（*Representing Capital*，2011）、《现实主义的二律背反》（*The Antinomies of Realism*，2013）和《古代与后现代》（*The Ancients and the Postmoderns*，2015）。这些著作虽然不像《政治无意识》或《后现代主义，或晚期资本主义的文化逻辑》那样富于理论创新，但他以自己深厚的知识积累和独特的视角，对不同的理论和文学及艺术问题所做的理论阐发，仍然对我们具有明显的启示意义。

五、詹姆逊的历史化

在某种意义上，文学批评与现实世界的关系取决于文学作品的价值。因此，爱德华·萨伊德不止一次说过，这种关系贯穿着从文本价值到批评家的价值的整个过程。在体现批评家的价值方面，詹姆逊的批评著作可以说是当代的典范。2003 年 4 月，佩里·安德森在一次和我的谈话中也说，在 20 世纪后期和 21 世纪初期，詹姆逊的著作非常重要，不论是赞成还是反对，都不可能忽视，因为他以重笔重新勾画了后现代的整个景观——带有宏大的、原创的、统观整个领域的气势。这里安德森强调的是詹姆逊的大胆创新，而这点对理解詹姆逊的著作以及他的学术经历至关重要。

如果全面审视詹姆逊的著作，人们肯定会对他的著作所涉的广阔领域表示赞叹。他的著作运用多种语言的素材，依据多国的民族历史，展示出丰富的文化知识——从城市规划和建筑到电影和文学，从音乐和绘画到当代的视觉艺术，几乎无不涉及。他最突出的地方是把多种不同的思想汇聚在一起，使它们形成一个整体。这种总体化的做法既使他受到赞赏也使他受到批评，但不论是赞赏还是批评，都使他的作品充满了活力。由于他的大胆而广泛的融合，在某种意义上他成了当代设定批评讨论日程的人文学者之一。

因此，有人说，詹姆逊的著作历史体现了对一系列时代精神的论述，而对他的著作的接受历史则体现了对这些论述的一系列反应。对詹姆逊著作的接受大致可分为两类人：一类根据他对批评景观的一系列的测绘图，重新调整自己的方向；另一类继续使用现存的测绘图或提出自己的测绘图。第一类并不一定是不加批判地完全接受詹姆逊的著作；相反，他们常常采取质疑的态度。例如，在《后现代性的起源》里，佩里·安德森虽然基本上同意詹姆逊关于后现代主义的看法，但对他的阐述方式还是提出了批评。第二类基本上拒绝詹姆逊总体化的历史观，因此不赞成他的范式转换的主张。这一类的批评家认为詹姆逊论后现代主义的著作只不过是一种风格的批评，因为它们无视后现代主义更大的世界历史的含义。换句话说，他们忽视了詹姆逊的主要论点：后现代主义是深层的历史潜流的征象，需要探索它所体现的新的社会和政治组织的状况。

对这两种不同的态度的思考可能使我们想到詹姆逊著作的另一个重要方面。也就是说，几乎他每一本新的著作都介入一个新的领域，面对一些新的读者。这并不是说他无视过去的读者，而是他不愿意老调重弹，总是希望提出一些新的问题和论点。就此而言，这与他在《文化转向》里对齐美尔的评论有些相似："齐美尔对20世纪各种思潮的潜在影响是无法估量的，这在一定程度上是因为他拒绝将他的复杂思想整合到一个单一的系统之中；同时，那些非黑格尔派的或去中心的辩证法式的复杂表述经常由于他那冗长乏味的文体而难以卒读。"当然，詹姆逊因袭了黑格尔的辩证法，除此之外，就拒绝铸造特定体系和以沉重的散文隐含思想观念而言，他对齐美尔的评价显然也适合他自己。此外，在某种意义上，詹姆逊的影响也常常是潜在的。

总的来说，詹姆逊的影响主要在方法论方面。在他第一部作品《萨特：一种风格的始源》里，他的一些解读方法就已经出现。该书出版时正值冷战时期高峰，单是论述一个马克思主义者本身就具有挑战性，但今天的读者似乎已经没有那种感觉。因此一些批评家认为那本书缺乏政治性，至少不像它的主题那样明显地具有政治性。确实，詹姆逊没有论述萨特哲学的政治内容，而是重点强调他的风格。不过，他实际上强调的是风格中的"无意识的"政治，这点在他第二部作品《马克思主义与形式》里得到进一步发展。无论是其目的还是内容，《马克思主义与形式》都具有明显的政治性，而且改变了政治问题的范围。这两部作品预示了他后来著作发展的某些方面，他对风格的分析不是作为内容问题，而是作为形式问题。

对形式的强调是詹姆逊把非政治的事物政治化的主要方法。正如他自己所说："艺术作品的形式——包括大众文化产品的形式——是人们可以观察社会制约的地方，因此也是可以观察社会境遇的地方。有时形式也是人们可以观察具体社会语境的地方，甚至比通过流动的日常生活事件和直接的历史事件的观察更加充分。"[①] 在这种意义上，形式批评为詹姆逊独特的辩证批评提供了基础。在构成这种方法的过程中，他融合了许多人的思想，如萨特、阿多诺、本雅明和卢卡奇等等，但很难说其中某个人对他有直接影响，然而他的著作中又都有这些人的影子。可以说，他的著作既是萨特式的、阿多诺式的、本雅明式的或者卢卡奇式

① Fredric Jameson, "Marxism and the Historicity of Theory: An Interview with Fredric Jameson," *New Literary History* 29 (3), 1998: 360.

的，但同时也不是他们任何人的。有人简单地说他是黑格尔式的马克思主义者，但这种说法也不够确切，因为他的立场更多的是挑战性的综合。1971 年，他的获奖演讲“元评论”（Metacommentary）所提出的“元评论”的概念，实际上就表明了他的方法。虽然最近这个术语用得不那么多了，但它一直没有消失。“元评论”的基本活动是把理论构想为一种符码，具有它自己话语生产的规律，以及它自己的主题范围的逻辑。通过这种符码逻辑的作用，詹姆逊寻求揭示在这种文本和文本性的概念中发生作用的意识形态力量。

在《马克思主义与形式》之后，詹姆逊出版了他的最重要的著作《政治无意识》。这是一部真正具有国际影响的著作，据我所知，至少已有十种语言的译本。该书刚一出版，就在大西洋两岸引起了强烈反响，受众超出了传统的英文系统和比较文学系，被称为一本多学科交叉的著作。当时多种杂志出版专号讨论他的作品。《政治无意识》产生了多方面的影响，对当时新出现的文化研究领域影响尤其明显。它通过综合多种理论概念，如黑格尔、马克思、康德、弗洛伊德、阿尔都塞、德里达、福柯、拉康等人的，为文化研究的实践者提供了一种有效的方法，使他们可以探索和阐述流行文化和大众文化文本的意识形态基础。

就在詹姆逊写《政治无意识》之时，他已经开始构想另一部重要著作，也就是后来出版的那本被誉为具有划时代意义的论后现代主义的作品——《后现代主义，或晚期资本主义的文化逻辑》。《政治无意识》出版于 1981 年，同一年，他在纽约惠特尼现代艺术博物馆发表了“后现代主义，或晚期资本主义的文化逻辑”演讲。正是以这次演讲为基础，他写出了那本重要著作。在他出版这两部重要著作之间，詹姆逊在许多方面处于“动荡”状态，1983 年他离开了耶鲁大学法文系，转到加州大学圣克鲁兹分校思想史系，1985 年又转到杜克大学文学系，其间于 1985 年下半年还到北京大学做了一个学期的系列讲座。这种“动荡”也反映在他的著作当中。这一时期，他的写作富于实验性，触及一些新的领域和新的主题，而最突出的是论述电影的作品。在此之前，他只写过两篇评论电影的文章，但到 20 世纪 80 年代末，他完成了两本专门论述电影的著作：一本是根据他在英国电影学院的系列演讲整理而成，题名《地缘政治美学》；另一本是以他陆续发表的与电影相关的文章为基础，补充了一篇很长的论装饰艺术的文章，合成为《可见的签名》。与此同时，他至少一直思考着其他四个未完成的项目。

有些人可能不太知道，詹姆逊对科幻小说很感兴趣，早在《政治无意识》的结论里，他对科幻小说和乌托邦的偏好已初见端倪，而且在 20 世纪 80 年代确实也写了不少有关科幻小说的文章。后来由于其他更迫切的项目，他搁置了一段时间，直到 2005 年才出版了专门研究乌托邦和科幻小说的著作《未来的考古学》。当时他想写一本关于 20 世纪 60 年代的文化史，虽然已经开始，但由于种种原因而未能完成，只是写了三篇文章：《六十年代断代》（“Periodizing the 1960s”）、《多国资本主义时期的第三世界文学》（“Third-World Literature in the Era of Multinational Capitalism”）和《华莱士·史蒂文斯》（“Wallance Stevens”）。尽管他说前两篇文章与他论后现代主义的著作相关，但他从未对它们之间的联系进行充分说明。关于华莱士·史蒂文斯的文章是他的“理论话语的产生和消亡”计划的部分初稿，但这项计划也一直没有完成，只是写了一篇《理论留下了什么?》（“What's Left of Theory?”）的文章。

在探索后现代主义的同时，詹姆逊对重新思考现代主义文本仍然充满兴趣，尤其是与后殖民主义文化相关的文本，如乔伊斯、福楼拜和兰波等人的作品。2003年他出版了《单一的现代性》，以独特的视角对这些作家进行了深入探讨。随后，他将陆续写的有关现代主义的文章整合、修改、补充，于2007年出版了《现代主义论文集》（*The Modernist Papers*，该书由中国人民大学出版社以《论现代主义文学》为名于2010年出版）。这些著作仿佛是对现代主义和后现代主义之间的过渡进行理论阐述，但奇怪的是它们出现在他的论后现代主义重要著作之后。关于这一点，也许我们可以认为，他试图围绕后现代主义从各种不同的角度进行验证。

20世纪90年代中期以后，以他的《文化转向》为始，詹姆逊开始从文化理论方面阐述新出现的世界历史现象——全球化。简单说，詹姆逊认为，全球化的概念是“对市场的性欲化”（libidinalization of the market），就是说，今天的文化生产越来越使市场本身变成了人们欲求的东西；在今天的世界上，再没有任何地方不受商品和资本的统治，甚至美学或文化的其他方面也概莫能外。由于苏联的解体和东欧的剧变以及社会主义遇到的困难，资本主义觉得再没有能替代它的制度，甚至出现了“历史的终结”的论调。实际上，詹姆逊所担心的正是这种观念，就是说，那种认为存在或可能存在某种取代资本主义的社会制度的看法，已经萎缩或正在消亡。正如他自己所说，今天更容易想象世界的末日而不是对资本主义的替代。因此他认为当前最迫切的任务是揭露资本主义的内在矛盾以及掩饰这些矛盾所用的意识形态方法。就此而言，詹姆逊的项目可能是他一生都完不成的项目；而我们对他的探讨，同样也难有止境。

此次“詹姆逊作品系列”包括十五卷，分别是：《新马克思主义》《批评理论和叙事阐释》《文化研究和政治意识》《现代性、后现代性和全球化》《论现代主义文学》《马克思主义与形式》

《语言的牢笼》《政治无意识》《时间的种子》《文化转向》《黑格尔的变奏》《重读〈资本论〉》《侵略的寓言》《萨特：一种风格的始源》《古代与后现代》。这些作品基本上涵盖了詹姆逊从1961年至2015年的主要著作，其中前四卷是文章汇编，后十一卷都是独立出版的著作。考虑到某些著作篇幅较短，我们以附录的方式补充了一些独立成篇的文章。略感遗憾的是，有些作品虽然已在中国出版，但未能收入文集，如《可见的签名》、《未来的考古学》和《辩证法的效价》等，主要是因其他出版社已经购买中文版权且刚出版不久，好在这些书已有中文版，读者可以自己另外去找。

对于"詹姆逊作品系列"的出版，首先要感谢中国人民大学出版社，在几乎一切都变得商品化的今天，仍以学术关怀为主，委实令人感动。其次要感谢学术出版中心的杨宗元主任和她领导下的诸位编辑，感谢他们的细心编辑和校对，他们对译文提出了许多建议并做了相应的修改。当然，也要感谢诸位译者的支持，他们不计报酬，首肯将译作收入作品系列再版。最后，更要感谢作者詹姆逊，没有他的合作，没有他在版权方面的帮助，这套作品系列也难以顺利出版。

毫无疑问，"詹姆逊作品系列"同样存在所有翻译面临的两难问题：忠实便不漂亮，漂亮便不忠实。虽然译者们做了最大努力，但恐怕仍然存在不少问题。我们期望读者能理解翻译的难处，同时真诚欢迎读者提出批评和建议，以便今后再版时改进。

王逢振

2018年5月

译者序：政治无意识和文化阐释

弗雷德里克·詹姆逊的《政治无意识》是一部充满挑战性的著作，单是它大胆的假设——政治视角构成“一切阅读和一切解释的绝对视域”（《政治无意识》原作第 17 页，以下只注页码）——就足以引起人们的兴趣。甚至书名“政治无意识”也带有挑战的意味，因为它明显不同于弗洛伊德的信条“无意识不知道历史”。因此人们可能期望这部著作不仅注意阿尔都塞的意识形态和因果论的教训，而且会注意拉康推崇的欲望的概念，以及德里达等后结构主义者推崇的非中心的主体的概念。实际上，詹姆逊的雄心大大超过了书名所引起的期望。他并不满足于政治分析家和文学治疗者的双重作用，而把整个文学史当作他的病人。他的主张不只是政治方式会对现代和后现代的其他批评理论进行调和或补充，而且其激进的分析将包容所有其他的分析：

> 本书的基本主题之一将是这样一个论点，即马克思主义包容其他阐释模式或体系；或用方法论的术语说，通过将它们的精神活动从根本上历史化，这些阐释的局限性总可以克服的，它们比较积极的发现也可以保持，这样不仅分析的内容，而且还有方法本身，都会随着分析者被纳入对解释的“文本”或现象的考虑之中。（47 页）

詹姆逊断言，这种总体化的占用和修正活动，将以某种方式使结构主义思想最有价值的一些原则得到适当的肯定，“赞扬这种观念的强度”（53 页），即使德里达和他的追随者“以差异、流动、传播和异质性的名义公开拒斥这种‘总体化’”（53 页）。因此从一开始，这种分析就预示了要革除迄今文学批评中的一切弊端，肯定马克思主义批评家的主张——只有马克思主义批评家才会在推崇历史和推崇中立美学之间达至平衡，才会在鼓吹共时分析和支持历时批评的两派之间进行调和。

詹姆逊的批评实践颇似精神治疗工作：他面对文本的征象，不仅注意明确的叙事，而且注意未说出的东西。他认为，“正是在探寻那种未受干扰的叙事的踪迹的过程中，在把这个基本历史的被压抑和被淹没的现实重现于文本表面的过程中，一种政治无意识的学说才找到了它的功能及必然性”（20 页）。因此批评家的任务是使历史文本本身恢复“充分的言语”。

就文学史而言，詹姆逊认为批评家的分析必须以双重揭示的方式“揭示文化制品是社会的象征行为”（20 页）。于是他首先揭开艺术形式的面纱——颠倒掩饰的作用（弗洛伊德认为这种掩饰使作者的幻想变成艺术作品）——以便揭示愿望满足的政治部分和文本中意识形态的既得利益。在他揭开文本自身显然不知的意识形态帷幕的同时，他也就揭示了其他批评家在理论实践中的错误假设；他认为这些同行的错误在于完全忽视了文本生产中历史的作用，或者认为历史是文本内容简单直接的机械式的决定因素。换言之，詹姆逊的分析方法旨在研究文本征象的原因，揭示文本赖以生成的意识形态的基质，说明文本如何以这种基质被接受和解释。像大部分现代文学批评的方法论一样，詹姆逊的分析集中于文本是一个过程，提出“拆散并解构”它的组成部分，以便揭示它如何发生作用和失去作用。

这种对过程、结构和功能分析的强调，显然可以表明詹姆逊借用了德里达和拉康的理论。但即使如此，他们在詹姆逊的探索中也未能免遭抨击。因为詹姆逊为自己设定的任务是：不仅要避免“弗洛伊德的主叙事的归纳”——他认为这种主叙事仍然由资产阶级核心家庭的意识形态限定（参见 62～69 页），而且要避免后结构主义的反历史主义或审美唯我论。其实，詹姆逊的主张是：包容这些理论，同时利用它们的洞察来弥补某些马克思主义批评家的短见。他认为这些马克思主义批评家的分析仍然局限于机械因果论或表现因果论的简单概念。

应该说，从辩证的元批评出发，詹姆逊不仅包容其他批评家的话语，而且也包容他自己早期对文本诗学的思考。实际上，《政治无意识》不仅完善并修正了他在《侵略的寓言》里对意识形态本质的思考，而且完善并修正了他在《语言的牢笼》里对共时分析和历时分析兼容性的思考。在一定意义上说，《政治无意识》是对《语言的牢笼》最后的预言性呼吁的反应。他在那部作品的最后写道：

> 实际上，通过揭露先在的符码和模式的存在，通过再度强调分析者本身的地位，这里预见的阐释学将重新把文本和分析过程向历史趋势开放。……在我看来，唯有以这种发展或类似的东西为代价，共时分析和历史意识、结构和自我意识、语言和历史这些孪生的、明显无法比较的要求才可能得到调和。（原书 216 页）

确实，在《政治无意识》里，詹姆逊通过使熟悉的马克思主义的概念“更新换代”，极力使文本“向历史趋势开放”。他用“符码转换”的概念代替“调和”的概念，并将“符码转换”限定为“发明一套术语，或战略性地选择一些特殊的符码或语言，如此同样的术语便可以用来分析和连接两种迥然不同类型的客体或‘文本’”（40 页）。当然，整个詹姆逊的批评构想，尤其是《政治无意识》的阐述，都可以看作对弗洛伊德理论和马克思主义术语的“符码转换”的实例，其目的就是“调和”个人主体和集体历史“孪生的、明显无法比较的要求”。这种“调和”无疑也符合詹姆逊调和共时和历时分析方式的要求。这一事实在詹姆逊的三层次文本分析中表现得非常明显。詹姆逊提出，要用符码转换的方法首先在文本的局部历史语境中研究文本，或者说它与历史事件的“历时性”关系；其次在文本与那个生产文本并把文本作为工具使其统治合法化的阶级的关系中研究文本，或者说把文本作为传递统治阶级意识形态素的工具同时进行共时和历时的研究；再次在文本与整个生产方式的关系中研究文本，采取一种考虑更大历史视域的系统的和共时的看法。第三个“共时的”层次尤其重要，它将使批评家不仅研究文本的生产，而且研究不同历史时期对它的接受，研究它不断变化的意识形态的效能和用途。

通过符码转换和三层次文本分析，詹姆逊在《政治无意识》里发明了一种新的阐释学。其中涉及两个关键问题。第一个问题包括解释政治的元批评问题，即解释活动的有效性和动机以及从中产生的隐喻。第二个问题因后结构主义者而显得更加重要，它包括历史的再现问题。詹姆逊认为，有两种不同的、相互对抗的叙事力求再现历史：一种是线性的，另一种是交叠的；一种强调历时性，另一种把历时性和共时性的区分纳入一个整体。后一种更复杂，也是《政治无意识》重点解决的问题。

詹姆逊认为，在今天的文学批评里，传统的文类理论受到广泛的怀疑，其缺陷主要在于它的简单的类型化倾向，非自觉地将文本纳入它的文类区分，把它的纵聚合的线性作为一种文学的历时性的模式。但是，恰恰是这些缺陷的原因，才使它对詹姆逊的元批评产生价值。詹姆逊指出，不论它的范畴局限还是它明显的非共时模式的启示，实际上都变成了传统文学史的错误的征象。由于这些原因，他的论文类理论的第一章以具体的方式重新阐述了有关的讨论。正如我们在他对吉辛的讨论里所看到的，詹姆逊提出了一种以积淀的形象来代替文类或叙事形式的概念，其中文类被重写为社会象征信息或叙事构成的综合，充满了生活现实的意识形态内容。因此，不论叙事结构看上去多么“理想”，也不可能真正以简单的类型或形式归成文类。詹姆逊认为，每一种文类形式都是该形式多种不同运用经过竞争后的残存。不过，这里会出现某种类似“统治结构”的东西，或者说主导因素以对立的方式与所有它的其他历史可能性共存。按照詹姆逊的看法，这不仅是一种数学的组合，因为每一种“形式”，每一种文类—叙事模式，就其存在使个体文本继续发生作用而言，都负荷着自己的意识形态内容。就每一种文类模式丰富多样的因素而言，这意味着解释文学史的一种合适的方式——文学史是积淀的现实的矛盾而有意义的运作，是一种非共时的共时性，一种企图解决共时表现和过分确定时刻表现之间的困境的历时模式。

通过把小说作为一种意识形态的形式，詹姆逊对所有这些都做了最好的说明。在詹姆逊看来，小说有争议的形式和文类的性质使小说成了元分析（meta-analysis）的最佳客体。在集中论述曼佐尼的小说《婚约夫妇》时，詹姆逊并没有把它作为“文类不连续”的佐证。如像对吉辛那样，他看到的是两种不同的叙事形式，他把这两种形式读作两种不同的“文类模式”——一种是哥特式的，具有内向和心理化的倾向；另一种近似流浪汉传奇，再现了“社会生活的经验”。这样，曼佐尼小说的总体性便暴露出来，揭示出远比任何有机整体的模式更有意义的张力和不一致性。这就是说，在一个文本内部，不同的叙事形式或“文类模式”可以共存，并形成有意义的张力。不仅笛福和理查逊的模式可以共存，而且菲尔丁的合成式的小说也可以沿用这种揭示文类和意识形态的异质性的方式来阅读。

但是，小说并非只是被动地记录这些异质性。詹姆逊还清楚地看到曼佐尼叙事艺术的独特性：它采用了重构多种意识形态素的方式。小说是一种“象征行为，它必须把异质的叙事范式统一或协调起来，尽管这些范式有其自己独特的、矛盾的意识形态意义”（144 页）。按照詹姆逊的看法，文本作为“社会的象征行为”会以辩证的方式把文本和语境统一起来。任何这种文本的历史都必然记录文本存在的所有这些层次，而其所用的方式基本上是在特定时刻阐述异质事件共存的一种历史的方式。于是，再现历史变成了对其多样性理解的一种综合行为；而再现历史的问题则成了用以组织并认识其意义的模式，它将画面纳入过程，将人物纳入修辞活动。

于是，詹姆逊的作为叙事的历史再现便成了抵制单一修辞方式的一种自我意识的修辞方式。但这里有一个悖论，就是说，每当我们企图了解历史的意义时，历史提供给我们的只是大量的转义。因此詹姆逊指出，承认问题并不是放弃历史转向纯粹的意象；相反，真正要放弃的是它的熟悉的线性。最终，如果历史是一种叙事，那么它就是一种没有真正开始和结束的叙事，其中过去和现在不断发生对抗，而且没有任何对抗会在目的单一的统一性中产生。如此一来，它便从根本上把德里达的“痕迹”（trace）概念政治化了——每一个时刻都是过去和未来、“残存”和新生的交叠重合，永远不能以原有的纯洁性来了解。于是詹姆逊认为，“革命”只是这种叙事过程公开的力量，而叙事只能理解为一个过程：

> 正如公开的革命已不是定时的事件，而是使革命前作用于整个社会生活过程的无数日常斗争和阶级分化的形式浮于表面——这些斗争和形式潜伏和隐含地存在于“前革命”的社会经验之中，只能在这种“真理时刻”作为后者的深层结构显现出来——同样，文化革命的公开“过渡”时刻本身也不过是人类社会走向某一永恒过程的表面的过渡，或走向各种共存生产方式之间的永久斗争的表面的过渡。因此，一种新的主导制度获得优势的胜利时刻，不过表现了它为了永远保持主导地位实现再生产而进行的不间断的斗争，在其存续期间，这场斗争必须持续下去，并在所有时刻都伴随着那些拒绝同化、寻求支持的旧的或新的生产方式的系统的或结构上的对抗。在这最后视域内如此理解的文化和社会分析的任务，显然是对其材料的重写，从而使这种永恒的文化革命可以得到理解并被解读为更深层的、更持久的构成性结构，而且经验的文本客体在这种结构里也可以获得理解。（97 页）

从修辞方式到解释，从再现到分析，并不意味着提出一个新的问题。詹姆逊指出，马克思主义阐释学的具体问题倾向于围绕着调和的范畴展开。但“调和”是卢卡契和萨特被指责的术语之一。攻击的特定目标是卢卡契的发生学方法，按照这种方法，调和的理论会促使人们了解某种绝对的始源，某种在主客体之间、在真实和它的认识之间尚未分裂的“原始”的统一。詹姆逊认为，这种攻击并不是误导，对卢卡契进行解构肯定有启示意义，因为甚至《历史与阶级意识》这样有力的著作，也倾向于将意识形态生产的特殊问题纳入有绝对始源的更简单的叙事。他强调马克思主义批评应该意识到自身的盲目性和洞察力，甚至应该按照保罗·德·曼的论点，把卢卡契有力的洞察置于他的盲目性之中，重新评价他对物化和资产阶级思想中的意识形态封闭性的结论。

詹姆逊认为，人们对调和与发生学方法的抨击，无论如何仍是当代马克思主义应该探讨的重要问题；但问题会不断扩展。例如，如果不更仔细地考察调和的有效运用，就不可能从一开始便放弃使用调和的理论。詹姆逊把这种指责看作对历史“表现”模式的一种小心的指责。这种模式怀疑任何马克思主义分析的理想主义，即认为调和是一种从明显层次（上层建筑）到潜在的本质核心（基础）的运动。不过，对詹姆逊而言，这种批判并不等于完全否认调和是解释的范畴。相反，他认为那种对表现因果论的攻击，同样也是对阅读中的寓言倾向的一种局部的、策略性的攻击。因此，这样一种批判最好在具体作品的语境中来理解，以便通过在两个层次之间假定的同源性来解决基础最终决定上层建筑的整个问题。这样一种关系在某些实例中可能有效，但作为一种理论却不够充分，因为它不够辩证。换言之，同源论只是旧的反映论的一个变体，本身就构成综合过程的一个障碍，而文本和语境、基础和上层建筑正是依靠这种综合过程才相互连接起来。可以说，同源论模式最终使丰富地进行调和的实例（如人的主体、家庭等）物化了，脱离了任何真正的有效性。

为了避免上述那种简单的归纳，《政治无意识》提出了一种精心构想的调和机制。正是这种构想，尤其把“叙事”用作一种多向调和的符码，表现出了詹姆逊综合的独创性。首先，在对纯表现性的因果模式的否定当中，詹姆逊排除了调和的局部性。在他看来，每当人们试图理解异化的现实时，这种调和就不可避免；我们必须运用——发明——一种符码，一套术语，“用来分析和连接两种迥然不同的客体或‘文本’，或现实的两个非常不同的结构层面”（40 页）。詹姆逊指出，调和是给予意义的过程，是普遍的“符码转换”活动。在这种意义上，调和机制中的意识变成了理解中的自我反应的同义词。于是对调和理论的思考便成了马克思主义文化阐释不可回避的问题。

詹姆逊认为，“叙事”作为最高的调和构成可以使我们将意义的概念非实在化，集中于意义的生产本身。无疑，这种看法背后存在着一种对文本的看法，但不是把文本作为“外在于那里”的某种东西，而是作为某种本体论基础内在于我们解释行为之中的东西。对詹姆逊而言，解释就是不断介入争论，而阅读的真理——价值，则在于它们作为批评分析的力量。唯一排除某种解释的方式就是提供一种更有力的解释。詹姆逊明确提出，马克思主义的解释是最有力的解释，因为它们具有必需的包容性，具有元批评的复杂性，有能力吸纳并完善其他方法论的片面解释。

批评具有包容性但又不易否定为整体性，恰恰是作为调和的叙事所具有的那种悖论式的优势。在詹姆逊的批评论述里（如论康拉德和巴尔扎克的部分），作为范畴的叙事证明是文化分析最合适的一种方式。其中对欲望和意识形态的叙事构成的注意，对只能作为这种构成的开放和封闭系统的历史的注意，表明了整个文化生产的戏剧性。值得注意的是，在詹姆逊的实例中，它使我们能够在叙事化的行为中记录基础和上层建筑的关系，而不是把它作为同源的一种简单的反映或创造。詹姆逊认为，基础和上层建筑的关系应被视为在意识形态或象征领域内解决更基本矛盾的一种综合行为，因为这些矛盾在政治或社会—经济层面上被联系起来。通过这种对象征的有力的重构，我们可以进入组织文本、作者和历史语境的整体网络。

在詹姆逊论巴尔扎克的部分，上述情况表现得尤其明显。这篇文章主要论述主体的独特构成过程。按照拉康的精神分析，它也是整个批评的核心问题。然而，政治的分析必然将拉康历史化，说明他形式范畴中的构成的历史性。詹姆逊认为，巴尔扎克《老姑娘》的典型价值在于它记录了主体构成中的转换方式，通过这种构成中的多向性，文本组织安排作者的深层欲望，披上了作者欲望的外衣。而且，这种欲望必定是政治性的，它们交织着巴尔扎克的保皇主义，也交织着他整个作品中明显的“社会性”主题。詹姆逊指出，就这些欲望本身而言，我们永远无法真正了解。因此就有了巴尔扎克的“叙事机制”固有的兴趣，即调整并实现欲望的兴趣，叙事机制可以作为“‘力必多’的投入或作者的愿望满足，在这种象征的满足形式当中，传记式的主体、‘隐在的作者’、读者和人物之间的有效区分实际上已被抹去”（155页）。于是，詹姆逊认为，对这种叙事机制进行微观物理学的考察，对其更大的结构进行研究，可以打开巴尔扎克文本所用的特殊“调和”方式，通过这些方式，他的文本探讨、连接、解析了在其亚文本层次上的主要矛盾。

在詹姆逊的分析里，叙事的主要动力变成了一种乌托邦的冲动，这表现在最初把高尔芒小姐的住宅描写成一种理想的、超出主体欲望的客体，也表现在高尔芒小姐本人身上对它的人格化，她“同时（或依次）是喜剧性的、滑稽的和吸引人的”（158页）。詹姆逊指出，按照更大的叙事，这些欲望的孪生人物共同表明一种客观的等同物，即渴望超越叙事后来主题化的那种即时封闭和历史矛盾。因此，将作者、人物和读者同时结合在一起的这种欲望的乌托邦性质，这种语境里的特殊的乌托邦性质，在于这些人物如何为我们实现“渴求缩小地产实现个人，也渴求社会和历史矛盾的解决”（158页）。甚至包含高尔芒小姐和她的追求者的滑稽叙事也在这种乌托邦层面上存在，因为这一层面提供了一种疏离的观点来观察“肉欲的变化”（158 页）。换句话说，所有这些文本的基本特征都可以从适当的寓言方面来观察，它们表现了更多的因素和欲望。

但是，詹姆逊认为，“滑稽”并不是阅读《老姑娘》的唯一层面，这里还有滑稽的简单性与人物系统在寓言意义上更深层的对照。争夺高尔芒小姐的斗争似乎暗示着资产阶级和贵族为控制法国的阶级斗争。两个主要的求婚者显然是卢卡契的“类型”人物，杜·布斯基埃代表资产阶级，骑士代表贵族。文本突出了这种寓言的维度，使读者在某种“纯粹的性滑稽”和更大的表征叙事之间往返穿梭。当然，人物系统因杜·布斯基埃的阳痿而变得复杂；然而骑士这个娇弱“有教养的”贵族虽有性的能力，却在求婚中失败了——象征着失去了法国的统治权。

不过，如果只限于这种阅读，尽管有两种叙事系统的语义积淀，仍然与卢卡契的方式相去不远。按照卢卡契的阅读方式，巴尔扎克作为一个艺术家的伟大性，是因为他对历史现实的透彻观察与他的保皇主义意识形态出现了断裂。然而詹姆逊的特殊洞察在于恢复了一种更复杂的“调和”方式：叙事的镶嵌加工形成一种构成文本的象征行为。詹姆逊指出，巴尔扎克在非欲求的力量（阳痿）和无效的（软弱被动的）文化价值之间自相矛盾，因此必须以某种适当的叙事方式加以解决。正是在这里，出现了政治无意识的“调和”层次，将最深层的内在于文本并构成文本的张力连接了起来。面对真实的历史条件，政治无意识“仍然力求通过逻辑的排列组合从它的不可容忍的封闭中找到一条出路，找出一种‘解决办法’”（167 页）。这种“政治无意识”的概念正是詹姆逊作品的独创之处。它作为一种调和的范畴对马克思主义的文化阐释具有不容忽视的潜力，因为它可以跨越我们自己作为主体与历史—政治之间的意识形态界限。詹姆逊这个术语既吸收了“政治的”文本概念（它不是完全有意识的、以充分实现了的形式“外在于那里”），也吸收了激进的弗洛伊德—拉康主义那种无意识的叙事形式的原理（无意识是像语言那样构成的）。政治无意识的概念为我们提供了一种调和的方法，它具有在层面之间往返并中止预想的主体、欲望和文本形式等概念的优越性。用詹姆逊的话说，其优越性在于从社会阐述欲望，从美学阐述政治。

詹姆逊认为，面对确定的历史矛盾，政治无意识必须以叙事方式找出某种理想的解决办法。因为这种元叙事固有的东西，就是对实际是亚文本的象征的解决。詹姆逊非常重视巴尔扎克叙事的“模式转换”：在记录困境的同时，通过从常规现实主义的纯指标方式转向依条件而定的方式，力求废除其历史的必然。小说中唯一真正的中意者是填充这种结构鸿沟的人物——特瓦斯维耶伯爵，但伯爵不属于任何现实主义的叙事，因为他不属于任何经验的历史。相反，他是文本出于自身需要而形成的意识形态的选择。因此他的出现通过假定另一种历史象征地重构了历史，“在这个历史里，某种真正的复辟仍然是可能的，但条件是贵族能吸取这一特殊实例的教训，就是说，需要一个强有力的人物将贵族的价值与拿破仑的力量结合起来”（168页）。

但是，巴尔扎克、传记作者或历史人物又该如何对待呢？在詹姆逊的分析里，那种简单地诉诸传记的、文本之外的决定因素自然会被中止。巴尔扎克变成了欲望、历史和叙事这种冲突的关系所在，变成了使叙事生产可以理解的调和但不综合的层面。像文本一样，作者被视为一个相互作用的交点，意识形态、欲望和历史必然性在这里纵横交错。政治无意识作为这种诸层面的结合，仍然是使文本对历史开放的基本模式，因为作为欲望、乌托邦和意识形态，它的因素具有“实际经历的”丰富性。詹姆逊对巴尔扎克的详细分析恢复了美学生产的多重力量，它既是欲望的一种真正综合，又是意识形态矛盾和历史封闭性的记录。

在《政治无意识》里，詹姆逊还重写了拉康的术语“历史即真实”。对拉康而言，这是个纯粹不可主题化的代数学术语，但詹姆逊却把它解释为最大的视域，即除了作为纯极限之外永远不能真正看见。这就是说，真实不断地躲避再现。如果可以得到真实，它只能作为一种不可同化的现象，而正是在这种形象的综合中我们才以反映的方式学会了认识自己。历史以这种矛盾的形式出现，驱除了神学的幽灵。由于历史既不求助目的论又不受前话语意义的诱惑，所以历史在詹姆逊的作品里最终呈现为一种“渐近线”（asymptote），颇像不断隐退但赋予政治和文化分析以视角和连续性的地平线。换句话说，它似乎看得见，但永远达不到，然而又可以不断地提供参照。

综上所述，我们完全可以肯定《政治无意识》的力量和价值。应该说，他的辩证法和历史观，使马克思主义批评保持了它的锐利。

当然，詹姆逊的《政治无意识》也不是完全无懈可击。例如，他没有为关键的概念提供清晰的界定，在“政治无意识”作为“社会的象征行为”或“文本的决定因素”当中，这种政治无意识为什么不同于精神分析的客体？为什么他把精神分析的客体称作“真正的无意识”？是否詹姆逊试图使他的术语产生文学或修辞的功能？他的研究客体是否是弗洛伊德那种无意识的政治成分？抑或他以转喻的方式用“无意识”这一术语单指形式或功能的置换？

在《政治无意识》本身对“政治无意识”的指称中，詹姆逊也没有充分说明这个概念。有些地方（如论吉辛的一章）政治无意识被说成一种压制的或扭曲的力量，带有使历史事实文本化的色彩，因此看上去像是一种统治阶级的工具，其价值反映在文学作品当中。按照这种工具的概念，政治无意识负有“我们只能以文本形式了解历史”的责任，因为我们若了解历史和真实“必须先将它文本化，以政治无意识将它叙事化”（35页）。然而在另一些地方，政治无意识又被说成一种文本的力量，它是“无言”本身，是文本隐蔽埋藏起来的“现实”。这种无意识的历史现实似乎在某些时刻比另外一些时刻更容易获得或恢复，因为詹姆逊说在我们当前“物化的”历史时刻，真实已被“积累的物化无情地赶入地下”，并最终变成了“一种真正的无意识”（280页）。换言之，在作为一种文本力量的政治无意识理论和作为一种文学文本自身特征的政治无意识理论之间，詹姆逊的论述显得有些犹豫不定。

不过，无论如何，《政治无意识》是一部杰出的理论著作，它给人的启示是多方面的，它对马克思主义批评理论的贡献也不容怀疑。正因为如此，它如今已成为美国大学研究生的必读文本，不少学生以它作博士论文，而且已有四部研究它的专著出版。此篇前言就是结合国外的研究成果，力求提供该作品的一些要义；但因其深度和广度，仍感力不从心，只能说是不揣浅陋，抛砖引玉而已。

《政治无意识》已被译成多种文字。我们出版这个中文译本，也是希望使更多的人了解这部著作。本书第一、四、五、六章由陈永国翻译，第二、三章由王逢振翻译。虽然王逢振与作者多有来往，但在翻译中仍感到有不少困难。尽管尽心尽力，恐仍有疏误之处，恳切希望广大读者批评指正。

王逢振

想象一种语言意味着想象一种生命形式。

——维特根斯坦

由于由整个概念系统所表达的世界是社会向其自身再现的世界，因此，只有社会才能提供这样一个世界必须得以再现的一般化了的观念……由于宇宙只有在它被思考的时候才存在，又由于它只能被社会本身加以整体地思考，所以，它置身于社会内部，成为社会内在生命的组成因素，因而可以把社会看作那种总类，超越那种总类便别无他物存在。这种整体的概念不过是社会的概念的抽象形式：那个整体包括一切事物，那个至高无上的等级统领所有其他等级。

——涂尔干

目 录

前　言

总是要历史化！这句口号——一句绝对的口号，我们甚至可 9
以说是一切辩证思想的“超历史”的必要性——也将毫不奇怪地成为《政治无意识》的真谛。但是，正如传统的辩证法所教导我们的，历史化操作可以沿着两条不同的路线运行，即客体的路线和主体的路线——事物本身的历史根源和我们试图借以理解那些事物的概念和范畴的更加难以捉摸的历史性，而最终只能殊途同归。于是，在文化领域，这也是本书所论的核心领域，我们需要在两种研究路径间做出选择，一种是对某一特定文化文本的“客观”结构的本质的研究（其形式和内容的历史性，其各种语言可能性出现的历史时刻，及其美学的特定环境功能），另一种是与此相当不同的，突出我们借以阅读和接收所论文本的阐释范畴或符码的路径。无论好坏，本书所选的是第二种路径。《政治无意识》论述阐释行为的能动力，假定我们从未真正直面一个完满其作为物自体之鲜活性的文本，以此作为本书谋篇布局之所在。文本总是作为已经读过的东西摆在我们面前；我们通过前此阐释积淀下来的不同层次，或者——如果是崭新的文本的话——通过由继承的阐释传统积淀下来的阅读习惯和范畴来理解它们。因此，这个假定要求使用一种方法（我曾在别处称之为“元评论”[meta-commentary]），根据这种方法，我们的研究客体与其说是文本本身，毋宁说是阐释，我们就是试图借助这些阐释来面对和利用文本的。这里，阐释被解作本质的寓言行为，包括根据某 10
一特殊的阐释主符码重写特定文本。对前者的辨识将导致对这种符码或当今美国文学和文化研究中现行的“方法”或方式的评价。这些方法与辩证的或总体化的、严格的马克思主义理想的理解相并置，将被用来说明其他阐释符码的结构局限性，尤其要表明它们建构研究客体和“遏制策略”的“局部”办法，并借此投射出它们的文本似乎全面自足的幻觉。

因此，元评论的回顾性幻觉有利于我们依靠其他阐释方法——伦理的、精神分析的、神话批评的、符号学的、结构的和神学的——衡量一种真正的马克思主义阐释行为的成果和力度，后者必须在今天“多元主义”的知识市场上与上述阐释方法竞争。本书将从语义的丰富性上论证马克思主义阐释框架的优越性。今天，不能把马克思主义作为对这些其他方法的替代来加以辩护，那样会得意洋洋地把这些方法送进历史的垃圾箱；这些方法的权威性产生于它们与一种破碎社会生活的这种或那种局部法则的忠实的和谐、与一种复杂而迅速蔓延的文化上层建筑的这个或那个亚系统的忠实的和谐。实际上，从一种比较可靠的辩证传统的精神出发，马克思主义在这里被视为那条“不可逾越的地平线”，它容纳这些显然敌对或互不相容的批评操作，在它自身内部为它们规定了部分可信的区域合法性，因此既消解它们，同时又保存它们。

然而，鉴于这种回顾性组织结构的独特焦点，也许有必要告诫读者《政治无意识》不是什么。首先，读者不应指望这是一种至关重要的、初露锋芒的政治文化的探讨性描述，雷蒙德·威廉斯（Raymond Williams）曾正确地指出这是马克思主义文化批评的最迫切的任务。当然，当代马克思主义对这种挑战反应迟缓，有许多充分而客观的历史原因：日丹诺夫（Zhdanov）严格控制
11 艺术的可悲历史为其一；对现代主义以及对形式和语言“革新”的迷恋为其二；此外还有整个新的政治和经济“世界体系”的来

临，对此，老式的马克思主义文化范式已经难善其用。本书的临时性结论将阐明，在孕育那些位于我们自己世界疆域之外的新形式的集体思想和集体文化的过程中，马克思主义阐释必将面临一些挑战。读者将在那里看到一个空着的位子，它是为某一尚未实现的、集体的、去中心的、超越现实主义和现代主义的未来文化生产而保留的。

因此，即使本书不能提出一种政治的或革命的美学，它同样也不想再次提出传统的哲学美学问题，即艺术的本质和功能，诗歌语言和审美体验的特性，美的理论等等。然而，这些问题的缺场也许正是对这些问题的一种含蓄的评论。我试图保持一种本质上是历史主义的视角，根据这种视角，我们对过去的阅读主要取决于我们对目前的经验，尤其取决于有时所称的消费者社会的结构特征（或晚期垄断资本主义或消费者资本主义或跨国资本主义的“非积累”阶段），即居伊·德波（Guy Deboard）所说的形象或景观社会。关键在于，在这样一个浸透着各种信息和“审美”体验的社会里，老式哲学美学的那些问题本身就需要从根本上历史化，而且可以预见，它们将在历史化的过程中变得面目全非。

虽然在书中各处都蕴含着文学史，但还是不应该把《政治无意识》看作今天已面临危机的这种散漫的形式或文类的范式。传统文学史是再现性叙事的子集，是一种与其在小说史里的主要范例同样令人怀疑的叙事的“现实主义”。本书涉及文类批评的第二章将提出关于这种文学史叙事的状况和可能性的理论问题，在《马克思主义与形式》中，我把这种文学—历史叙事称作“历时建构”；之后对巴尔扎克（Balzac）、吉辛（Gissing）和康拉德（Conrad）的解读描述了一种历时框架——资产阶级主体在新兴 12
资本主义中的建构及其在我们自己时代的精神分裂式的解体——但它在这里却从未充分奏效。关于今天的文学史我们可以说，它的任务与阿尔都塞（Althusser）为一般的历史编纂规定的任务是一致的：不是详尽阐述其假定客体的某一实现了的活生生的假象，而是“生产”假定客体的“概念”。这的确是最伟大的现代或现代化的文学史——例如埃里希·奥尔巴赫（Erich Auerbach）的《模仿》——力图在其批评实践中——即使不是在理论中——所力图做到的。

那么，本书是否至少可被看作一种新的批评方法的纲要或描述呢？事实上，把本书的许多发现重组为一种方法手册的形式，这在我看来是再合适不过的了。但是，这样的手册将把**意识形态分析**作为它的目标，而且我认为，这种意识形态分析仍然适于马克思主义特有的批评“方法”的名称。鉴于上述理由，本书就不是那种必然以更激烈的论战精神清算其他敌对“方法”的手册。然而，不应该认为《政治无意识》的回顾性框架难以避免的黑格尔（Hegel）格调意味着这种论战式介入不是马克思主义文化批评的最优先的考虑。相反，后者必须也成为阿尔都塞所要求的马克思主义哲学本身的实践，即“理论内部的阶级斗争”。

然而，对非马克思主义的读者来说，他们很可能会闻到本书弥漫的火药味，因此我将加上本应是不必要的东西，强调我从叙事分析的伟大先驱者们那里获得的借鉴。我在书中与他们进行的理论对话不应仅仅被看作对“虚假意识”的另一种否定批判（尽管它确实也是那种批判，实际上我还要在结论中清楚地阐明如何把这种批判姿态正确地用于非神秘化和意识形态揭示）。同时显而易见的是，在叙事分析的领域，任何研究都难以忽视诺思罗普·弗莱（Northrop Frye）的奠基性贡献，A. J. 格雷马斯（A. J. Greimas）对整个形式主义和符号学传统的整理，特定基督教阐释学的遗产，以及更重要的弗洛伊德（Freud）对梦的逻辑的不可或缺的解析和克劳德·列维-施特劳斯（Claude Lévi-

Strauss）对“原始”故事叙事和**野性的思维**的逻辑探讨，当然还有现代时期最伟大的马克思主义哲学家乔治·卢卡契（Georg 13
Lukács）在这个领域里瑕不掩瑜的巨大成就。本书从特定的批评和阐释角度对这些各相迥异、参差不齐的著作提出质疑和评价，即围绕渗透一切的**叙事**过程，重新建构意识形态的、无意识的和欲望的、再现的、历史的以及文化生产的诸多复杂问题的框架。（用哲学唯心主义的简略形式来说）我把这种叙事看作人类精神的核心功能或**实例**（instance）。这一视角可以根据传统辩证符码系统重构为对表现（Darstellung）的研究：在这个无法转译的名词中，现行的**再现**问题与截然不同的**表现**问题，或与语言和写作通过时间的基本叙事和修辞运动颇有成效地交叉起来。

最后但却并非不重要的是，读者也许会惑然不解，一部表面上关注阐释行为的著作何以对阐释的合法性问题、对衡量某一特定阐释真伪的标准问题不予以充分注意。我恰好认为，通过简单地罗列不准确性或缺失，或列出未回答的问题的名单，任何阐释都不可能单凭它自己的条件而真的丧失能力。阐释并不是一种孤立的行为，而是发生在荷马的战场上，那里无数阐释选择或公开或隐蔽地相互冲突。如果实证主义关于语言准确性的观点是唯一的选择的话，那么，我宁愿选择当下流行的对积极误读的张扬而不主张消极误读。如中国的一句老话——“操斧伐柯”（语出陆机《文赋》。——译者注）——所说：在我们的语境中，只有另一种更加积极的阐释才能推翻和实际驳倒已经存在的一种阐释。

因此，我将乐于让本书的理论部分得到其阐释实践的判断和检验。但是，这种对立标志着当今所有文化研究的双重标准和形式困境，《政治无意识》也难以幸免：在模式和历史之间，在理论思索和文本分析之间，存在着一场争优的殊死战斗，前者试图把后者改造成许多纯粹的例子，引以证明其抽象的命题，

而后者则继续冥顽不化地暗示理论本身充其量是方法的框架， 14
一俟进行严肃的批评，实践便随时可以将其拆除。这两种倾向——理论和文学史——在西方学术思想中往往被看作风马牛不相及的，因此，值得在结论中提醒读者的是，还存在着超越这两者的第三种立场。这第三种立场当然就是马克思主义，它以辩证法的形式肯定理论的重要性，与此同时也承认历史本身的重要性。

弗雷德里克·詹姆逊
于康涅狄格州吉灵沃斯

一、论阐释：文学是社会的象征性行为

本书将论证对文学文本进行政治阐释的优越性。它不把政治 17
视角当作某种补充方法，不将其作为当下流行的其他阐释方法——精神分析或神话批评的、文体的、伦理的、结构的方法——的选择性辅助，而是作为一切阅读和一切阐释的绝对视域。

这显然是比那种肯定为每一个人所接受的温和主张极端得多的一种观点，那种温和的主张认为，有些文本具有社会的和历史的，有时甚至是政治的共鸣。诚然，传统文学史从来不阻止探讨这样一些主题，如但丁（Dante）作品中佛罗伦萨的政治背景，或弥尔顿（Milton）与分裂教会派的关系，或乔伊斯（Joyce）作品中爱尔兰的历史暗喻。然而，我要论证的是，这样的信息——甚至在大多数情况下不再包含在思想史的唯心主义观念之中——并不产生如是阐释，而充其量是这种阐释的（不可或缺的）先决条件。

今天，这种与文化过去的尚古关系具有一种最终不再令人满意的辩证对应物，我指的是大量当代理论依据自己的美学，尤其是依据现代主义的（或更准确地说是后现代主义的）语言观来重写选自过去的文本的倾向。我曾在别处[1]表明了这种“文本的意识形态”如何建构一个伪概念或无足轻重的术语——被冠以“读
者的”或“现实主义的”或“指涉的”文本等不同名目——与之 18
相对的那种重要术语——“作者的”或现代主义的或“开放的”文本，写作或文本的生产力——得以限定，并因此而被看作一次

决定性的突破。但是，克罗齐（Croce）的伟大名言“一切历史都是当代史”并不意味着一切历史都是**我们的**当代史。当你的认识突破开始根据你当下的兴趣在时间上置换自身的时候，问题便出现了。于是，当你力主把福楼拜（Flaubert）作品中的“文本的”或现代的东西全部挖掘出来时，巴尔扎克便会成为蒙昧的再现性的代表，而当你决定像罗兰·巴特（Roland Barthes）写作《S/Z》那样把巴尔扎克重写为菲利普·索勒斯（Philippe Sollers），重写成纯粹的文本和写作时，他又变成别的什么了。

在尚古精神与现代化的“相关性”或描述之间，这种不可接受的选择或意识形态的双重束缚表明，历史主义久已为之困扰的那些两难问题——尤其是某一遥远的甚至远古时代的文化丰碑要求在一个文化上完全不同的现在立足的问题[2]——并不仅仅因为我们对其不予理睬而消失。我们即将进行的分析的前提是，只有一种真正的历史哲学才能尊重过去的社会和文化特性及根本差异，同时又揭示出它的论争和热情，它的形式、结构、经验和斗争，都与今天的社会和文化休戚相关。

但是，真正的历史哲学从来就不多见，而在当今世界的消费资本主义和跨国体系中，适当的和可用的历史哲学更所剩无几。在以下的章节中，我们将有足够的机会强调基督教历史主义对方法的关注，以及西方传统中第一个伟大阐释系统的神学根源，并能进而认识到，在奥古斯丁（Augustine）的《上帝之城》（413—426年）中达到巅峰的基督教历史哲学已不再对我们具有约束力。至于英雄时代的资产阶级历史哲学，它的两个主要变体——于法
19 国启蒙运动的意识形态斗争中产生的进步幻想，以及体现中欧和东欧各民族截然不同的历史性、一般与赫尔德（Herder）的名字密切相关的有机民粹主义或民族主义——当然都没有绝迹，但至少由于它们分别在实证主义和古典自由主义与民族主义的幌子下

称王称霸而败坏了名声。

我在此提出的观点是，只有马克思主义提供了在哲学上符合逻辑的、在意识形态上令人信服的解决上述历史主义困境的方法。只有马克思主义才能充分说明文化过去的本质**神秘性**，就如同吸血的忒瑞西阿斯（Tiresias），这种文化的过去暂时恢复了生命和温暖，再一次被允许讲话，在完全陌生的环境里传达那早已为人忘记的信息。只有当人类的冒险成为集体行为的时候，这种神秘性才能再次展现出来。只有这样——而不是通过尚古的嗜好或现代主义者的描写——我们才能瞥见亟待我们解决的那些久已作古的问题，如原始部落季节交替的经济，关于三位一体的本质的激烈争论，城邦（polis）或宇宙帝国的众多冲突的模式，抑或在时间上离我们更近一些的，如 19 世纪民族国家枯燥乏味的议会和新闻论战。这些问题若要对我们恢复它们的原始迫切性，只能在一部伟大的集体故事的统一体内加以重述。不管它们采取怎样的掩饰和象征形式，只能认为它们共有一个单一的基本主题——对马克思主义来说，这就是从必然王国争取自由王国的集体斗争[3]；而且只能把它们理解成一个单一庞大而未完成的情节 20
中的关键插曲："到目前为止的一切社会的历史都是阶级斗争的历史。自由民和奴隶、贵族和平民、领主和农奴、行会师傅和帮工，一句话，压迫者和被压迫者，始终处于相互对立的地位，进行不断的、有时隐蔽有时公开的斗争，而每一次斗争的结局都是整个社会受到革命改造或者斗争的各阶级同归于尽。"[4]正是在探寻那种未受干扰的叙事的踪迹的过程中，在把这个基本历史的被压抑和被淹没的现实重现于文本表面的过程中，一种政治无意识的学说才找到了它的功能及必然性。

从这个视角出发，社会和政治的文化文本与非社会和非政治的文化文本之间那种实用的运作区分变得比错误还要糟糕：它已成为当代生活的物化和私有化的症状和强化。这样一种区分重新证实了在公有和私有之间、社会和心理之间、政治和诗歌之间、历史或社会和“个人”之间那种结构的、经验的和概念的鸿沟，作为资本主义制度下有倾向性的社会生活法则，它严重地伤害了我们作为单个主体的生存，麻痹了我们关于时间和变化的思考，正如它使我们完全脱离了我们的言语本身一样。假定在无处不在的历史和无法消除的社会影响的保护下，一个自由王国已经存在——不管它是文本词语的微观经验的自由王国还是形形色色私人宗教的极乐和激情——那么，这种想法只能加强必然性对所有这些盲目地带的控制，而单个主体却在这些盲目地带里寻找避难所，追求纯粹个人的、绝对心理的救赎。从这些束缚中唯一有效的解脱开始于这样的认识，即一切事物都是社会的和历史的，事实上，一切事物“说到底”都是政治的。

肯定政治无意识就是主张我们从事这样一种最终的分析，并探索揭示文化制品是社会的象征行为的众多途径。它提出与上面
21 已经罗列的那些阐释相抗衡的一种阐释；但是，如我们将看到的，它并不拒斥那些阐释的发现，而是论证它在哲学和方法论上对那些比较专门的阐释符码的终极优越性，那些符码的见地在策略上既受到其环境根源的限制，同时又受到它们理解和建构研究客体的狭隘的或局部方法的限制。

然而，把本书中包含的理解和分析说成是许多**阐释**，把它们作为一种**新阐释学**建构中的展品呈现出来，已是在宣布一整套论战计划，它必然要与不同程度地敌视这些口号的一种批评和理论氛围相妥协。[5] 比如，越来越清楚的是，阐释或解释活动已经成为法国当代后结构主义的基本论战目标之一，它以尼采（Nietzsche）的权威为强大后盾，旨在把这些阐释活动与历史主义相等同，尤其是与辩证法及其对缺场和否定的维护、对总体化思想

的必然性和优越性的肯定相等同。我赞成这种认同，赞成对理想的解释或阐释行为的意识形态的相近性和隐含意义的这种描述，但我认为这种批判被错置了。

诚然，近来对阐释发起的最富戏剧性的攻击之一就是吉尔·德勒兹（Gilles Deleuze）和菲利克斯·伽塔里（Félix Guattari）的《反俄狄浦斯》，恰如其分地把弗洛伊德的阐释而非马克思的阐释作为它的攻击目标。它认为，弗洛伊德阐释的特点是把具体 22
日常生活经验的整个丰富而随意的多种现实归纳和重写成被控制的、在策略上事先限制的家庭叙事——不管它是神话、希腊悲剧、“家族传奇”，甚或是拉康（Lacan）式的俄狄浦斯情结的结构。因此，它所责斥的是一个寓言阐释系统，其中，一条叙事线索的证据由于根据另一叙事范式的重写而丧失殆尽，而这另一个叙事范式则被当作前者的主符码或元叙事（Ur-narrative），被认为是第一个叙事的终极隐蔽的或无意识的意义。毋庸讳言，《反俄狄浦斯》论证的有力之处与本书的精神相吻合，因为该书的两位作者所关心的是，重新证实日常生活的政治内容和个人幻想经验的独特性，要求这种独特性从那种归纳回归到纯粹的主体，回到心理投射的地位，这更典型地体现了当今美国的文化和意识形态生活，而非仍然政治化的法国。我举此例的目的就是要指出，拒斥旧的阐释系统——弗洛伊德的重写被过于匆忙地纳入一般的阐释学——在《反俄狄浦斯》中是与一整套阅读文本的新方法的投射同时进行的：

> 无意识不提出任何意义的问题，而只关注应用的问题。欲望所提出的问题不是“那是什么意思?”，而是“它如何运作?”……［无意识］不表现什么，而只生产。它不意味什么，而只发生作用。欲望以“那是什么意思?”这个问题的

> 全部瓦解开始。除非语言学家和逻辑学家首先废除意义，否则没有人能够提出语言的问题；而只有当一部作品被看作一台机器，产生某些效果，经得起应用的检验时，才能发现语言的最伟大的力量。马尔科姆·劳里（Malcolm Lowry）这样评说他的作品：你想让它是什么它就是什么，只要它能转动——“相信我，如我发现的那样，它也转动”——一台机器。但条件是，意义只能是应用而非其他，并要制定这样一条坚定的原则，即只有我们能随便制定决定合法使用的**内在标准**，以对立于把应用与假设的意义关联起来并重新确立一种超验性的非法使用。[6]

33 然而，从当下的观点看，对文本进行内在分析、拆解或消解文本的组成部分、描述文本的功能和功能障碍，这个理想不等于完全废除一切阐释活动，而是要求建立一种新的、更充分的、内在的或反超验的阐释模式，这将是下文所要提出的任务。[7]

I

然而，这股尼采式的反阐释潮流在当代某种马克思主义中并非没有等同物：建构一种正统马克思主义阐释学的事业必然会面对有影响的、人们称作结构主义或阿尔都塞式马克思主义学派提出的对传统阐释模式的激烈反对。[8]阿尔都塞本人关于这个主题的看法在他关于因果律（或“功效性”）的三种历史形式的理论中有所论述，这一文献对于当代理论如此重要，值得在此长篇引述：

> 马克思通过根本改造政治经济学而提出的认识论问题可

归结为如下问题：用什么概念才能思考刚好被认为是由某一特定区域的结构决定的那个区域的现象的新型决定论？……换言之，怎样才能定义结构因果律的概念？……

我们可以非常简略地说，古典哲学……有两个而且只有两个概念系统来思考功效性。源于笛卡尔（Descartes）哲学 24
的机械论系统，把因果律归纳为**转变的**和分析式的功效性，不能用来思考一个整体对其各个组成因素的功效性，除非以超常的曲解为代价（如在笛卡尔的“心理学”和生物学中的曲解）。但是，第二个系统是可利用的，它恰恰是为了处理整体对其各个因素的功效性而设计的：莱布尼茨（Leibniz）的**表现**概念。这是支配黑格尔全部思想的模式。但它在理论上假定所论的整个问题都可归结为一个**内在本质**，对于这个本质，整体的各个组成因素只不过是表现的现象形式、在整体的每一点上呈现的本质的内在原则，这样，在每一时刻都可能写出直接充足的等式：某某因素（黑格尔哲学中经济的、政治的、法律的、文学的、宗教的因素等等）＝整体的内在本质。这就是可以使人思考整体对其每一组成因素的功效性的模式。但是，如果这个范畴——内在本质/外部现象——随时随地都可应用于在所论的总体中出现的每一现象的话，那么，它就假定整体具有一种特定的本质，恰恰是“精神”整体的本质，其中，每个因素都作为“部分整体”而表达整个的整体。换言之，莱布尼茨和黑格尔确实有整体对其因素或组成部分发生功效的范畴，但其绝对的条件是，整体不是一个结构……

［功效性的第三个，即结构因果律的概念］可以完全归结于“表现”（Darstellung）这个概念，这是整个马克思主义价值理论关键的认识论概念，这个概念的目的恰恰是要表

> 明结构在其**效果**中的**在场**的模式，因此也表明结构因果律本身。……结构并不是外在于经济现象来改变这些现象的面貌、形式和关系的本质，也不是作为缺场的原因而作用于现象，之所以缺场是因为它在它们之外。原因在结构对其效果的“置换因果律”中的缺场仅就经济现象来说并不是结构外部的错误，相反，它恰恰是结构作为结构在其效果中的内部形式。这因此意味着这些效果不在结构之外，不是结构于其中打下印迹的先存的客体、因素或空间；相反，它意味着结构内在于它的效果之中，在斯宾诺莎（Spinoza）所指的该词的意义上，意味着内在于它的效果之中的原因，结构的整个
> 25 存在包括它的效果，简言之，纯粹作为其特定组成因素的特殊综合的结构绝非外在于它的效果。[9]

阿尔都塞的第一种类型的功效性，即机械论的或机械因果律，是典型说明弹子球因果律的例子，长期以来是思想史尤其是科学史上人皆熟悉的一件展品，它与伽利略（Galileo）和牛顿（Newton）的世界观相关，在现代物理学提出不确定性原则时被认为是过时的了。这种因果律一般是对因果范畴本身“已经过时”的特点的松散的当代共识；然而，即使这种因果分析在今天的文化研究中也没有名誉扫地。比如，仍然可以在技术决定论中看到它的影响，这种技术决定论在当代最引人注目的表现是麦克卢汉（MacLuhan）主义，而某些比较正统的马克思主义研究如瓦尔特·本雅明（Walter Benjamin）含混的《波德莱尔》也为其变体。事实上，马克思主义传统中含有往往被斥责为机械论的或机械的成分——最明显的是人皆熟悉的（或臭名昭著的）“基础”概念（基础结构和“上层建筑”）——因为它对这种因果律的重新检验的重要性不可小视。

我想要论证的是，机械功效性范畴在文化分析中保有纯粹的局部合法性，表明弹子球因果律仍然是我们这个特别堕落的社会现实的（非共时的）法则之一。换言之，从我们的思想中排除“非本质的”范畴并没有什么好处，后者对我们计划要思考的客观现实仍具有约束力。比如，在 19 世纪末出版危机这个公认的外在事实与小说自身“内在形式”的变化之间，似乎仍然存在着无可争辩的因果关系，当时，占支配地位的图书馆藏三卷本长篇小说被较廉价的一卷本所取代。[10] 由此导致的吉辛这样的作家的小说生产的变化，必然会由于文学研究者试图根据个人发展或纯粹形式变化的内在动力来阐释这种新形式的努力而被神秘化。某 26
种物质的或偶然的“事件”作为形式“突破”和“原因”变化似应在吉辛的叙事范畴和他的小说的“情感结构”中留下痕迹——这无疑是臭名昭著的断言。然而，臭名昭著的还不是关于特定形式变化的这种思维方式，而是客观事件本身，即我们这个世界上文化变化的性质，其使用价值与交换价值的分离所导致的恰恰是这种“臭名昭著的”和外在的断裂，最终不能“从内部”或从现象加以理解的，却必须将其作为表征加以重新建构的远处的断裂和行为，其原因属于产生于其结果的另一种现象秩序。因此，机械因果律与其说是可据自身评价的一个概念，毋宁说是我们这种特别物化的社会和文化生活的许多法则和次系统中的一种。这也不是对文化批评家毫无益处的偶然经验，对他们来说，这种来自外部的臭名昭著的断言是有所裨益的，使人想起文化生产最终的物质基础，以及“由社会存在所决定的意识”[11]。

因此，对阿尔都塞关于机械因果律“概念”的意识形态分析必须提出异议，这个令人不满意的范畴不仅仅是一种虚假意识或错误形式，而且是我们仍然存在的客观矛盾的表征。澄清了这一点，就也能清楚地看到阿尔都塞的核心论证以及当今文化批评的关键问题（和热点），正是阿尔都塞所列举的第二种功效形式，即所谓的“表现性因果律”。反对“总体化”的口号不能成为对阿尔都塞批判“表现性因果律”的直接回应，如果没有别的原因，总体化本身就位列于这个术语所大加诬蔑的诸多方法之中，从形形色色的世界观概念或特定历史时刻的时代风格（泰纳[Taine]、里格尔［Riegl］、斯宾格勒［Spengler］、戈尔德曼［Goldmann］），到当代结构主义或后结构主义者对这一或那一
27 历史时期的主导认识或符号系统加以建构的努力，如福柯（Foucault）、德勒兹—伽塔里，尤里·洛特曼（Yurii Lotman），或关于消费社会的理论家（让·鲍德里亚［Jean Baudrillard］为佼佼者）。这个目录表明，不仅可以认为阿尔都塞的批判比黑格尔的著作更宽泛，后者是阿尔都塞所要阐述的核心内容（在公开的非黑格尔或反黑格尔思想家那里可以派上用场），而且这里重要的是似乎颇有意义地关系到一般文化分期问题，尤其是在历史“时期”的范畴。然而，阿尔都塞所拒斥的比较正统的马克思主义“表现性因果律”模式受到了来自相当不同角度的苛评，指责其参与了中介实践，把关于个人和集体实践相对理想的概念戏剧化：我们将在本章稍后再来讨论这两种指责。

至于分期化，其实践显然被标识为“历史主义”的阿尔都塞的基本概念指向所围包[12]，可以承认，关于历史或文化时期概念的任何有益的使用都不由得给人一种轻率的总体化印象，一个浑然一体的现象网络，其中每一种现象都以自己的方式“表达”统一的内在真实——一种世界观或一种时代风格或标志着所论“时期”之经纬的整个结构范畴。然而，这样一种印象具有致命的还原性，即我们已经看到的德勒兹和伽塔里拒斥弗洛伊德家族还原的统一操作。因此，阿尔都塞的批判本身就是无法回驳的，表明
28 历史整体的建构在方法上必然涉及那个整体**内部**因素的分离和特

权（如思维习惯、对特定形式的倾向性、特殊信仰、“有特性的”政治结构或支配形式），以致所论因素成为能够解释所论“整体”的其他因素或特征的主符码或“内在本质”。因此，这样一种主题或“内在本质”可以看作对现在不允许解释的“那是什么意思?”这一阐释问题的含蓄或明确的回答。（这样，如我们将看到的，可以认为“中介”实践看上去更具辩证性质，但对于从整体的一个层面或特征向另一层面或特征的转移或调整来说也堪称唯心主义的机制。然而，如资产阶级分期化所示，这同样是对围绕主题或思想的整个社会领域产生同样的统一效应的机制。）

分期化与其范畴的问题在今天无疑已陷入危机，但其对于任何文化研究工作都似乎既不令人满意又不可或缺，更加重要而应优先考虑的问题是历史本身的再现问题。换言之，对这个问题有一种共时的说法，即个别“时期”的状况问题，这个时期内的一切都天衣无缝地相互关联，以至于我们面对着完整的系统或一个时期的理想“概念”；还有历时的问题，即以某种“线性”方法把历史看作这些时期、阶段或时刻的连续。我认为，这第二个问题是要优先考虑的，而个别时期的形成总是暗地里暗示或投射历史序列的叙事或“故事”——叙事的再现，这些个别时期在这种叙事中找到自己的位置，并由此衍生意义。

因此，阿尔都塞称为“表现性因果律”（以及他所称的“历史主义”）的最完整形式将被证明是广义上的阐释寓言，其中，一系列历史事件或文本或人造制品以更为深刻的、基本的和更加“基础的”叙事，一种隐蔽的宏大叙事而得到重写，这种叙事是第一个序列的经验材料的寓言手段或形象内容。因此，这种寓言的宏大叙事将包括先知的历史（如黑格尔或马克思的历史）、以灾难的眼光看待的历史（如斯宾格勒眼中的历史）和循环的或维柯（Vico）眼中的诸如此类的历史。我读到阿尔都塞的名言， 29

"历史是没有目的或主体的过程"[13]，在这个意义上，这句名言就是对这种宏大叙事及其叙事封闭（目的）和人物（历史主体）这对孪生范畴的拒斥。由于这样的历史范畴也往往被描述为"神学的"，而且，由于我们不久就有机会再次论及那种惊人细腻的阐释，即《圣经》的早期经典解释和中世纪体系的四层面阐释，现在也许应该依据那个已过时的累赘的寓言框架来说明这个宏大叙事的结构了，在这个框架内宏大叙事的操作是最显见的。

阐述这个中世纪体系最便捷的方法就是通过它在古代后期的实践功能，及其作为把《旧约》同化为《新约》的手段的意识形态使命，从而以对异教徒可用的形式重写犹太文本和文化遗产。关于这个新的寓言系统的独创性，可以通过它是否坚持原文本的文学性来加以判断：这里的问题不是要把原文本化解成纯粹的象征主义，如理性的古希腊文化在面对荷马史诗的古老和多神教的文字时，根据自然元素的相互斗争或善恶之间的斗争重写了后者。[14] 相反，这里《旧约》被看作历史事实。同时，它作为可用的比喻系统远远超越了直接的历史指涉，而深深植根于把历史本身看作上帝之书的观念之中，我们可以研究这部上帝之书，诠释据说是其作者刻写在里面的预言信息的符号和踪迹。

所以，正是基督的生活，作为《旧约》中隐蔽预言的实现和天使传报的符号的《新约》文本，构成了第二个正统的寓言层面，《旧约》可以在这个层面得到重写。寓言在这里是文本的多元意义的敞开，向作为诸多层面和诸多补充解释的连续重写和多元写作（overwriting）敞开。所以，根据基督的生活而对《旧约》的特定段落加以解释——一个人皆熟悉的甚至已成俗套的例子就是把在埃及被束缚的以色列人重写成在十字架上死去之后进入地狱的基督[15]——与其说是封闭文本、压抑偶然或异常阅读和理解的一种技巧，毋宁说是为这种文本进一步的意识形态投资而做准备的机制，如果我们把**意识形态**这个术语解作阿尔都塞所说的再现结构的话，那么，这个再现结构就允许单个主体构思或想象他或她所经历过的与超个人现实（transpersonal realities）的关系，如社会结构或历史的集体逻辑。

就眼下的例子来看，这种运动是从特定的集体故事——以色列人的故事，或另言之，在文化上相异于早期基督教的地中海和日耳曼门徒的历史——向特定个人命运的运动。因此，第一种叙事的超个体维度（transindividual dimentions）便从根本上“归结”到第二种纯粹的传记叙事：基督的生活，而这种归纳与德勒兹和伽塔里对弗洛伊德家庭三角关系给日常生活带来的丰富经验的压抑性归纳并非不构成类比。但其结果却相当不同：就四个层面的情况看，恰恰是这种相异集体向传颂个人传记的简化导致了另两个阐释层面的产生，而正是在这两个层面上个人信徒才能够亲自“插入”进来（用阿尔都塞的公式来证明），恰恰是通过**道德的**和**神秘解释**的阐释才把文本的机制改变成“力必多机制”，即进行意识形态投资的机制。比如，在第三个或道德的层面上，在埃及被束缚的以色列人这一直接历史事实可以被重写成潜在的信徒受罪孽和世俗繁忙的束缚（“埃及的满足肉欲的场所”）：个人皈依可以使他或她得以解脱的一种束缚（双重象征着埃及的救赎和基督复活的一次事件）。但是，这个个人灵魂的第三个层面显然是不自足的，因此即刻产生第四个或神秘阐释的层面， 31
在这个层面上，文本依据整个人类命运得到终极的重写，于是，埃及便预示了那段长期忍受炼狱痛苦的世俗历史，而基督的复活和最后审判被作为最后的解脱。因此，历史或集体层面再一次通过基督牺牲的迂回和个体信徒的戏剧而达到了；但是，它从特定世俗民族的故事转换成了整个人类的普遍历史和命运——这恰恰是这个四层面系统最初设计所要达到的功能和意识形态转变：

神秘阐释的	政治的解读（历史的“集体”意义）
道德的	心理的解读（个别主体）
寓言的	寓言手段或阐释符码
直义的	历史或文本指涉

这个四层面或四重意义系统尤其具有启示意义，它为阐释困境提供了解决办法，这就是在一个私人化的世界里，我们还要比亚历山大时代和中世纪的接受者过着更加紧张的生活，也即上面提到的私下与公开、心理与社会、诗歌与政治之间的不相容性。基督教方案在神秘解释与道德解释之间投射的关系在今天已不为我们所用，但这个方案的整体封闭性却是有意义的，尤其是在当代美国“多元主义”的意识形态氛围中，以其对开放（“自由”）的未经检验的确认相对于它必不可免的二元对立，即封闭（“极权主义”）。多元主义在表示多种方法和阐释在知识和学术市场上的共存时是一回事，而将其作为关于意义和方法的无限性及这些意义和方法最终的相互替代性和等价性的命题时，却完全是另一回事。关于实践批评，任何就特定文本进行多种方法实验的人都必须清楚的是，在给这些发现归类并在各种解释中创造等级关系之前，精神是不会满足的。我猜想，在特定文本语境中的确只
32 有有限的可能阐释，而多元主义的各种当代意识形态最紧密依附的方案却大部分是消极的：预先阻止阐释结果的系统表达和总体化，这些结果只能引起关于它们之间关系的令人难解的问题，尤其是关于历史地位以及叙事和文本生产的终极基础的问题。不管怎么说，中世纪的理论家们都清楚地知道，他们的四个层面构成了方法的上限和各种阐释可能性本质的枯竭。[16]

那么，在最宽泛的意义上，阿尔都塞对表现性因果律的批判

可以看作超越了所谓黑格尔唯心主义的直接目标，而击中了隐含的或明显的神正论，这种神正论必定产生于使各个层面相互同化并证实其终极同一性的诸多阐释。然而，阿尔都塞的著作——如之前的许多哲学体系一样——给人以既隐秘又通俗的感觉，它同时对两种不同的公众讲话，不理解这一点就难以对其做出公正的评价。我们以后将论述符码系统，并借助这个系统，论述表面上抽象的哲学命题，包括关于马克思主义内部各种问题的论战立场：就眼下的例子来说，对寓言主符码的较普遍攻击也意味着对庸俗马克思主义层次理论的特殊批判，这种理论的基础和上层建筑观念，以及经济的“终极决定动因”的相关观念，一旦用下面的图表示出来，就能表明与上文描述的寓言系统具有较深刻的亲缘关系：

上层建筑	文化 意识形态（哲学、宗教等） 法律系统 政治上层建筑和国家	
基础或基础结构	经济或 生产方式	生产关系（阶级） 生产力（技术、生态、人口）

这个正统图式从本质上说仍然是寓言的，无论何时只要将其 33
引申到阐释之中，这一点就清楚了。在这方面卢卡契论现实主义的文章可用作主要例证，其中，文化文本实际上被作为整个社会的寓言模式，包括社会的表征和组成因素，如文学“人物”，在其他层面上被解作因素的“典型化”，尤其是作为形形色色的社会阶级和阶级团体的比喻。但是，在其他种类的分析中——如对哲学立场或法律措施的正统“意识形态分析”或从阶级的角度对国家结构加以非神秘化——也发生了寓言的解符码运动，其中，阶级利益观念为上层建筑表征或范畴与它在基础的“终极决定”

的现实之间提供了一种功能联系。

然而，我们在前面对中世纪四个层面的讨论意味着这绝不是故事的全部，要完全掌握这个图式投射出来的本质上的寓言操作，我们必须放大它的主符码或寓言方法，直到后者成为一个自身独立的宏大叙事。当这一时刻到来时，我们就将意识到，任何一种个体生产方式都投射和暗示着这种生产方式的整个序列——从原始共产主义到资本主义和共产主义本身——这构成了正统马克思"哲学史"的叙事。然而，这却是自相矛盾的发现：因为对最成功地败坏了马克思正统目的论历史之名声的阿尔都塞学派来说，他们的工作也就是在我们的时代最盛行的那种工作，即恢复生产方式的问题框架，将其作为马克思主义的核心组织范畴。[17]

34 本书概述的政治无意识观念就是一次通过在客体内部重新找到它的位置来解决这一困境的尝试。对表现性因果律的步骤稍加辩护就能大体呈现我们在前面讨论机械因果律时所用的相同形式：我们可以把此二者看作我们的历史现实内部的局部法则。换言之，其想法在于，如果依据表现性因果律或寓言的宏大叙事进行阐释仍然是一种持续不变的诱惑的话，那么，这是因为这些宏大叙事本身已经刻写在文本和我们关于文本的思考之中了；这些寓言的叙事所指构成了文学和文化文本的持续不变的范畴，恰恰是因为它们反映了我们关于历史和现实的集体思考和集体幻想的基本范畴。与这个范畴相对应的不仅有那些交织缠结的暗喻，也就是非历史的和形式化的读者试图不予理睬的因素——那种枯燥的、令人难以忍受的、啰啰唆唆的脚注使我们想起弥尔顿或斯威夫特（Swift）、斯宾塞（Spenser）或霍桑（Hawthorne）作品中暗指的那些久已死去的时事和政治形势。如果现代读者由于这些文本深深植根于他自己所处历史时代的偶然状况而感到厌烦或反感的话，那么，这无疑证明了他对自己的政治无意识的拒斥，证明了他对自身内部历史文本的解读和书写的否认（在美国是整整一代人的否认）。因此，像巴尔扎克的《老姑娘》（*Vieille Fille*）这种作品就暗示了资本主义时期文学中这种政治寓言的重要变化，表明了这种老式政治典故的脚注—潜文本向叙事机制的同化，这里，关于社会阶级和政权的思考变成了整个叙事生产的野性的思维（参见下面第三章）。但是，如果这就是“表现性因果律”研究所引导的方向的话，那么，在源头将其关闭就将导致历史文本和政治无意识在我们自己的文化和实践经验中的本质遏制，而这又恰恰是在愈加严重的私有化使那个范畴变得如此微弱，实际已经销声匿迹的时刻。

对表现性因果律所做的这种功能分析意味着对阿尔都塞为历史所做的（既非主体亦非目的的）反目的论公式的暂时限定，其
基础是拉康“绝对拒斥象征化”的**现实**观念[18]和斯宾诺莎的“缺 35
场的原因”的思想。阿尔都塞这个公式彻底的否定性是有误导性的，因为它随时都可以与当代形形色色的后结构主义和后马克思主义的论战主题相同化。对它们来说，历史，在其糟糕的意义上——指涉“语境”或“基础”，即外在的真实世界，换言之，指涉备受中伤的“指涉物”本身——不过是许多文本中的另一个，是可以在历史文献中找到的东西，是对人们经常称为“线性历史”的历史序列的编年叙事。阿尔都塞本人坚持把历史认作缺场的原因，就清楚地表明了这一点。但是，这个公式中缺乏的，如其规范的措辞所示，就是它根本没有得出那个时髦的结论，即因为历史是文本，所以“指涉物”并不存在。我们因此可以做出下面修正的表述：历史**不是**文本，不是叙事，无论宏大与否，而作为缺场的原因，它只能以文本的形式接近我们，我们对历史和现实本身的接触必须先将它文本化（textualization），以政治无意

识将它叙事化（narrativization）。

这种重新表述一方面承认阿尔都塞对表现性因果律和一般阐释的有力驳斥，同时又为这种操作找到了局部位置。我们尚未考虑到的是，阿尔都塞的立场是否只是否定的二度批评立场，是对随时可能出现的黑格尔符码的幻觉的矫正。另一方面，他的正统“结构因果律”概念是否具有自身独立的内容，意味着区别于上述特殊阐释的可能性。我们也许可以通过另一种方式（见下页图）重新建构传统马克思主义的层面概念（如上述）来最清楚地表明他的模式的创新性。如果这个树图能即刻表明阿尔都塞的“层面”观念与传统马克思主义之间惊人的根本区别，那它也就达到了目的：后者或是把“终极的决定性动因”或生产方式看作
36 狭隘的经济层面，或是在缺乏有力的概念化情况下使这个印象持存下来——将其看作“决定着”其他层面的社会系统内的一个层面——阿尔都塞的生产方式概念把这种概念与总体结构视为同一的。因此，对阿尔都塞来说，比较狭隘的经济层面——生产力、劳动过程、技术发展或生产关系，如社会阶级的功能性的相互关系——不管多么特殊，都与整个生产方式不是同一的，正是这个生产方式给这个狭隘的“经济”层面以特殊的功能和效率，正如它也给其他层面以功能和效率一样。如果人们因此而把阿尔都塞的马克思主义描写成结构主义的，那就必须用一个关键的附带条件来完成这番描写，即只存在着**一种**结构，也就是生产方式本身，或是整个社会关系的共时系统。在这个意义上说这个“结构”是缺场的原因，因为它在经验上并未作为一个因素而存在于任何地方，它不是整体的一部分或其中的一个层面，而是这些层面中的整个**关系**系统。

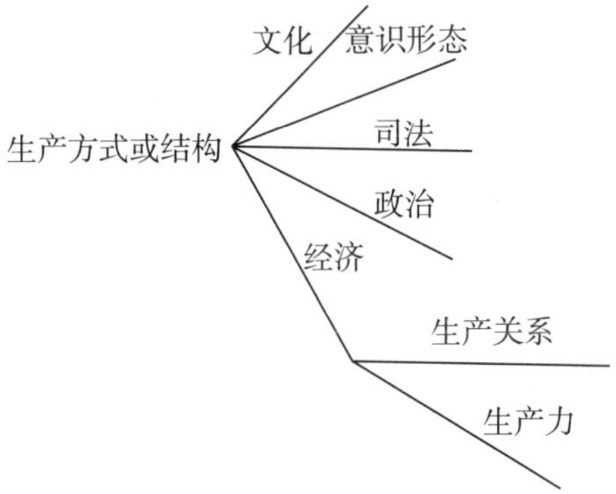

这种结构概念应该使人能够理解否则便不可理解的阿尔都塞革命的声望和影响——这场革命在众多学科中掀起了汹涌的挑战性对抗潮流，从哲学本身到政治科学、人类学、法学研究、经济学和文化研究——同时也恢复了在翻译中容易丢掉的，以及被掩盖在它借以进行战斗的符码的伪装之下的政治内容。坚持这些不同层面的“半自治性”——粗心的人会轻易将其当作学术上的含糊其辞，但我们现在却认为这关系到对黑格尔表现性因果律的攻击。在黑格尔表现性因果律中，所有那些层面似乎都是“相同的”，都是如此众多的表达和相互调整——现在可以解作在法国共产党内部进行反斯大林主义的符码化斗争。看起来似乎似是而非的是，“黑格尔”在这里是用来表示斯大林的秘密符码（正如在卢卡契的著作中，“自然主义”是表示“社会主义现实主义”的符码一样）。举个例子，在苏联马克思主义的唯生产论意识形态中可以窥见斯大林的“表现性因果律”，即坚持生产力的根本重要性。换言之，如果所有层面“在表现上”都是相同的，那么，生产力的基础结构变化——国有化和私有制关系的消灭，以及工业化和现代化——就将足以“几乎迅速改变整个上层建筑”，而文化革命就是不必要的了，同样，发明新型劳动过程的集体努 37

力也是不必要的。[19]另一个关键例子可见于国家理论：如果国家
纯粹是经济的附带现象，那么，有些社会主义革命的压抑机制就
无须予以特殊注意，在到达适当的生产阶段之时它们就会开始
38 “枯萎”。现行马克思主义对国家和国家机器“半自治性”的强调
（我们应将此归功于阿尔都塞们），有意给这些国家“文本”的阐
释罩上一层浓浊的疑云（简单地视其为对其他层面的复制），把
人们的注意力一方面引向苏联制度下半自治性的贵族动力和国家
机器，另一方面引向资本主义制度下新的扩大了的国家机器，将
其作为开展阶级斗争和政治行动的场所，而不是人们要“打碎”
的纯粹障碍。[20]这些阐述应该表明，在上述列举的学科领域内，
出现了类似于文化研究本身的两难问题：文本是否是自身独立的
自由流动的客体？它是否“反映”某种语境或基础？在那种情况
下，它是否仅仅在意识形态上复制后者？它是否具有可被看作否
定那个语境的自治力量？这只是因为我们都无法挽回地闭锁在我
们的专业化学科之中，以至于没有看到这些问题的共性；而马克
思主义重新宣称它作为一门跨学科的和普遍的科学的明显理由就
在这个特殊的问题框架之内。的确，文化研究的特权地位可以通
过下面的方式表达，即这些文本和阐释问题本身对研究和反思来
说比更加明显的经验科学更直接且更便于观察和利用。

另一方面，学术科目问题可用来戏剧化地表现阿尔都塞立场
的歧义性。仅就其坚持层面或实例（instances）的半自治性来
看——尤其是在人们认为哲学已经被克服、被包容在“理论与实
践的统一”的传统中时，它要为哲学重找一块特权之地的臭名昭
著的、自讨苦吃的那种企图——在他的对手看来，阿尔都塞的结
构概念往往似乎构成了对资产阶级学术科目物化了的专门化的重
39 新辩解，因此，在本质上是反政治的借口。[21]的确（在那篇奠基
性文章《意识形态的国家机器》中），仿佛另一个阿尔都塞在亲

口教导我们，在这个社会里，看上去像思想的东西都需要作为众多制度化和官僚基础结构（如大学）的信息而进行警惕的非神秘化。但是，他的批评者们拿这种观点来反驳他，把他自己的半自治性层面体系解作法国共产党的正统思想，于是，在资产阶级国家内部便又多了一个惰性的制度。要在关于阿尔都塞运作（无论是反斯大林主义还是斯大林主义）的这些对立评价中做出选择，似乎是轻率之举；相反，这些评价标识出那个运作客观地和功能地引起歧义的空间。

然而，我们可以找出这种歧义的根源。它可见于任何文学或文化分析的策略领域，即在**中介**概念之中：也就是各个层面或实例之间的关系，和在各层面之间相互采纳分析和发现的可能性。中介是一个经典的辩证法术语，用指对艺术品的形式分析与其社会基础或政治国家的内在动力与其经济基础之间关系的确立。首先应该明确的是，阿尔都塞本人把中介概念与黑格尔意义上的表现性因果律融合在一起，也就是说，他只把中介过程理解成不同层面之间象征的**同一性**的确立，解作每一层面借以与下一个层面重合的过程，从而失去其结构独立性，而发挥其表现它的同类物的作用。于是，国家权力被看作作为其基础的经济体系的纯粹表现，正如以不同方式表现的法律机器一样；文化则被看作基本的政治、法律、经济等实例的表现。以此为出发点，这种关于各种中介的分析所要表明的不是事物表象中显见的东西，而是它们的基本现实，也即在文化的各种特殊语言中，亦如在各种生产关系的组织中发生作用的**同一**本质。阿尔都塞对中介的这种抨击是至 40
关重要的，因为他抨击的目标已不再限于黑格尔和卢卡契的传统，而且还包括像萨特（Sartre）和葛兰西（Gramsci）（对后者的抨击相对比较谨慎）这样的思想家。

但是，中介概念在传统上一直是辩证哲学和马克思主义本身借以阐述其使命的方式，即打破（资产阶级）学科专业化了的分隔，把普遍社会生活中看上去各不相关的现象联系起来。如果需要对中介进行更加现代的描述的话，我们说这种运作被理解成**符码转换**（transcoding）的过程：发明一套术语，或战略性地选择一些特殊的符码或语言，如此同样的术语便可以用来分析和连接两种迥然不同类型的客体或“文本”，或现实的两个非常不同的结构层面。因此，中介是分析者的一个手段，借助这个手段，破碎性和自治化，社会生活不同区域的分隔化（compartmentalization）和特殊化（换言之，即意识形态从政治、宗教从经济的分离，日常生活与学术实践之间的鸿沟），至少在特定分析的场合得到了局部克服。这种瞬间的再联合将是纯粹象征性的，纯属方法的虚构，除非把社会生活的基本现实看作不可分的整体，天衣无缝的网络，难以置信的、超个人的（transindividual）单独过程，在这个过程中，没有必要发明新的方法去把语言事件和社会变革或经济矛盾联系起来，因为在那个层面上，它们从来就不是相互分离的。分离的领域，破碎的领域，符码爆炸和学科多元化的领域，这不过是表面现实：如黑格尔所说，它不完全**为自身**存在，而是**为我们**而存在，是晚期资本主义制度下我们日常生活和生存经验的基本逻辑和根本法则。因此，对不同“层面”的终极的基本统一的诉诸，不过是形式上的、空洞乏义的，除非它为我们这里所论的比较具体的、于局部实践的中介提供了逻辑理由和哲学依据。

现在，关于阿尔都塞在这方面的结构概念还必须要说明的
41 是，“半自治性”观念必然既**关联**又**分离**。否则，那些层面将仅仅是自治的，分化成资产阶级学科的物化空间。我们已经看到，对一些读者来说，这最后一种恰恰是阿尔都塞学说的要旨。但是，在那种情况下，很难看清阿尔都塞何以坚持一种结构总体性

的决定论：显然，他旨在强调各个层面之间某种终极结构的相互依赖性，但是，他是根据穿过那个结构的中介来掌握这种相互依赖性的，而非通过使一个层面直接与另一个层面相重合的比较**直接**的中介。这意味着阿尔都塞结构因果律观念的哲学要义与其说在于这种中介概念，毋宁说在于辩证法传统可能会称为的未经反射的无中介性（unreflected immediacy）：在那种情况下，阿尔都塞真正的攻击目标就和黑格尔的攻击目标是一致的，后者的全部作品确立了对早熟的无中介性和未经反射的统一性的长期批判。在某种并非严格的专业意义上，或许可以说，阿尔都塞的结构，与所有马克思主义一样，必然坚持社会结构内部各种因素的相互关联，只不过他是通过这些因素的结构**差异**和相互间的距离将其关联起来的，而非根据其终极的同一性，如他认为表现性因果律所能做到的那样。因此，差异在这里被解作一种关系概念，而非各不相联的多样差异的纯粹惰性的储存。

在表现性因果律中，类似的过程发生于两种不同的社会生活领域，这种因果律的实践是中介所能采取的形式之一，但当然不是唯一的形式。对阿尔都塞本人关于这个问题的阐述必须提出的反驳是，对两种现象的相互区分，它们结构的分离，而且是以断然明确的方式断言它们并非是同一的，**也**是中介的一种形式。因此，阿尔都塞的结构因果律与和它相对立的“表现性因果律”一样，从根本上说都是中介实践。把中介描述成可用于两种不同现象的符码策略和局部创造，并不意味着在这两种情况下必须要转达相同的信息；换言之，除非在某一比较普遍的同一性背景之下，否则我们是不能列举事物之间的差异的。中介的任务是确立 42
这种最初的同一性，在这个背景之下——也只有在这个背景之下——才可能实现局部的同一和差异。

这些阐释可能性说明了中介实践对于寻求避免封闭于各种形

式主义平静封闭的文学或文化批评何以是尤其重要的，这种批评旨在发明不像上述提到的机械因果律那样粗暴和纯粹偶然的一些方法，以便把文本向文本外（hors-texte，extratextual）的各种关系敞开。(如我们在本书中常常要做的一样）发明一套关于物化、破碎性和单子化的术语，使之交替用于描述晚期资本主义制度下的社会关系以及文化和文学产品内部的形式关系和语言结构，大可不必证实这两种事物（表现性因果律）之间的同一性，从而得出结论说后者即上层建筑现象是基础结构现实的纯粹反射，即作为基础结构附带现象的投射。在特定层面上这的确是事实，而现代主义和物化则是同一个巨大过程的组成部分，这个过程所表达的就是晚期资本主义矛盾的内在逻辑和动力。然而，即使我们作为文学分析家的目的是要表明，现代主义——绝非是对19世纪末社会生活物化的纯粹反映——也是对那种物化的反叛和象征行为，涉及在日常生活的层面上对愈加严重的非人性化的整个乌托邦补偿，我们首先要在这两个区域或部门——文学作品中语言实践与客观世界（Umwelt）或日常生活的世界中**混乱**的经验、标准化、理性的世俗化——之间确立一种连续性，以使后者被解作前者象征性地加以决定或解决的那种确定性环境、困境、矛盾或潜文本。

因此，我们必须驳斥有关中介过程的观念，它未能通过过分强调其确立同一性的相关使命而实现其区分和揭示结构性对立和矛盾的能力。甚至在和葛兰西一起被阿尔都塞痛斥为“中介哲学
43 家之原型”的萨特的实践中，把家庭作为儿童的经验（心理分析的对象）与外部社会的阶级结构（马克思主义分析的对象）之间基本中介单位的阐述[22]，也绝不能把三种不同的现实归结到一个共同的公分母，或将其同化以使其失去个别主体命运相当不同的特殊性、资产阶级多元家庭的历史，和在所论国家资本主义发展

的特定时刻获得的各种阶级关系的“联合”。相反，这种中介威力事先决定了你对所论每个区域或部分的相对自治性的感觉：这是认证身份的符码转换，要求你同时保持这三个层面相互间绝对的结构距离。

关于中介的这种冗长讨论并非意在表明阿尔都塞对表现性因果律的批判是毫无理由的；相反，它已被置换，其真正的威力只在它的适当客体得以确定之时才能恢复。阿尔都塞批判的真正目标在我看来似乎不是中介实践，而是别的什么，它与中介具有表面的相似性，而实际上却是非常不同的概念，即同构（homology）的概念（或同态，或结构的类似）——目前在文学和文化分析中广泛使用的一个术语。这里，阿尔都塞的苛评为重新评价这个特殊阐释机制提供了机会，这是由吕西安·戈尔德曼引介到批评界的，他的《隐藏的上帝》假定在阶级环境、世界观和艺术形式之间存在着同构现象（研究客体是詹森主义，它的社会根源为“穿袍贵族”，在奥古斯都时代的新意识形态中，以及在帕斯卡尔［Pascal］的《沉思录》和拉辛的悲剧中都有其文化流溢）。戈尔德曼这部作品的不尽如人意之处并非在于在这三个领域或部分之间确立了一种历史关系，而是为表述那种关系而建构了简单化的机械模式，并断言，在抽象的层面上，社会环境、哲学或意识形态立场，以及语言和戏剧实践这三种相当不同的现实“结构”是 44
“相同的”。在这方面，尤为引人注目的是戈尔德曼在后来的《小说的社会学》中的提法，即在作为形式的小说与“诞生于市场生产的个人主义社会的日常生活”之间存在着“精确的同构性”[23]。如果应该在什么地方提及的话，那么，阿尔都塞在这里提醒人们有必要尊重不同结构层面的相对自治性正是适时的；在我看来，与此相关的建立使不同层面处于主导或相互从属的明确关系之中的等级模式的指令，在文学和文化分析领域，充其量只能通过这些关系借以产生的虚构过程得以完成。于是，俄国形式主义者们向我们表明了如何勾勒出一幅特定复杂形式的层创进化的图画，在这个复杂形式中，特定特征为弥补和矫正低级或先前生产层面上的结构缺乏而被生产出来。为了提前说明我们将在第五章里讨论的康拉德的例子，在社会物化、风格发明和叙事或解释范畴这三个层面之间设定静止的同构或平行结构当然是可以的；但是，似乎更有意义的是，理解文本的这三个范畴之间的相互关系及其蕴含于生产、投射、补偿、压抑、置换等更加活跃的术语中的社会潜文本（subtext）。在康拉德的例子中，我们将指出风格的矫饰具有象征性地解决潜文本中的矛盾的功能，同时又积极地以将要叙述事件的特殊范畴形式衍生出或投射出它们的叙事前文本（pretext，形式主义者们称此为“手段的动机”）。

然而，同构实践可见于远比戈尔德曼的作品更为复杂的语境之中：比如，在现行生产意识形态中，将其阐释实践与上面概述
45 的形式生成或投射建构的模式区别开来是有益的。无论现行建构“语言的唯物主义理论”[24]的努力具有什么价值，明显的是，这种努力大多数都基于文字与言语中语言“生产”与经济生产之间的缄默同构（有时也在弗洛伊德的“经济”形态与“经济学”本身之间断言存有次要同构）。这些断言在我看来在两个不同方面受到误导。当然，仅就文本生产的思想帮助我们打破把特定叙事看成客体或统一整体或静止结构的物化的思维习惯而言，它的效果是积极的；但是，这种思想的活跃中心事实上是把文本当作**过程**的观念，而生产活动观念则成了一种隐喻覆盖，它并未给过程的思想增加什么方法上的意味，却为新的意识形态所使用或占用的潜势添加了大量内容。没有知识上的虚伪就不可能把文本“生产”（或用阿尔都塞的这种同构说法，即新的、更加科学的概念的“生产”）与工厂工人的物品生产同化起来：在那个意义上，

写作和思想就不是异化劳动，而知识分子通过把他们的工作与流水线上的真正劳动、与真正手工劳动的耐物质性相同化，来极力美化他们的劳动就显然是愚蠢的做法——这大部分都可以归结到意识形态的阐述、再生产和批判的名目之下。

物质这个术语意味着作用于这种理论的第二种误解，其中拉康的“物质能指”（在拉康的著作中称生殖器）概念和对语言在空气和空间中响亮的震颤的几种微弱的暗指，都被作为真正具有唯物主义性质的观点的基础。然而，马克思主义不是机械的而是历史的唯物主义：它并不像坚持生产方式的终极决定性那样断言物质的优越性。的确，如果有人想要炫耀修饰词的话，那么就必须说明，唯物主义在一种或另一种物质概念中的基础恰恰是资产阶级意识形态的标志，从 18 世纪的各种唯物主义一直到 19 世纪
的实证主义和宿命论（这本身就是资产阶级的而非马克思的术语 46
和概念）。对同构的肯定在这里是有问题的，至少因为它鼓励人们得出最容易的结论（语言生产与物品生产是“相同的”），预先阻止了语言理论在整个生产方式中艰难的——但无疑是唯一有生产力的——迂回，或用阿尔都塞的话说，作为仅可见于其效果或结构因素中的终极原因在结构中迂回，而语言实践就是这些因素之一。

由于其在本书方法上的重要性，我必须在此对 A. J. 格雷马斯的符号学做一简要探讨，在这种符号学中同构起了重要作用，而在一些读者看来，它必然要比上面批评的戈尔德曼的分析更加静止、更非历史性。对此观点我不敢苟同，除非认为在格雷马斯的著作中，层面及其同构观点是作为方法的起点、作为有待探讨的一组范畴而设定的，而不是作为对分析结果的预示。因此，采用他的奠基之作《符号限制的相互作用》[25]的术语，那些叠加和同构的四项组合——如表示性关系的四种逻辑可能性：婚姻关

系、正常关系、非正常关系和婚外关系；表示规章制度的四种逻辑可能性：规定性的、禁忌的、非规定性的、非禁忌的——非但不表指任何特定历史上人类群体的亲缘关系或法律制度，相反，却构成了必然从所有这些因素中获得的空位和逻辑可能性，借此可以衡量和厘清某一特定社会文本的内容。在这个意义上，格雷马斯图式中标明的语义或符号结构似乎勾勒出了他认为是现实本身的逻辑结构，并充作那个现实的基本范畴，不管它采取什么特定历史形态。如果这样，他的图式就将是安伯托·艾柯（Umberto Eco）所说的“本体论结构主义”。对这种结构主义来说，结构是超历史的，至少被赋予了逻辑范畴或数理思维的存在
47 和永恒性。因此，这些“层面”在格雷马斯那里是同构的，因为它们都是交叉的，并由相同的基本概念或符号范畴组织在一起，即他的“表意的基本结构”或符号矩形（或六边形）的那些范畴。

本书的基本主题之一将是这样一个论点，即马克思主义包容其他阐释模式或体系；或用方法论的术语说，通过将它们的精神活动从根本上历史化，这些阐释的局限性总是可以克服的，它们比较积极的发现也可以保持，这样不仅分析的内容，而且还有方法本身，都会随着分析者被纳入对解释的“文本”或现象的考虑之中。就格雷马斯的情况看，我们将表明[26]如何通过把这种明显为静态的、依据二元对立而非辩证对立建构的，并将继续依据同构性设定层面之间关系的分析图式，指定为意识形态封闭的场所和模式而重新用于历史化的辩证批评。由此看来，这个符号矩形就成了探讨文本错综复杂的语义和意识形态的重要工具——在格雷马斯本人的著作中，与其说由于这个矩形产生出借以观照景象和自然因素的客观可能性，毋宁说由于它勾勒出特殊观念意识的局限性，并标识出意识不可超越，而又注定于中摇摆的那些概念

观点。在第三章中，我们将从这个角度审视《老姑娘》中的历史
视域——贵族的高雅与拿破仑的力量之间的二元对立，这是政治 48
想象力所竭力要超越的，是生发出每一个术语的矛盾因素，机械地生发出它在逻辑上可利用的所有综合，同时又闭锁在原来双重束缚的术语之中。这种视域不应被当作王政复辟时期客观呈现的所有政治立场或意识形态可能性的逻辑表达，而应被看作特殊政治幻想的结构，看作充满巴尔扎克政治思想的那个特殊的“力必多机制”的图式——不言而喻，我们并非在这里区别幻想与它被“投射”其上的客观现实，而是如德勒兹或 J. -F. 利奥塔（J.-F. Lyotard）所说，断言这种幻想或元叙事结构就是我们体验现实的工具。[27]当如此应用格雷马斯的体系时，其封闭性便不再提出静态和分析式思想传统上为一种比较辩证的立场所提出的问题了。相反，它为这种图式的意识形态封闭增添了内容，使我们能够勾勒出特定意识形态结构的内在局限性，并建构这种特殊的力必多机制或标志着巴尔扎克对历史的奉献的“欲望机器”的基本术语。不仅如此，这个“符号矩形”的封闭性现在提供一条进入文本的路径，不是通过假定纯粹的逻辑可能性和置换，而是通过对蕴含于意识形态系统中的术语或结点进行诊断性揭示。然而，这些术语或结点在文本的表面仍然未得实现，未能显见于叙事的逻辑之中，因而我们可以将其解作被文本压抑的东西。因此，被辩证批评所利用的、实际上也许是被滥用的格雷马斯图式，是由纯粹逻辑或分析式否定建构的，它的穷尽性在实现和未实现的术语之间的张力中开拓出实践真正的辩证否定的空间。在格雷马斯那里，这将构成不同层面之间的同构性，那个符号矩形就是在这
些层面上再生产自身的，而对我们来说恰恰相反，它将非常有力 49
地重构成在场与缺场之间的张力关系，可以依据上述各种能动性（生成、投射、补偿、抑制、置换）加以图示的关系。所以，远

未在所有层面上都得到充分实现的文学结构，将有力地向底层或难以想象的或难以言说的层面倾斜，简言之，进入文本的政治无意识，从而使文本分散的主要义符（semes）——当据这种意识形态的封闭模式加以重构时——本身就坚持不懈地直接把我们引向文本完全无法控制或掌握（或用诺曼·霍兰德［Norman Holland］较具启示意义的术语，即**管理**）的那些力或矛盾的信息威力。所以，通过根本的历史化利用，那种逻辑封闭的理想，起初似乎与辩证思维不相协调，现在证明是揭示那些逻辑和意识形态核心的不可或缺的工具，而这些核心又正是某一特定历史文本所不能实现或反之所竭力遏制的。

这些描述意在说明，必须把阿尔都塞的结构马克思主义理解成辩证法传统内部的一次改造，而不是对辩证法的突破，一种生成性突变，从而使一种全新的马克思主义于中产生出来，而与辩证哲学曾经蜷伏于其中的那些经典范畴丝毫没有关系。但是，他们没有解决可称作阿尔都塞—卢卡契论战所涉及的那些争议和问题，我们在本书中也不能完全解决。但是，为了避免造成某种简单的综合唾手可得的印象，最好提出有关这些问题的一个清单。所想到的有六个主要问题，其中有些已有所涉及：（1）再现的问题，尤其是历史的再现问题：如前所述，这实质上是叙事的问题，可以用来再现历史的任何叙事框架的充足性问题；（2）与此相关的历史叙事中的“人物”问题，或更准确地说，是社会阶级概念的地位问题，以及它在这种集体的历史叙事中作为“历史主体”或主角的可行性；（3）实践与结构的关系，实践的概念可能受纯粹个人行为范畴的影响，因而对立于结构的概念，后者可能最终被某种“总体系统”静止和物化的幻象所禁闭；（4）从上一
50 个问题生发出来的比较普遍的问题，即共时的地位及其作为分析

框架的充足性问题，或与此相对应的，历时转换和分期化的旧的辩证表述的充足性问题，最显著地体现在从一种生产方式向另一种生产方式**过渡**的叙事中；（5）与此相关的，对经典辩证法来说并不比中介逊色的一个范畴的地位问题，即**矛盾**的范畴，及其在新的结构或共时框架内的构成（我们必须坚持从根本上把这个范畴与符号学的对立、二律背反［antinomy］或二难选择［aporia］区别开来）；（6）最后是总体性观念，这是阿尔都塞继续使用的一个术语，同时试图从根本上把他的结构总体性自身的概念与旧的公认为黑格尔唯心主义和黑格尔式马克思主义（卢卡契、萨特）之类的组织范畴的表现性总体性区别开来。由于这个术语是黑格尔式马克思主义与结构马克思主义两军对垒最富戏剧性的战场，所以我们必须在结束本节之前简单论述一下它所提出的问题。

卢卡契的（在《历史与阶级意识》中概述的）总体性观念和萨特的（在《辩证理性批判》中描述的）方法上的总体化理想一般由于与黑格尔的绝对精神（absolute spirit）相关联而受到谴责，在黑格尔的绝对精神中，一切矛盾都有被解决的可能，主体与客体之间的隔阂被消除，终极的、显然是唯心主义的同一性形式被确立起来。对所谓同一性理论——被归于卢卡契、萨特和其他所谓黑格尔派马克思主义者的理论——的攻击，从马克思在《1844年经济学哲学手稿》里对黑格尔的批判中汲取灵感。马克思在那部著作中论证说，黑格尔错误地把客观化，即一种普遍的人类过程，与资本主义制度下独特的历史形式相同化，倒不如称其为异化：有了这种同化，黑格尔的绝对精神理想便试图通过投射这种客观化的显然是唯心主义的结果来克服异化，即把所有外化关系回归到精神的不确定性。当代对这种同一性理论的批判认为，不仅“总体性”的概念在这里是表示绝对精神的符码，而且

51 整个历史视域也因此而永久化了，其中，对乌托邦（读作：共产主义）的理解是通过纯粹武力消除差异而取得终极的同一性；或用新哲学令人难忘的话语说，这是从黑格尔的绝对精神到斯大林的古拉格的一条直线。当然，这个时髦的论战模式没有任何历史的或文本的依据。马克思对黑格尔的两项重要研究一方面令人信服地指出，黑格尔的绝对精神“概念”只不过是历史环境的表征，在这种历史环境中，他的思想不可能再进步[28]：与其说是一种自圆其说的思想，毋宁说是解决一种不切实际的历史矛盾的尝试，以及投射超越浪漫的反动和资产阶级功利主义等选择的第三个不切实际的术语的尝试。我们非但不能诊断黑格尔思想中不可救药的“唯心主义”弊病，而且要比较温和地责怪他未能在他所处的历史时刻成为马克思。绝对精神的内容最好被解作这位历史学家的精神以及他与过去的关系在对我们来说远较局部的语境中的投射；然而，甚至这种把辩证视角作为“生活的礼拜天”、作为对已经终结的一段历史（密涅瓦的猫头鹰在黄昏时飞走了）回想（Er-innerung）的逆向描述，也必须置于拿破仑革命失败，以及黑格尔表现出来的对他来说的确是历史终结的气馁的历史语境中来理解，他曾对这段历史寄予他自己的政治希望和梦想。

黑格尔本人的哲学发展表明，黑格尔辩证法恰恰产生于他自己对以谢林（Schelling）体系形式出现的“同一性理论”的攻击，它曾用那句名言指责谢林的体系为“所有母牛都成灰色的暖夜”：主体与客体的一种“和解”，其中，主体与客体都被抹掉了，最终哲学的取向在同一性的神秘视域中到达了终点。就是从这种论战中产生出了辩证法的核心机制，即客观化的观念，没有这个观念，无论是黑格尔本人著作中的历史内容，还是马克思的辩证法，都是难以想象的。因此，把黑格尔本人与因“同一性理论”
52 之名而被攻击的东西联系起来就是不准确的或不诚实的。[29]

仅就卢卡契来说，《历史与阶级意识》中概述的总体性概念，一定不能解作对谢林的绝对（absolute）意义上的历史终结的肯定，而应解作相当不同的东西，即一种方法论标准。的确，人们还没有充分认识到，卢卡契的意识形态批判方法——如黑格尔辩证法本身和萨特在《辩证理性批判》中出于方法论的必要性而提出总体化的变体一样——在本质上是批判、否定和非神秘化的操作。卢卡契对德国古典哲学意识形态性的核心分析从这个角度看可以说是对马克思意识形态理论的创新和变体，马克思的意识形态理论并非像人们所广泛认为的是关于虚假意识的理论，而是关于结构局限性和意识形态封闭的理论。马克思在《路易·波拿巴的雾月十八日》中对小资产阶级意识形态的开创性分析也不是依据阶级亲缘关系或出身判断的："使他们（小资产阶级知识分子）成为小资产阶级代表人物的是下面这样一种情况：他们的思想不能越出小资产者的生活所越不出的界限，因此他们在理论上得出的任务和作出的决定，也就是他们的物质利益和社会地位在实际生活上引导他们得出的任务和作出的决定。一般说来，一个阶级的**政治代表**和**著作方面的代表人物**同他们所代表的阶级间的关系，都是这样。"[30]

我们将指出，无论是在知识上还是在形式上（就叙事而言），这种方法都是根据**遏制策略**（strategies of containment）来假定 53
意识形态的。卢卡契的成就就在于，他理解了这些遏制策略——马克思本人主要是在他对古典政治经济学的批判中和后者为了避免诸如劳动与价值之间的关系等洞见引起的终极结果而建构的精巧框架中描述这些策略的——只有把它们置于与它们曾经暗示和抑制的总体性理想的冲突中才能祛其伪装。由是观之，黑格尔的绝对精神观念就恰恰是这样一种遏制策略，它使可被思考的东西看似内部连贯自成体系，而同时又抑制了其界限之外的不可想象的东西（在这方面指的是集体实践的可能性）。这里显然暗示着，马克思主义就是这种不知边界的思想，是可以无限地加以总体化的。但是，意识形态批判并不依赖于把马克思主义作为系统的教条或“实证”概念，相反，它不过是有必要进行总体化的场所，而马克思主义的不同历史形式本身同样可以有效地服从于对其自身局部意识形态的局限性或遏制策略进行这种批判。在这个意义上，黑格尔的那句名言“真实的就是整体的”，与其说是对黑格尔本人（或其他人）可能占据的真理之地的证实，毋宁说是借以祛除“虚假的”和意识形态伪装而使其显见于表面的一种视角和方法。

“总体性”概念这种否定和方法论的地位在那些后结构主义哲学中也存在，这些后结构主义哲学以差异、流动、传播和异质性的名义公开拒斥这种“总体化”；德勒兹关于精神分裂性文本的概念和德里达（Derrida）的解构就是我现在想到的这种后结构主义哲学。如果要赞扬这种观念的强度的话，那么它们就必须伴随着最初出现的连续性，已经到位的观念统一，而这又正是这些方法所要指责和打破的。比如，德勒兹著作中的分子价值在结构上取决于先存的克分子或统一的冲动，分子的真实正是依据这种冲动来表现的。我们将据此指出，这些是二度或批判的哲学，它们将通过对总体性概念的反动来重新确立总体性概念的地位。这
54 种运动在阿多诺（Adorno）的“否定辩证法”中甚至更加清楚地以其反证——即“整体的是不真实的”——而体现出来，其中古典辩证法通过咬自己的尾巴而解构自身。

有鉴于此，卢卡契关于“总体性”的批评概念就可即刻被改造成叙事分析的工具，把注意力指向试图赋予其再现客体以形式统一的那些形式框架或遏制策略。诚然，卢卡契中期论现实主义的那些被人过分熟知的文章——往往被简单地解作“反映论”的

练习——如果以这种方式重写的话便会恢复其意趣，作为对那些特殊叙事的例子（所谓伟大的现实主义者们）的研究，其中，后期现代主义的细腻框架和遏制策略不管出于什么原因似乎仍不是必要的。[31]

的确，这里可以说，卢卡契的总体性概念以某种悖论或辩证
的方式与阿尔都塞把历史或现实作为“缺场的原因”的观念不谋 55
而合。总体并非随时可用于再现，它至多在某些终极真理（或绝对精神的时刻）的形式中可以达到。又由于萨特在本书的讨论中至关重要，所以我们最好的办法就是引用《自由之路》中描写痛苦的自我磨灭的一段话，借以表明既忠实于“总体”又在其缺场的情况下“再现”它的复杂过程。在这段话中，总体就在它被否认的运动中得到了证实，并在否认其所有可能的再现的同一种语言中得到了再现：

> 一个硕大的实体，一颗行星，在一亿个维度的空间里；三维的存在物并非像所想象的那样。然而，每一个维度都是一个自治的意识。试图直接观看那颗行星，它会分化成微小的碎片，而剩下的只有意识。一亿个自由的意识，每一个都意识到墙壁、燃着红火的烟蒂、熟悉的面孔，而每一个都在建构对其自身负责的命运。然而，这些意识当中的每一个都通过触摸不到的接触和感觉不到的变化实现了自身作为一块巨大的看不见的珊瑚上的一个孔洞的存在。战争：每个人都是自由的，然而，骰子已经掷出。它就在那里，它在每一处，它是我全部思想的总体，是希特勒全部话语的总体，是戈麦斯（Gomez）全部行动的总体；但又没有人在那里计算它的总数。它只为上帝而存在，但是上帝是不存在的，而战争却存在。[32]

如果把传统的总体性概念描写成有机的，甚至更不适合地把它的对立项——结构概念——描写成机械的的确有些过于急躁的话，那么，至少可以强调美学和语言学领域的重要性，这些概念首先是在这些领域中使用的[33]，后来才在社会理论等领域内开始更直接的比喻用法。因此，根据它们各自投射出来的**美学**权且把二者并置起来就似乎是合理的。我们现在正处于后结构主义文化
56 的中流，因此能更清楚地看到这里与黑格尔和卢卡契相关的表现性总体性蕴含着有时被称作有机形式的价值，并提出了把艺术品作为有秩序的整体的观念。因此，批评家的任务——从表现性因果律的观点看是阐释的任务——就是寻求作品的不同层面和组成因素以等级制的方式促成一种统一的意义。

继而可以说，正统结构因果律的阐释使命恰好相反，它是要找出作品内部缝隙和断裂中的特殊内容，而最终找出以前作为异质的和（用新近最富戏剧性的口号说）精神分裂性文本的“艺术作品”中的内容。就阿尔都塞的文学批评本身来看，只有在形式统一的表象作为失败或意识形态的海市蜃楼而被祛伪时，适当的研究客体才能出现。因此，文化文本的真正功能被表现为层面之间的**干涉**，一个层面对另一个层面的破坏；而对阿尔都塞和皮埃尔·马舍雷（Pierre Macherey）来说，这种分裂或不和谐的特殊形式是通过审美生产的作用而达到意识形态的客观化的。[34]因此，正统结构阐释或诠释的目的就是把看上去统一的文本分裂成众多冲撞的相互矛盾的因素。然而，与规范的后结构主义不同，巴特在《S/Z》中把巴尔扎克的中篇小说打破而使其成为任意游动的众多符码，阿尔都塞/马克思主义的文化概念要求把这种多元因素统一起来，即便不是在作品本身的层面，那也应该在生产过程的层面，那不是任意的，而是可以描写成自身独立的连贯的功能操作。现行后结构主义对断裂性和异质性的赞扬只不过是阿尔都

塞阐释的初始，它继而要求把作品中的碎片、不相称的层面、异质的冲动重新关联起来，但是以结构差异和明确矛盾的方式。在下面阐释作品的章节里，我发现，总体性或总体化概念中蕴含着对方法的需要，以及对显然统一的文化文本内部的断裂、缝隙、 57
远距离行动进行“症候分析”的相当不同的关注，对二者予以重视而又不出现重大分歧是完全可能的。

但这些不同的美学——我们刚刚描述为连续性和断续性、同质性和异质性、统一和分散的美学——也可以根据它们提出的阐释的内在和超验性质来加以掌握和区别。无论对错，总体化的批评已在糟糕的意义上先验地呈现出来，也就是说，就其阐释内容来说，已在文本之外的领域和层面上引起人们的注意。我们已经看到，这些显然外在的操作之后又被拉回到辩证的框架中来，而后者则在扩大，被系统地总体化了。因此可以认为，这种阐释一方面包含着超验的时刻，同时又预先把那个时刻看作纯粹临时的外在因素，并为了使其圆满而要求一种运动，直到那种显然外在的内容（政治态度、意识形态的资料、法律范畴、历史的原材料、经济过程等）最终被拉回到阅读的过程之中。

纯粹内在批评的理想显然不是后结构主义所独有的，而是从较老的新批评开始就成为众多批评方法的主导。我们将在下面的章节里论证，这种意义上的内在批评是一个海市蜃楼。但是，阿尔都塞阐释的创新之处，尤其是它在马舍雷作品中的发展，可以用相当不同的方式加以系统阐述，并可以解作演绎的操作。从这一观点出发，作品或文本便不是被插入人们认为是产生于这种或那种形式或风格的先前时刻的生成过程之中，也不是“外在地”相关于至少初时作为超越它之外的东西而给予的基础或语境。相反，作品的数据是据其形式和逻辑的，尤其是可能的**语义**条件而被质疑的。所以，这种分析涉及材料的假设**重构**——内容、叙事

范式、风格和语言的实践——这些都必须事先给出以便让那个特
58 殊文本得以在它独特的历史特性中生产出来。我们将在下面的章节里表明这种操作的重要环节。我们在这里所要论证的是，这也是阐释或解释活动，不过是在新的意料之外的意义上，并以下面的断言——阿尔都塞的第三或结构形式因果律所特有的阐释模式是存在的——来结束这番冗长的题外话。

Ⅱ

尽管如此，德勒兹和伽塔里论证的“过时的”阐释和当代的“解构”之间的区别，指出了一种厘清不同阐释或批评方法的有用方式，而我们现在必须与这些方法保持一致。姑且不谈任何真正内在批评的可能性，我们将假定，提出“那是什么意思?”这个问题的批评构成了颇似寓言操作的东西，其中，文本依据根本的主符码或“终极的决定实例”而被系统地加以**重写**。那么，照此看来，所有“阐释”在其狭隘的意义上都要求把特定文本强有力地或不知不觉地改变成其特殊主符码或“超验所指”的寓言。因此，阐释所落得的坏名声与寓言本身遭受的毁誉是分不开的。

然而，如此看待阐释就等于获得工具，借以迫使特定阐释实践采取立场，创出名声，不假思索地亮出主符码，因而揭示其形而上学和意识形态的基础。在当下的知识氛围里，没有必要费力论证这种立场，即每一种实践形式，包括文学批评，都暗示和事先假定一种理论的形式；经验主义——极端的非理论实践的海市蜃楼，确切地说是矛盾的；甚至最形式化的文学或文本分析都带有理论的负荷，对这种理论负荷的否定将揭下它作为意识形态的面具。不幸的是，我们在下文中将认为理所当然的这样一种立场，总是要受到反复的论证和抵制。然而，我们现在将更加肆无

忌惮地断言：特定方法的操作理论框架或前提一般来说都是那种方法试图永久保持的意识形态。因此，我在另一处曾指出，甚至像老的新批评这种显然非历史的“方法”也预设明确的历史“视 59
域”或“理论”。[35]这里，我要比这走得更远，我认为，甚至新批评最无知的形式化读物也把宣传历史是什么这一特殊观点作为其本质和终极的功能。事实上，没有任何语言功能的运作模式、交际或言语行为的性质，以及形式和风格变化的动力，都是可想象的，这并不意味着整个历史哲学。

在本书中，我们所关注的并不是这些形式或风格的、纯粹文本的分析模式，它们一般来说在策略上仅限于抒情诗，而是关注阐释所蕴含的各种“强有力的”重写，这些阐释本身是与重写相同一的，并带有特殊的标识。然而，我们还必须为今天仍然占主导地位的文学形式和文化批评开辟一块立足之地，尽管未来的每一代文学理论家都会（出于不同理由）拒斥它。这就是我们将称为**伦理**批评的东西，正是根据它所构成的主符码，“那是什么意思?”这个问题才能得到回答。伦理分析是比它包括和容纳的其他两种现行的已受指责的思维类型更广泛的一个范畴。这两种思维类型是：形而上学思想，这是可能提出关于生活的“意义”问题的前提（甚至在这些问题得到形形色色的存在主义的否定答复之时），以及总是基于特定“人性”概念的所谓人道主义。[36] 在最狭隘的意义上，伦理思想投射人类“经验”的永久特征，因此是关于个人生活和人际关系的“智慧”，事实上是明确的群体团结和阶级聚合的历史和制度特征。在下一章中我们将详尽探讨一切伦理学何以排斥和肯定特定类型的他性或邪恶；所有这些终究 60
要产生政治影响，这是显而易见的，而本书的次主题之一将正是伦理学通过把敌意和比较正规的政治冲动赋予**愤懑**这个终极否定范畴而再次实行自我抑制所给人的诱惑。

然而，把今天众多平常的文学批评说成是“伦理的”，仍然会使读者感到自相矛盾甚至有悖常理。我们通常据此理解那种道德化的或道德主义者的姿态，而它即便没有随着维多利亚时代也随着细读派的灭绝而绝迹了。这就等于曲解了伦理在我们自己的环境中所采取的主导形式，它本质上是心理的和心理化的，甚至在为权威性而诉诸这种或那种心理分析学的地方亦然。这里，个人身份的观念，精神重新统一的神话，以及荣格式“自我”或“本我”的幻景，都作为道德感性和伦理意识的旧主题参与进来，重新证实当代大陆的另一个主题的适宜性，我们在第三章中将进一步看到，这个主题开始了对“中心”或“有中心的”自我的批判。然而，这些各种各样的后结构主义主题却不应被看作对后结构主义的全盘肯定，它的反马克思主义性质在今天的法国越来越明显。相反，我要提出，只有辩证法提供了具体地对主体“解中心”，并超越“伦理”而趋向政治和集体批评的路径。

阐释本身——即我们所称的“强有力的”重写，以区别于对伦理符码的软弱重写，而二者又都以一种或另一种方式投射出关于意识统一和协调的种种观念——总是有前提的，即便不是关于无意识本身的概念，至少也是关于某种神秘化或抑制机制，据此去寻求显意背后的隐意，或用更基本的阐释符码的更有力的语言去重写文本的表面范畴，这是合情合理的。这也许是回答普通读者的反对意见的地方，他们在面对细腻和精到的阐释时会提出，文本的意思就是它所表达的东西。不幸的是，任何社会都不像我们自己的社会这样在如此众多的方面被神秘化，像它这样浸透着
61 情报和信息，这些都是神秘化的工具（如塔列朗［Talleyrand］所说，语言之所以被给予我们，就是为了掩盖我们的思想）。如果一切都是显而易见的，那么，任何意识形态就都是不可能的了，任何统治也就都是不可能的了，这显然不是我们所处的境

遇。但是，除了神秘化的纯粹事实之外，我们还必须指向文化或文学文本研究中涉及的那个附加问题，实际上就是叙事问题：因为即便论证的语言是要按其字面意思理解，在构成上也总是有关于这种叙事的“意义”的问题；而关于这种或那种叙事的“意义”的评价和继后的系统阐述的问题，则是解释学的问题，这使我们像在这个异议刚提出时那样深深地卷入了我们目前的探究之中。

可以认为，近代所有创新的哲学体系或立场都以一种或另一种方式投射出它们所特有的解释学。所以，我在另一处曾论证说，最古典的结构主义实践的是解释学，它的主符码或阐释钥匙不过是语言自身。[37]同样，人们也可以指向其他要建构普遍解释学的局部尝试，如萨特存在主义的经典时期那种短命的尝试体系，根据这种阐释，依据焦虑和自由的恐惧来解读文学风格、意象结构、人物特性和观念价值是可行的。[38]同时，与形形色色存在主义不无关系的现象学批评也在经验和时间（temporality）主题中找到了主符码：在当今后现代世界，一个似乎奇怪地过时了的主题与一种似乎不再特别偏执的经验。

但是，显而易见的是，近代最有影响、最细密的阐释体系是精神分析学的阐释，它的确可以当之无愧地声称是自伟大的基督教和中世纪体系阐释《圣经》的四种意义以来唯一真正创新的解释学。弗洛伊德的模式如此具有启发性以至于衍生于这个模式的 62
术语和次要机制已经播撒到距其源头相当遥远的地方，已被迫服务于其他毫不相关的体系，这将在下文中占据相当的篇幅。

要对精神分析学进行彻底定位要求我们从根本上对弗洛伊德主义本身加以历史化，并达到一个折射点，由此观见弗洛伊德方法及其研究客体的历史和社会的或然条件。仅把弗洛伊德重置于维也纳和他所处时代的中欧是不能达到上述目的的，尽管这些材料显然极具意义。[39]即使我们强调精神分析学的主符码及其原材料——童年的创伤、原始场面的幻觉、俄狄浦斯冲突、歇斯底里等“周期性”的病症——都依赖于历史上的原子家庭制度[40]，也不会达到那个目的。可以想见，精神分析学的或然条件只有在你开始领会从资本主义开始以来精神破碎的程度——通过其对经验的系统量化和理性化，及其对主体和外部世界进行工具性的重新组织——时才是可见的。然而，认为心理结构是历史的，并具有一个历史，这对我们来说，就像理解感官并不是天生的器官而是人类历史中漫长变异过程的结果一样难。[41] 因为**理性化**——韦伯（Weber）的术语，卢卡契将在《历史与阶级意识》中策略性地将
63 其重译为**物化**——的动力是一个复杂的过程，其中，传统或“自然”（naturwüchsige）的统一、社会形式、人类关系、文化事件，甚至宗教制度，都系统地消解以便更有效地以新的后自然的过程或机制的形式加以重构。但是，与此同时，旧的统一体现已分离的碎片获得了自身的自治性，半自治的一致性，它不仅仅是资本主义物化和理性化的反射，而且在某种程度上用来补偿随物化而来的经验的非人性化，并调整这个新过程的否则便无法容忍的结果。所以，举一个明显的例子来说，当视觉变成自身独立的单独活动时，它便获得了新的客体，这些客体本身就是抽象和理性化过程的产物，是这个过程剥去具体经验的诸如颜色、空间深度、质地等属性的结果，而这些具体属性反过来又经历了物化。形式的历史显然反映了这个过程，借此，仪式的视觉特征或在宗教仪式上仍然起作用的那些意象实践，在板架画和风景画等新风俗画中都被世俗化，重新组织成目的本身，然后在印象派的视觉革命中变得更加开放，最后在表现主义的抽象艺术中胜利地宣布了视觉的自治性。因此，卢卡契把这种现代主义的出现与作为其先决条件的物化联系起来，这并没有错；但是，他由于忽视了这种新

的物化感的乌托邦使命而把复杂有趣的环境简单化和非问题化了，他所忽视的就是色彩的这种强化的自治的语言的使命，它至少要把象征性的力必多快感经验恢复给已被掏空了这种经验的世界，一个延伸的、灰色的、纯粹可以量化的世界。我们可以对现代世界上强化的语言经验做完全相同的描述；而对那些发现了在历史的或然条件下用象征性语言反映新的，特别是现代意义上的语言、符号、文本的现实构造的人来说，这也许是可取的。这种对语言的“发现”与从具体经验中的结构抽象，与其作为自治的客体、权力或活动的本质（hypostasis）是同一回事（晚期的维
特根斯坦［Wittgenstein］常常被列在象征性语言的理论家之列， 64
他的著作也可以在完全不同的意义上解作对把语言作为物自体的这种概念化的批判）。[42]

我们再回到精神分析学的出现这个新事件上来，应该清楚的是，在新生资产阶级社会的公共领域内，家庭作为私有空间的自治化（autonomization），以及借以把童年和家庭环境在性质上与其他身世经验相区别的“特殊化”，不过是远为普遍的社会发展过程的特征，其中也包括性的自治化。弗洛伊德的研究客体无疑与其说是性，毋宁说是欲望以及关于欲望的全部动力；但是，依据诸如男性生殖器、阉割、原始场面、性心理阶段、自恋主义、抑制、性爱本能与自我毁灭本能的对立等——这些都可以作为弗洛伊德解释学的主题——来表达和分析欲望机制的先决条件，却在于对性经验的准备性分离，这能使其各个构成性特征带有更广泛的象征性意义。精神分析学表明的明显非性意识经验和行为的性范畴，只有在性“机制”（dispositif）通过分离、自治化和特殊化的过程而发展成独立的符号系统或自成体系的象征性范畴之时才是可能的。只要性与普通社会生活融为一体，比如吃，那么，在那个程度上它作为象征性引申意义的可能性就受到局限，

性便又维持着它作为平庸的内在世俗事件和身体功能的地位。它的象征性可能性取决于它从社会领域的事先排除。至于原始性欲，如果我们能够运用想象力掌握从文身和仪式化毁形到现代男人和女人的性欲发生区的构造这条象征性线路的话[43]，那么我们就大大增近了对性现象历史性的感受。

65 然而，如前所述，性和性主题应看作弗洛伊德解释学的起因，是其特殊的符号或象征系统的源出，而非它的根本机制。的确，精神分析解释学中阐释符码与其基本功能模式（或许多模式，因为弗洛伊德在一生中提出了一系列模式[44]）之间的这种结构分裂可以说明弗洛伊德批评在今天的矛盾境地，对此，我们可以肯定地说，仍然认真对待弗洛伊德批评的人只是那些弗洛伊德的追随者，同时，弗洛伊德的著作和精神分析学作为方法和模式的影响在历史上又从未像今天这样广远。换言之，由于领会了弗洛伊德关于性象征的教导，我们对这个特殊领域的兴趣已经得到了满足，可以转移到更加普遍但也更加棘手的阐释本身的问题上来，以及诸如《释梦》和《机智与无意识的关系》等基本解释手册为阐释所作的贡献上来。

弗洛伊德阐释系统所环绕的中心不是性经验，而是愿望的达成，或其更具形而上学意味的变体——“欲望”，被假定为我们作为个别主体存在的能动力。有必要强调指出这种“发现”取决于现代社会中经验的愈加抽象化吗？然而，对在同一时期发展的其他阐释主题也可以进行相同的说明，尤其是从尼采到韦伯对这种价值的性质的沉思。尼采“对所有价值的重新评价”以及韦伯自己的“没有主观价值标准的科学”的观念（通常被误解为中性的科学“客观性”[45]）促成了要把阿基米德观点置于社会生活之外的种种企图，由此才能把后者的内在世俗价值抽取出来，并在实验的或实验室的分离中加以研究。因此，与许多相当不同的弗洛伊德抽象概念一样，这种价值观念只有在预先于行动或行为本身内部构成客观分离的基础上在主观上才是可能的；在后面的一章里，我们将看到约瑟夫·康拉德的作品如何强烈地标识着价值 66
的辩证关系，这出乎意料地使他与尼采和韦伯相比肩。

随着世俗社会的到来，由于生活道路、传统活动的各种仪式的世俗化，以及新的市场流动性、在所有职业面前可以犹豫选择的自由和更加根本的越来越普遍的劳动力的商品化（劳动价值理论的主要发现本身就是以此为依据的），我们第一次能够把一种特定活动的独特性质和具体内容与其抽象组织或目的分离开来，并孤立地对后者加以研究。把弗洛伊德愿望的达成观念说成是这个抽象过程的后期阶段（并认为它在认识论上的先驱是马克思的劳动力理论，以及后来的尼采和韦伯的价值观念），这只不过是说你只有通过对众多具体的不可化约的愿望或欲望施行有力的抽象化才能谈论愿望的达成或欲望，而主观地施行这种概念的抽象化的可能性则取决于这样一个过程事先在研究的原材料或客体内部的客观实现。我们只能在世界本身已经变得抽象的情况下才能抽象地思考这个世界。

从政治解释学的观点来看，用"政治无意识"的要求来衡量，我们必须得出结论说，愿望的达成的观念一直闭锁在个别主体和只能间接对我们有用的个体心理传记的问题框架之内。拉康对弗洛伊德的重写不应被解作那种弗洛伊德解释学的纯粹变体，而应被解作从弗洛伊德关于主体能动性的性质的命题（愿望的达成）向对问题本身提出质疑的本质的、反射性的转化，突出主体范畴，研究这种心理现实（意识）——与它的保护性观念和幻想（个人身份的感觉、自我或我的神话等等）——借以活跃的过程，以及自行强加在弗洛伊德关于个人愿望的达成的观念之上的各种局限性。但是，欲望的观念，即便在其最圆满实现的形式上，与

其说是一种阐释模式，也毋宁说是一种全面的世界观，一种真正
67 的形而上学，是弗洛伊德后期的元心理学（metapsychology）最能引起共鸣、最有吸引力、最极端、最夸张的表达，充满了死亡和陈旧，预示了性爱本能与自我毁灭本能之间的不朽斗争。这些“理论”当然重写了作品。从乔治·巴塔耶（Georges Bataille）到德勒兹，中经如诺曼·O·布朗（Norman O. Brown）等诸多美国的变体，在他们提出的形形色色的欲望观念中，评论客体都卓有成效地变成了寓言，它的宏大叙事就是欲望本身的故事，它如何与抑制的现实抗争，如何猛烈地冲破为束缚它而设计的禁锢，或相反，屈从于抑制，抛下沉闷的阿法纳萨斯（aphanasis）荒原。在这个层面上，我们捉摸不定这是否还与纯粹阐释相关联，这是否已不是生产全新的审美客体、全新的神话叙事的问题。至少清楚的是，欲望的这些寓言（一般是弗洛伊德左派的产物）与荣格（Jung）主义和神话批评本身有许多共同之处，而非与旧的正统弗洛伊德分析相同。对于这些欲望的寓言，确实可以应用诺曼·霍兰德对整个神话批评的有力批判，他认为，只有当我们事先被告知作品是神话的，这种批评才能发挥作用，神话重写的无可置疑的“共鸣”所事先决定的不是神话无意识的运作，而是我们自己为所论的阅读事先“设定”的意识。[46]

然而，我们将看到，即便欲望理论是形而上学和神话，它伟大的叙事事件——抑制和反叛——也应该与马克思主义的角度相一致，后者对欲望的释放和力必多形变的最终的乌托邦幻想是20世纪60年代东欧和西欧、中国和美国大众反叛的本质特征。但又恰恰因为这一点，尤其是继此之后的运动在试图适应当下非常不同的境遇时所遭遇的政治和理论的困境，对这些神话才必须重
68 新加以详细检验。如果它们与马克思主义有相近之处的话，那么，它们与无政府主义就更相近，而当代马克思主义也必须与今

天无政府主义的重要复兴达成一致。

在理论上对欲望理论提出的异议大部分是对僭越观念的批判，而僭越又显然是这些理论的基础。这就仿佛“真正的”欲望需要抑制，以便使我们意识到它的存在。但是，在那种情况下，欲望就必须总是僭越的，必须总有一种抑制的标准或法则，它通过这个法则而爆发，并相对于这个法则来限定自身。然而，僭越预先决定它们借以发生作用的法则、标准或禁忌，因而最终恰恰以重新证实这些法则告终，这也不是什么新奇的了。（比如，亵渎不仅仅要求你强烈地感觉到那个神的名字的神圣性质，甚至也可以将其看作能使那种感觉弱化和再度复苏的仪式。）从阐释的角度看，这就意味着，欲望总是在时间之外，在叙事之外：它没有内容，它在其循环出现的时刻总是相同的，而所论的事件只有在它所爆发的语境、那个特定历史抑制机制的性质有了详细规范之时才能具有历史性。

从当下的角度看，更具有破坏性的则是：欲望，与相比之下其更加苍白、更加循规蹈矩的前身，即愿望的达成一样，一直被闭锁在个别主体的范畴中，即便其中个体所采取的形式已不再是自我或我，而是个体的肉体。我们现在必须更合逻辑地探讨这个目标，因为超越个体范畴和阐释模式的需要，在许多方面都是任何政治无意识学说和依据集体或联想进行阐释的学说的基本问题。然而，我们将从弗洛伊德解释学转向相当不同的、在坚持这种对欲望的评价方面只能将其与精神分析学相提并论的阐释系统。这就是诺思罗普·弗莱的原型批评，它在构想社会阐释文化的功能这方面将对我们具有特别意义。

我在别处曾指出，意识形态给神话批评留下了印迹，因为后者在原始社会的社会关系和叙事形式与我们自己的文化客体之间 69
设置了一个不间断的连续。[47]相反，对马克思主义来说，如果我们要理解资本主义在何种程度上成功地消解了旧的集体关系，把它们的文化表现和神话就像许许多多已死的语言或无法诠释的法典一样留给了我们，而使我们难以理解的话，所必须强调的正是两种社会结构之间的根本断裂。然而，在目前的语境中，弗莱的著作实际上就是作为与神学传统相关的四层面解释的当代再造而摆在我们面前的。

的确，在这个意义上，我们讨论的轨迹，从弗洛伊德到诺思罗普·弗莱，就是象征性的：在当代对阐释问题的任何重新评价看来，最活跃的能量转换显然发生在精神分析学和神学这两极之间，前者包含在弗洛伊德的文本中，由弗洛伊德本人的天才诊断加以戏剧性的丰富和具体实践的阐释，后者保留在宗教传统中，以《圣经》为核心文本，在阐释、评论、寓言和多元意义等问题和动力方面反映了千年至福的理论。[48]

弗莱的伟大性，及其著作与大量平常的神话批评著作之间的根本区别，就在于他愿意提出群体的问题，并愿意从作为集体再现的宗教本质中提取出基本的、本质上是社会的阐释结果。在这个过程中，弗莱尽管也许不喜欢那种关联，却回到了对宗教象征主义比较肯定的方法上来，而在 19 世纪，这种宗教象征主义则
70 战胜了启蒙运动对它本质上否定和破坏的态度。启蒙运动对古代政权的意识形态基础的破坏涉及对宗教现象进行系统的非神秘化和揭露，清楚地看到了被视为“错误”和“迷信”的哲学与等级制政权机构的专制权力之间的合法关系。但是，对于费尔巴哈（Feuerbach）和涂尔干（Durkheim）这样迥异的思想家来说——一个产生于 1848 年之前的德国激进主义，另一个则不安地处于仍然不稳定的第三共和国内，以保守精神沉思普遍社会稳定的资源——宗教“幻想”将被解作对一种积极社会功能的补充，解作本质上人类能量的比喻和投射——无论这种能量是否被认为人类

个性和人类潜力的完整和未异化的发展，这当是德国唯心主义的最高价值，或在涂尔干的理论中，解作对有机的人类群体的象征和证实。当然，任何比喻的学说都必然是歧义的：对真理的象征性表达同时也是曲解和虚伪的表达，而关于比喻表达的理论也是关于神话化或虚假意识的理论。因此，这里，宗教就是对它自身的意识、对人类群体的意识的曲解或象征性的处理，而批评家所保持的与宗教比喻的距离将是各不相同的，取决于是否把重点放在象征和异化功能上，如费尔巴哈（和黑格尔），或如涂尔干深远的回顾性人类学研究，将其使命作为群体身份的中心而突出出来。[49]于是，宗教比喻就成了那个象征空间，集体性就在这个空间里反思自身并赞颂它自身的统一。所以，如果我们把文学看作神话的弱形式或仪式的晚期发展，那么对弗莱来说，采取下一步似乎并不难，即得出结论说，在那种意义上，一切文学，不管多么虚弱，都必定渗透着我们所说的政治无意识，一切文学都可以解作对群体命运的象征性沉思。

然而，正是弗莱一方面有力地论证，然后经过思考又奇怪地
收回论证的这第二步，以及这种再抑制的活动，这种要抑制他的 71
解释已经打开的集体和社会阐释的各种可能性的冲动，将成为我们的战略契机，利用它对普遍宗教阐释学提出质疑。在这方面，弗莱对传统中世纪意义阐释四个层面的重构就是有意义的和表征的：人们将想起他的“符号理论”把古老的四重图式重写成四个“方面”（phases）：直义的和描写的方面，形式的方面，神话的或原型的方面，以及神秘解释的方面。弗莱所说的“方面”，并非完全意指独特的阐释符码，而是一种专注——我们不久将称之为阅读心灵趋于文本现象的特定秩序的“视域”或“组合”，“可以将整个文学艺术作品置于其中的一系列语境或关系”[50]，以使这个特定语境决定特定类型的阐释。他的前两个方面，文字的和形

式的方面，本质上依然是阅读心灵所专注的特定形态，第一种专注于词语组织和语言顺序，第二种标志着向现象学意识的转变，意识到意象即内容，意识到作品的使命是通过第一层面的词语建构表达某种象征的结构或象征的世界。

只有在第三个层面，即在欲望和社会两个概念出现的神话或原型的层面，我们才达到真正的阐释。然而，如在中世纪体系中一样，这似乎是由前两个层面释放或生成出来的（这两个层面对弗莱来说是文学的促成机制）：

> 原型批评家把一首诗作为诗歌的组成部分来研究，而诗歌又是我们称为文明的人对自然的模仿的总体的组成部分。文明不仅仅是对自然的模仿，它由我们刚刚称为欲望的那股力量所驱使……［欲望］既不被客体所限制，又不为客体所满足，而是引导人类社会发展其自身形式的能量。在这个意义上，欲望就是我们在文字层面上遇到的作为情感的东西的社会方面，如果诗不是通过提供其表达的形式［即第二个或
> 72 形式的方面］而将其释放的话，它将仍然是无形的趋于表达的冲动。同样，欲望的形式是由文明释放出来和使之显见的。文明的直接原因是工作，而诗歌在其社会方面，作为词语假设，则具有表达作品目标和欲望形式之视域的功能。[51]

弗莱继而罗列了一些特殊原型，“城市、公园、农场、羊圈，以及人类社会本身等等”[52]，象征的或强化的集体意识就是通过这些来表达自身的。

然而，矛盾的是，这个层面——中世纪理论家们称为神秘解释的层面，即根据人类的命运而获得终极寓言符码的层面——对弗莱来说还不是文学文本所能达到的外部限阈，还不是“曾经说

过的东西、当每次产生新的意义和最完整的意义时所说的东西”[53]的最终形式。对弗莱来说，意义的这个最终层面只有在我们超越自然或内在词语的集体原型而瞥见人类身体本身之时才开始出现，在乔伊斯的作品中，大地逐渐变成了沉睡的巨人，而就寓言的文学性而言，社会的不同“成员”自行编织成一个真正的有机体：

> 当我们过渡到神秘解释的层面时，自然并未变成容器，而是变成了被容纳的东西；而原型的普遍符号，城市、公园、追求、婚姻，已不再是人在自然内部建造的理想形式了，它们本身已经成为自然的形式。自然现在处于无限的人的精神之中，这个无限的人把银河系建成他的城市。这不是现实，而是欲望的想象限阈，它是无限的、永恒的，因此也是启示性的。所谓启示性，主要是说把整个自然界想象成一个无限的、永恒的活的身体的内容，这个活的身体即便不是人类的，也接近人类而不接近无生命的东西。“人的欲望是无限的，”布莱克（Blake）说，“占有欲是无限的，人本身是无限的。”[54]

因此，弗莱的布莱克式神秘解释通过悖论的运动不仅反驳了 73
我们上述整个关于欲望的形而上学，就连启示概念本身作为历史的终结和集体性的最终斗争，也在这里被布莱克投射在宇宙之上的绝对的“人”和变形的身体的意象而奇怪地改变了方向、改变了渠道，事实上是重新受到了抑制。然而，同样矛盾的是，这种联系给弗莱关于欲望的形而上学以集体的和乌托邦的共鸣，这正是比较纯粹的弗洛伊德形而上学所缺乏的：当我们从弗洛伊德左派比较无政府的和个体化的限阈来看待这个问题时，这个变形了的力必多身体便随着布莱克肖像的政治能量而闪光扩展，清楚地表明了力必多革命只有在它本身象征着社会革命之时才具有政治意义。然而，这种比喻运动从另一个角度看恰恰是弗莱所安排的寓言层面所重新抑制的东西：因为作为寓言的最后“方面”，宇宙身体的意象不可能代表更进一步的东西，不可能代表超越它自身之外的东西。它的比喻和政治动力已被破坏，而意象的集体内容便因此而在纯粹个体的孤立身体和纯粹个人的极乐中重新变为私有。

这并不是说马克思的阐释可以不借助象征主义和力必多变形的冲动而运作。事实上，激进的政治在传统上一直在两种古典选择或“层面”之间交替作用，即在对集体性的征服意象和“灵魂”或“精神身体”的解放意象之间，在圣西蒙（Saint-Simon）的社会与集体工程幻想和傅里叶（Fourier）满足力必多欲望的乌托邦之间，在 20 世纪 20 年代列宁描述的“苏维埃外加电气化”的共产主义和 20 世纪 60 年代马尔库塞（Marcuse）比较适当地称颂为本能的“身体政治”之间的交替作用。问题不仅在于这两个“层面”的各自优越性，不仅是解释和阐释的问题，而且是实践和政治的，正如 20 世纪 60 年代反文化运动的命运所示。

仅就弗莱自己的寓言方法而言，其术语的不稳定性可以看作含蓄的自我批判。我们在前面已经看到，在中世纪经典解释的四
74 个层面中，第三个层面，即个人灵魂的层面被表指为**道德**的层面，而第四个或最后一个层面——包容整个人类历史和最后审判的层面——则被称为**神秘解释**的层面。弗莱在利用这个系统的过程中把术语颠倒了过来：弗莱称为神话的或原型的层面就是群体的层面——即中世纪的解释者称为**神秘解释**的层面——现在被作为第三个层面或方面而置于最后的层面之下，即力必多的身体层面（而弗莱还是称其为**神秘解释**的层面[55]）。因此，这种术语转

换是重要的策略和意识形态举措，其中政治和集体的意象都被改造成使个人经验范畴最终私有化的纯粹中转站。教会神父本质上的历史阐释系统在这里重又受到抑制，其政治因素重又变成了个别主体的乌托邦现实的最纯粹象征。

相反，社会解释学恰好在这方面希望忠实于其中世纪的先驱，而且必然要恢复一种视角，使力必多革命和身体变形的意象再次成为完善群体的象征。身体的统一必须再次预示联想或集体的生活得以恢复的有机同一性，而非像弗莱那样预示其反面。的确，只有群体能把那个自足的纯概念性统一体（或“结构”）加以戏剧化，而个别身体，就如同个别“主体”一样，乃是这个统一体被解中心的“结果”。对此，陷于世代和种属连续链中的个别有机体，即便在最绝望的文艺复兴时期或新柏拉图主义的两性同体中（hermaphroditism）（或其在当代的翻版，即德勒兹—伽塔里的“单身机器”中），都不能提出任何要求。

Ⅲ

在此，把马克思主义的文学和文化阐释方法与上面概述的那些方法相并置，并为其主张提供更强的充足性和合法性，似乎是合适的。然而，如我在前言中所警告过的，不论好坏，明显要采取的下一步并不是本书所提出的策略，本书的目的在于论证马克 75
思主义的不同视角为充分理解文学的必要先决条件。因此，这里将把马克思主义的批评洞见作为理解文学和文化文本终极语义的先决条件来加以辩护。然而，甚至这种论证也需要加以特殊说明：我们将特别说明的是，对特定文本惰性的已知事物和素材的这种语义的丰富和扩大一定发生在三个同心框架之内，这些框架标志着文本的社会基础的意义通过下列观念而拓宽：首先是政治历史观，即狭义的定期发生的事件和类编年史的系列事件；其次是社会观，在现在已经不太具有历时性和时间限制的意义上指的是社会阶级之间的构成性张力和斗争；最后是历史观，即现在被认为是最宽泛意义上的一系列生产方式，以及各种不同的人类社会构造的接续和命运，从史前生活到不管多么遥远的未来历史。[56]

当然，这些独特的语义视域也是阐释过程中的独特时刻，在那个意义上可以解作弗莱称为我们重新解释——重读和重写——文学文本时的连续“方面”的辩证同义语。然而，我们还必须注
76 意的是，每一方面或视域都控制着对其客体的明显重建，并以不同的方式理解现在只能在普遍的意义上称作“文本”的东西的结构。

因此，在我们的第一个狭隘的政治或历史视域的狭小限阈内，“文本”，即研究客体，仍然多多少少被解作与个别文学作品或表达的偶合。然而，由这种视域所强化和使然的视角与普通的文本阐释或个别解释的视域之间的区别，就在于个别作品在这里实际上被解作**象征性行为**。

当我们过渡到第二个方面，并发现我们借以理解文化客体的语义范畴已经扩展而把社会秩序包括进来时，我们将发现，我们分析的客体本身已经被辩证地改造，已不再被理解成狭义的个别“文本”或作品，而在形式上被重构成伟大的集体和阶级话语，文本不过是这些话语的个别**言语**或表达。在这个新的视域内，我们的研究客体将证明是**意识形态素**（ideologeme），也就是说，是社会阶级本质上不相容的集体话语的最小可读单位。

最后，甚至当一种特定社会构成的激情和价值不知不觉地由于整个人类历史的终极视域，以及它们各自在整个生产方式的复杂序列中的位置而被置于新的看上去相对化了的视角之中时，个

别文本与其意识形态素都将经历最后一次改造，必须根据我将称为**形式的意识形态**的东西来解读，即由不同符号系统的共存而传达给我们的象征性信息，这些符号系统本身就是生产方式的痕迹或预示。

这三个逐渐拓宽的视域的一般运动将大体与本书最后几章的焦点转换相吻合，虽然未得到严格和纲领性的强调，但在由其文本客体，即从巴尔扎克到吉辛到康拉德等文本客体的历史变化所决定的方法变化中有所体现。

现在我们必须逐个简要说明一下这些语义或阐释视域。如上所述，只有在第一个狭义的政治视域中——其中，历史被还原到
一系列定期发生的事件和时代危机、年复一年的历时动荡、政权 77
和社会时尚兴衰的编年史，以及历史人物之间激烈而直接的斗争——“文本”或研究客体才趋于与个别文学作品或文化制品相偶合。然而，要把这种个别文本明确说成是象征性行为，从根本上说已经是在改造传统的文本阐释（无论是叙事的还是诗歌的）已操作并大部分仍然在操作的那些范畴。

这样一种阐释操作的模式依然是克劳德·列维-施特劳斯对神话和美学结构的解读，正如他在《神话的结构研究》这篇重要文章中所符码化的一样。[57]这些颇具启发性的、往往纯属偶然的解读和纯理论诠释直接规定了分析的或阐释的原则：个别的叙事或个别的形式结构，将被解作对真实矛盾的想象解决。因此，仅举列维-施特劳斯最具戏剧性的分析——对卡都卫欧（Caduveo）印第安人独特面饰的“阐释”——为例，起点就将是对这种身体艺术的形式和结构特性的内在描述。然而，这种描述一定是事先已经准备好了的，已经规定了其超越形式主义描述的取向的，不是通过放弃形式层面、选择外在的东西——如惰性的社会“内容”——而达到的一种运动，而恰恰是内在地把纯粹形式结构解

作在形式和审美结构内部社会的象征性表达。然而，通过漫无目的地罗列那些随意的形式和风格特点是极少能发现这些象征性功能的；我们对文本的象征性效用的发现必须以形式描述为取向，试图将其解作仍然属于严格的形式**矛盾**的决定性结构。于是，列
78 维-施特劳斯便把他对卡都卫欧人的面饰的纯粹视觉分析导向下面这种对其矛盾动力的高潮性叙事："使用对称的然而却与一个斜轴交叉的设计……一个基于二重性的两个矛盾形式的复杂场面，结果，客体本身（人脸）的理想轴与它所再现的形象的理想轴之间的次要对立导致了一种妥协。"[58]这样，在纯粹形式层面上，这个视觉文本已经被解作了矛盾，而且是通过它对那个矛盾的莫名其妙的临时和非对称性的解决来达到这种理解的。

现在，也许有些过于急躁，我们可以详细说明一下列维-施特劳斯对这种形式现象的"阐释"。卡都卫欧是一个等级制社会，由三个族内通婚的群体或等级组成。如其邻族的社会发展一样，在卡都卫欧的社会发展中，这种新生的等级制已经成为即便不是严格意义上的政治权力也至少是统治关系出现的地方了：妇女的低下地位，年轻人对老年人的从属关系，以及世袭贵族阶级的发展。然而，在邻族瓜那（Guana）和波洛洛（Bororo）人中，这种潜在的权力结构却被向半偶族的分化掩盖了，这种分化破坏了这三个等级，其异族交换似乎本质上发挥着非等级的平等作用，公开出现在卡都卫欧的生活中，构成了表面上的不平等和冲突。另一方面，瓜那和波洛洛的社会制度提供了一个表象域，其中，真正的等级制和不平等被半偶族相互依存的关系所掩盖了，因此，"阶级的不对称性……与半偶族的对称性达到了平衡"。

至于卡都卫欧：

> 他们从来没有幸运到足以解决其矛盾，或借助故意为了

> 这个目的而巧妙设计的机构来掩盖这些矛盾的程度。在社会层面上，补救的方法是缺乏的……但从来未完全脱离他们的掌握。补救的方法就在他们内部，虽然从未客观地形成，却作为混乱和动荡的根源而出现。然而，由于他们不能够将其概念化或直接实践这个方法，他们便开始梦想之，将其抛入想象的世界……因此，我们必须解释卡都卫欧妇女的图画艺术，把其神秘的魅力及其显然是天生的复杂性说成是一个热 79
> 烈寻求象征性表达、如果不受到利益和迷信的阻碍便可能在现实中拥有机构的幻想生产。[59]

这样，卡都卫欧面饰艺术的视觉文本便构成了一种象征性行为，就其自身而言不可逾越的真正的社会矛盾便在审美领域中找到了纯粹形式上的解决办法。

因此，这种阐释模式使我们第一次详细说明了意识形态与文化文本或制品之间的关系：它仍然是为第一个狭义的历史或政治视域的条件所限的说明，而这种说明又正是在这个视域内进行的。我们可以说，从这一视角出发，意识形态就不是传达意义或用来进行象征性生产的东西；相反，审美行为本身就是意识形态的，而审美或叙事形式的生产将被看作自身独立的意识形态行为，其功能就是为不可解决的社会矛盾发明想象的或形式的“解决办法”。

列维-施特劳斯的著作还意味着为一种政治无意识的命题进行比我们迄今的论证更加普遍的辩护，即它提供了所谓原始人由于其仍然相对简单的部落组织形式的动力和矛盾而感到窘迫难堪的场面，因为他们还不能概念地表达为解决问题而投射的装饰或神话方法。但是，如果这就是前资本主义，甚至是前政治社会的状况的话，那么，对现代社会的公民来说，面对革命时期伟大的宪法选择，面对扩展的金钱和市场经济的腐蚀和根绝传统的影响，面对把资产阶级时而与严阵以待的贵族社会、时而与城市无产阶级相对立的集体角色的转换，面对现在本身实际已经成为非常不同的“历史主体”的形形色色的民族主义的幻景，面对工业城市及其“大众”的兴起的社会同质化和精神束缚，共产主义和
80 法西斯主义伟大的过渡力量的突然出现，继而是超级大国的到来和资本主义与共产主义意识形态对峙的开始，与现代的黎明时分相比，当时的宗教战争沸腾的那股激情和执迷现在则标志着我们地球村的终极张力，难道还有比这更真实的吗？的确，要说历史的这些文本，以其幻影般的集体“行为者”（actants）、其叙事组织、其承载的巨大焦虑和力必多投资，是由当代主体的真正政治历史的野性的思维加以实现的，而这种野性的思维必然充斥于从现代主义高潮时期的文学制度到大众文化产品的全部文化制品之中，这看起来并不特别牵强附会。在这些情况下，列维-施特劳斯的著作则意味着，借以把所有文化制品解作解决真正社会和政治矛盾的象征性行为的那个命题，值得认真探讨和进行系统的实验证实。在本书后面的章节中我们将清楚地看到，这种政治的野性的思维的最得心应手的形式表达将见于我们正当地称为政治**寓言**的结构之中，它发展于从斯宾塞或弥尔顿或斯威夫特的时事典故，到小说（如巴尔扎克的小说）中阶级代表或“典型”的象征性叙事的整个网络。然后，通过政治寓言，有时是关于集体主体相互作用的被压抑的元叙事（ur-narrative）或主幻想（master fantasy），我们来到第二个视域的边界，在这个视域中，我们以前视作个别文本的东西现在则被解作本质上集体的或阶级话语中的“言论”（utterances）。

然而，我们还不能跨越这些边界，除非对我们在第一个阐释方面涉及的批评操作进行终极叙述。我们已经暗示，为了产生结

果，把文学或文化文本解作象征性行为的愿望必然要把这些文本作为解决矛盾的办法；显而易见，矛盾的观念是任何马克思主义文化分析的核心，它也将在我们后续的两个视域中占据核心的位置，尽管将采取相当不同的形式。因此，表述文本的基本矛盾的方法论要求可被看作对分析之完整性的一种检验：比如，文学或文化的传统社会学谦虚地局限于把自身与特定文本的阶级主题或价值相认同，当它表明一件特定艺术品如何“反映”其社会背景 81
时便感到它的任务已经完成，这是极难令人接受的。同时，肯尼斯·伯克（Kenneth Burke）对重点的戏弄，一方面证实象征性行为就是真正的行为，虽然是在象征的层面上；另一方面它又被作为“纯粹”的象征性行为来表达，它的解决办法只是想象的，因此并未涉及真正的问题，这恰当地戏剧化地表现了艺术和文化的模糊状况。

尽管如此，我们还是要就这种外部现实的状况赘言几句，否则，它就会被认为只不过是旧的社会和历史批评中人人皆知的传统“环境”观念。对这里提倡的这种阐释比较令人满意的解释是，它是对文学文本的重写，从而使文本本身被看作对先在的历史或意识形态的**潜文本**（subtext）的重写或重构。众所周知的是，那个“潜文本”并不是直接作为潜文本而呈现的，并不是人们通常所说的外部现实，甚至不是历史手稿的传统叙事，它本身必须总是根据事实而得到（重新）建构。因此，文学或审美行为总是拥有与现实的能动关系；然而，为了做到这一点，它不能简单地允许“现实”惰性地保持其自身的存在，在文本之外或与文本保持一定的距离。相反，它必须把现实拉入自身的结构中，而语言学的终极悖论和虚假问题，尤其是语义学的问题，都将被回溯到这个过程中来，借此语言设法把现实包含在自身内部，将其作为自身固有的或内在的潜文本。换言之，在象征性行为——伯克描绘为“梦”、“祈祷”或“图表”[60]——也是对世界采取行动的一种方式的意义上，我们现在称为“世界”的东西就必须是它内部固有的，作为为了使其服从形式的变化而必须纳入自身的内容。因此，象征性行为开始于生成和生产其自身的语境，在出现的同一时刻又从其中退却出来，以对自身变化的眼光来审视自
82 身。我们在这里所称作潜文本的整个悖论或许可做如下概括：文学作品或文化客体尽管第一次生产出那种环境，但它同时又是对那种环境的反动。它表达自身的处境，将其文本化，因而促成了这种幻觉并使其永久化，即这种环境本身并非先于文本而存在，存在的不过是文本，在文本本身以海市蜃楼的形式生成现实之前从来就没有外在于或共存于文本的现实。人们不必论证历史的现实：如约翰逊（Johnson）博士的石头一样，必然性将为我们去论证。那个历史——阿尔都塞的“缺场的原因”，拉康的“真实”——并**不是**文本，因为从本质上说它是非叙事的、非再现性的；然而，还必须附加一个条件，即历史只有以文本的形式才能接近我们，换言之，我们只有通过预先的（再）文本化才能接近历史。因此，坚持象征性行为的两个既不可分又不相容的范畴中的一个而忽视另一个：过分强调文本重新组织其潜文本的能动方面（也许是为了得出“指涉物”并不存在那个洋洋自得的结论）；或另一方面，全面地强调象征性行为的想象地位以至于物化其社会基础，现在不再将其看作潜文本而仅仅是文本被动地或想入非非地“反映”某种惰性的给定物——以象征性行为的某种功能为代价而过分强调另一种，当然会产生纯粹的意识形态，不管它是第一种情况所示的结构主义意识形态，还是第二种情况所示的庸俗唯物主义的意识形态。

然而，这种关于“指涉物”所处地点的观点既不是全面的，也不是在方法上可用的，除非我们在将要（重新）建构的几种潜

文本之间做出明确的补充区分。我们确实已经含蓄地表明，叙事的形式变换所提出和“解决”的社会矛盾，不管如何重建，都依然是缺席的原因，都不能直接或即刻被文本概念化。因此，从社会**矛盾**所处的终极潜文本中区别出次要的潜文本，更确切地说是以**二难选择**或**二律背反**为形式的意识形态，就似乎是有用的：在前者中只能通过实践的中介来解决的东西，这里在纯粹沉思的精神面前则是逻辑丑闻或双重束缚，是不可想象的和在概念上自相 83
矛盾的，不能用纯粹的思维操作来化解，因此生成一整套比较适当的叙事机制——即文本本身——以便实现不可能实现的事，并通过叙事运动消除其难以容忍的封闭。这种区别，由于把整个体系的二律背反假定为对相当不同的事物，也即社会矛盾的表征性表达和概念性反射，现在将允许我们重新描述符号方法与辩证方法之间的协调，这在前一节中已有论述。符号学分析的可操作性，尤其是格雷马斯的符号矩形[61]，如前所示，并非衍生于它对自然或存在的充足性，甚至不衍生于它勾画所有思维或语言形式的能力，而衍生于它要塑造意识形态的封闭和表达二元对立机制也即我们这里所说的二律背反的特殊形式的特殊使命。然而，对符号学的发现进行辩证的重新评价恰好于此时介入进来，把整个意识形态封闭的系统作为相当不同的事物也即社会矛盾的表征性投射。

现在，姑且不谈这第一种文本或阐释模式，而过渡到第二种视域，即社会的视域。后者已经显见，而个别现象则被揭示为社会事实和制度，只是在目前，分析的组织范畴已经成为社会阶级的范畴。我在另一处曾描述过作为社会阶级功能的构成形式的意识形态动力[62]：这里我们只需回忆一下，对马克思主义来说，阶级必须总是放在关系之中来理解的，阶级关系和阶级斗争的终极（或理想）形式总是一分为二的。阶级关系的构成形式总是在统

治阶级与劳动阶级之间，而只有依据这个轴心才能给阶级分支
84 （如小资产阶级）或者次要或从属阶级（如农民阶级）定位。以这种方式给阶级下定义严格地把马克思的阶级模式与传统的社会学区分开来，后者把社会分成阶层、亚团体、职业中坚等，对每一个阶层都可进行独立的研究，从而使对其“价值”和“文化空间”的分析折回到各自独立的世界观上来，其中每一种都惰性地反映其特定的“阶层”。然而，对马克思主义来说，阶级意识形态的内容是依关系而定的，在这个意义上，其“价值”总是处于关于相对阶级能动的状态，并与后者相对立：一般说来，统治阶级意识形态将探讨使自身权力立场**合法化**的各种策略，而对立文化或意识形态则往往采取隐蔽和伪装的策略力图对抗和破坏主导“价值体系”。

在这个意义上，依照米哈伊尔·巴赫金（Mikhail Bakhtin）的思想，我们要说，在这个视域之内，阶级话语——现在借以重写个别文本和文化现象的那些范畴——在结构上实际是**对话式的**。[63] 由于巴赫金（和伏罗希洛夫［Voloshinov］）本人关于这个领域的著作是相对专业化的，主要聚焦于狂欢或节日的异质性和爆炸性的多元主义（如17世纪40年代的英国或20世纪20年代的苏联宗教和政治派别的大规模全幅度出现），因此有必要附加这样一个条件，即正常的对话形式本质上是**对抗性的**，阶级斗争的对话是共有符码的普遍统一之中两种对立话语之间的对话。比如，宗教所共有的主符码在17世纪40年代的英国就成了一种霸权神学的主导思想被重新利用和被辩论修正的地方。[64]

85 于是，在这个新的视域之内，辩证分析的基本要求便得到了保持，而其因素则仍然是根据**矛盾**重建的（如上所说，这实际上把马克思主义阶级关系分析的合理性与社会学的静态分析区别开来）。然而，在前一个视域的矛盾单义无歧、仅限于个别文本的

环境、限于纯粹个别的象征性解决方法的地方，矛盾则以对话的形式出现，是敌对阶级不可调和的要求和立场。因此，把阐释延长到这种终极矛盾开始显现之时的要求，便又成为衡量分析的全面性和充足性的一个标准。

然而，要根据敌对阶级对话的声音重写个别文本和个别文化制品，就等于进行与我们归于第一视域的那种操作全然不同的一种操作。现在，个别文本将被作为一种**言语**，或那个更大体系的个别表达，或阶级话语的**语言**而重被视为焦点。个别文本保有其作为象征性行为的形式结构，然而，这种象征性行为的价值和性质现在得到了重大修改和扩充。关于这种重写，个别表达或文本被解作实质为阶级之间意识形态对峙的论辩和策略的象征性举措，而用这些术语来描述它（或以这种形式揭示它）则要求有一整套不同的工具。

一方面，印刷的文本所投射的孤立或自治的幻觉或表象现在必须被系统地加以破坏。的确，幸存的文化丰碑和杰作从定义上说必然要在这种阶级对话中永远保持单一的声音，即霸权阶级的声音，因此，不可能在对话系统内为它们找到适当的关系位置，除非恢复或人工重建它们最初所反对的那个声音，那个大部分被扼制、还原到沉默、被边缘化了的声音，那个声音本身的言论已经随风散去，或反过来被霸权文化所盗用。

这就是所谓通俗文化的重建必须适当发生的那个框架——最明显的是从实质上是农民文化的碎片中重建：民歌、童话、民众庆典和诸如魔法和巫术等神秘或对立的信仰系统。这种重建与对 86
我们自己时代存在的边缘化或对立文化的重新确认是相一致的，这包括对黑人或少数民族文化、妇女或同性恋文学、“天真的”或边缘化的民间艺术等对立声音的重新听取。但是，要证实这些非霸权的文化声音，如果只局限于从纯粹的“社会学”视角对其他孤立的社会群体的多元发现的话，那就依然是毫无效果的：只有依据其本质上论战和破坏的策略而对这些言论加以终极重写，才能恢复这些言论在社会阶级的对话体系内的正当位置。比如，布洛赫（Bloch）对童话的解读，童话中魔幻般的意愿的达成，其对丰饶和乐土的乌托邦幻想[65]，通过展示这种“形式”对霸权贵族的史诗形式的系统解构和破坏，以及冷静的英雄主义意识形态和悲惨的命运，而恢复了这种“形式”的对话和对立内容；同理，尤金·吉诺维斯（Eugene Genovese）论黑人宗教的著作也恢复了这些言论的鲜活性，不是将其解作对强加于黑人的信仰的复制，而是解作对占霸权地位的奴隶主的基督教加以利用、秘密地抽空它的内容、对相当不同的对立和符码化信息的传播进行颠覆的全过程。[66]

此外，强调对话使我们能够重读或重写这些霸权形式本身，它们也可以被解作对原来表达“大众的”、从属的或被统治团体处境的形式进行重新利用和中性化、同化和阶级改造与文化普及化的过程。于是，基督教的奴隶宗教被改造成了中世纪制度的占霸权地位的意识形态工具；民间音乐和农民舞蹈则不知不觉地变成了贵族和宫廷庆典的形式，变成了具有田园情趣的文化视域；而亘古以来的大众叙事——传奇、冒险故事、情节剧等等——则
87 不断地被当作虚弱窒息的“高雅文化”恢复活力的源泉。我们自己的时代亦同样如此，民间文化及其仍然生机勃勃的生产源泉（如黑人语言）也为枯竭的、被媒体标准化了的中产阶级霸权言语所占用。在美学领域，文化“普及化”的过程（这意味着对对立声音的压抑，以及认为只有一种真正“文化”的幻觉）实际上是可以被称为意识形态和概念体系的领域的合法化过程所采取的特殊形式。

然而，对一种本质上的对话或阶级视域加以重写和恢复的这

种操作，在我们对这个较大系统的各个“单位”进行详细描述之前，将不会是全面的。换言之，语言学的隐喻（根据言语与语言的对立重写文本），在我们能够向阶级语言本身传达动力之前，也不会特别有效。在索绪尔（Saussure）看来，阶级语言显然是某种理想的构造，在任何个别言论中从来不是完全可见的，也从来不是完全呈现的。这种较大的阶级话语可以说是围绕我们将称为**意识形态素**的最小“单位”来组织的。这种表述的优越性在于它作为抽象意见、阶级价值等意识形态概念，能够与我们这里将使用的叙事材料相调和。意识形态素是具有双重特性的结构，它的本质结构特点可以说是它既可以表现为一种准思想——一种概念或信仰系统，一种抽象价值，一种意见或偏见——又可以表现为一种元叙事（protonarrative），一种关于“集体性格”的终极阶级幻想，这些“集体性格”实际上就是对立的各个阶级。这种双重性意味着，对意识形态素加以全面描述的基本要求已经事先提出来了：作为一种结构，它必须具备同时接受概念描述和叙事表现的能力。意识形态素当然可以在这两个方向上详尽阐述，一方面采取哲学体系的最终表象，另一方面采取文化文本的最终表象；但是，对这些最终的文化产品的意识形态的分析要求我们把每一种产品都表现为对那个终极原材料进行改造的一件复杂作品，那个终极原材料就是所论的意识形态素。因此，分析家的任务首先是辨认那个意识形态素，在许多情况下，是要在许多实例中辨认出它的最初命名，而在这些实例中它恰恰又由于某种原因 88
而不是以这个名称出现的。辨认和盘存这些意识形态素的繁重的准备工作几乎还没有开始，对此，本书将作出最微薄的贡献：最显见的就是本书所分离出来的 19 世纪基本的意识形态素，即关于**愤懑**（ressentiment）的“理论”，以及对作为伦理学和西方文化中基本思想观念形式之一的善恶二元对立论的“祛伪”。然而，我们在这里以及在全书中都强调这些意识形态素的根本叙事特点（甚至在它们似乎仅仅作为抽象的概念信仰或价值而表达的地方），这将有利于恢复意见与元叙事或力必多幻想之间交易的复杂性。于是，我们将在巴尔扎克的例子中看到，公开和构成性意识形态和政治“价值体系”，从对本质上属于叙事和幻想动力的操作中生成出来；另一方面，论述吉辛的章节将表明已经构成的“叙事范式”如何释放出自身独立的意识形态信息，而无需任何作者的中介。

如上所述，这个焦点或视域，即阶级斗争与其敌对话语的焦点或视域，并不是马克思主义文化分析所能采取的最终形式。刚刚提及的例子——17 世纪英国革命中，不同阶级和阶级分支都感到有义务通过共有的宗教主符码进行意识形态斗争——可以用来戏剧性地表现这种转变，据此，这些研究客体就可以被重新构成结构上独特的、这种分析框架的最终扩大来说所特有的一种“文本”。在这个例子中已经出现了重点转移的可能性：我们已经说过，在神学符码的表面统一中是可以出现敌对阶级立场的根本差异的。在那种情况下，逆向运动也是可能的，而相反，这种具体的语义差异也可以作为焦点，使出现的东西成为单一符码包容一切的统一体，这个单一符码是所有差异所共有的，因而标志着社会制度这个更大统一体的特点。这个新客体——符码、符号系
89 统，或符号和符码的生产系统——因而成为研究实体的指标，它极大地超越了早先那些狭隘的政治研究（象征性行为）和社会研究（阶级话语和意识形态素），对此我们已经建议用比较宽泛意义上的历史研究这个术语。这里起组织作用的统一体将是马克思传统所指称的**生产方式**。

我们已经看到，生产方式的“问题框架”是今天所有学科中马克思主义理论最有活力的新领域。毫不矛盾的是，它也是最传

统的一个领域，因此，我们必须简要地概述一下从马克思、恩格斯到斯大林等经典马克思主义者所列举的“一系列”生产方式。[67]这些方式，或称人类社会的“阶段”，传统上包括以下几种：原始共产主义或部落社会（游牧部落）、氏族（gens）或等级制亲族社会（新石器社会）、小亚细亚生产方式（所谓的东方专制主义）、城邦（polis）或君主奴隶制社会（古代生产方式）、封建主义、资本主义和共产主义（关于最后两个阶段之间的过渡时期——有时被称为“社会主义”——是否有其独立的生产方式的问题也有大量争论）。在当下的语境中尤为重要的是，甚至这种图式或机械的历史“阶段”概念（阿尔都塞曾以“历史主义”为名而加以系统批判）也包括每一种生产方式所特有的文化主导观念或意识形态符码的形式。按照同一个顺序，根据古代城邦社 90
会较狭隘的公民权利范畴、个人统治的关系、商品物化和（大概）原创的但在任何地方都未充分发展的集体或公社协会形式，这些一般被看作魔幻和神话叙事、亲缘、宗教或神圣，以及“政治学”。

然而，在我们能够断定特定生产方式层面的文化“文本”或研究客体之前，我们还必须就它所提出的方法论问题做两点预备说明。第一点关系到“生产方式”的概念是否是一个共时概念，而第二点将说明利用各种生产方式进行划分或分类的诱惑，在这种分类操作中，文化文本被简单地投入到许多分离的间隔之中。

事实上，一些理论家已经为正统马克思观念的包容一切、建构一切的生产方式与非马克思主义的“总体系统”的明显聚敛感到担忧：前者把一切事物都归到自身内部——文化、意识形态生产、阶级言论、技术——明确而独特的场所；后者以某种逐渐收缩的方式规划社会生活的各个因素或层面。韦伯把愈加明显的官僚政治社会描写成“铁笼”的戏剧性观念[68]，福柯把愈加弥漫的

“身体政治技术”比作一个网络系统[69]，但是，还有比较传统的对特定历史“时刻”的文化程序化的“共时”描述，如从维柯和黑格尔到斯宾格勒和德勒兹等人的各不相同的描述——关于特定历史时期的文化统一性的所有这些整体模式，都趋于证实辩证传
91 统对新出现的“共时”思想之危险的种种怀疑，在这种思想中，变化和发展都被归类于纯粹“历时的”、偶然的或严格无意义的边缘化范畴（而这甚至发生在这些文化统一模式被抨击为较正统的黑格尔式和唯心主义的“表现性因果律”的地方，如阿尔都塞的情况所示）。关于共时思想之种种局限的这种理论预感也许能在政治领域得到最直接的理解，在政治领域中，“总体系统”的模式似乎逐渐地而且不容改变地消除了这种**否定**的任何可能性，把对立的甚至是纯粹“批判的”实践和抵制作为后者的纯粹逆转而回置到那个系统之中。尤为突出的是，在旧的辩证框架中可预见到的关于阶级斗争的、被看作全新社会关系的显现空间的一切事物，在共时的模式中，都似乎自行还原到实践中来，而事实上，这些实践倾向于强化曾预见并规定其特定局限的那个系统。这正是让·鲍德里亚所暗示的意思，对当代社会的“总体性”观点，把抵制的诸多选择缩减到无政府姿态，缩减到诸如鲁莽的罢工、恐怖主义和死亡等仅有的残存的终极抗议形式。与此同时，在文化分析的框架中，后者与共时模式的整合似乎抽空了文化生产的全部反体系能力，甚至把公开对立或表明政治立场的作品作为该体系本身最终程序化了的工具而加以“祛伪”。

然而，恰恰是这里提出的一系列扩大理论视域的观念才能给予这些令人不安的共时框架以其适当的分析位置，并规定其适当的使用。这种观念投射出一个漫长的历史观，只有在这些视域的特殊性未被理睬时，它才与具体的政治行动和阶级斗争不相协调。因此，即便把生产方式的概念看作共时的（而我们不久将看

到，事情似乎比这复杂得多），在历史抽象的层面上，这种概念得到应用是正常的，“幻想”建立总体系统所得到的教训在短时间内也是强加给实践以结构局限的教训，而非后者的不可能性。

上面列举的共时系统所存在的理论问题也见于别处，而与其说存在于这些系统的分析框架之内，毋宁说存在于从马克思主义 92
的视角看来可称作它们的基础结构重建的东西之中。从历史上看，这些系统可分为两个一般的组，人们可以分别称之为对总体系统的硬幻想和软幻想。第一组投射出“极权主义”幻想的未来，其中，统治机制——无论把这些机制解作比较普遍的官僚化过程的组成部分，还是在另一方面比较直接地衍生于对物质和意识形态力量的调动——被看作不可改变的和愈加普遍的倾向，其使命就是把人类自由最后的残存殖民化——换言之，即占领和组织仍然客观地和主观地存留于大自然者（简单说就是第三世界和无意识）。

这组理论或许可以迅速与韦伯和福柯等重要的名字联系起来；然后，可以把第二组与让·鲍德里亚和“后工业社会”[70] 的美国理论家们的名字联系在一起。对这第二组来说，当代世界社会总体系统的特点与其说是政治统治，毋宁说是文化程序化和渗透：不是铁笼，而是消费社会与其消费形象和假象，它的自由浮动的能指，和它对旧的社会阶级结构和传统意识形态霸权的涂抹。对这两组来说，世界资本主义正在演化成一个体系，在任何经典的意义上它都不是社会主义体系，一方面是总体控制的梦魇，另一方面则是某种终极反文化的多形态或精神分裂式的极端（这对一些人来说与第一种幻想的公开威胁的特点同样令人不安）。我们还必须加上一句，这两种分析都不理会马克思关于经济组织和倾向的“终极决定因”的教导：对这两种分析来说，那种经济学（或政治经济学）在当代世界新的总体系统中已达到终

93 点，在这两种分析中，经济被置于次要的和非决定性的地位，被分别置于政治权力或文化生产的新的统治之下。

然而，在马克思主义内部还存在着与这两种对当代总体系统持非马克思主义观点的对应物，如果愿意，也可以说是分别以马克思和“经济的”术语对二者加以重写。这就是分别以**资本逻辑**[71]（capitalogic）和**非累积**[72]（disaccumulation）对晚期资本主义进行的分析。由于本书显然不适于详细探讨这些理论，在此必须看到，根据当代环境在资本主义**内部**的系统倾向表现出的新奇性，二者都重申我们所一直关注的生产方式的组织概念的理论优越性。

因此，我们现在必须转向关于第三个也是最后一个视域的第二个相关的问题，简要地论证一下这种反对意见，即在其内部进行文化分析将倾向于纯粹的类型或分类学操作，在这种操作中，我们的使命就是“判断”这样的问题：是否把弥尔顿置于“前资本主义”或新生资本主义等语境中来阅读？我在别处曾坚持这种分类方法的无效性，在我看来，这似乎总被看作对一种文化分析
94 的真正辩证或历史实践的压抑的表征和指数。这个诊断现在可以扩大，以包容这里所论的所有三个层面，在这些层面上，同构实践，对一些社会或阶级等同物的纯粹“社会学”探讨，最后，还有对社会和文化系统的分类使用，都可能分别用来作为误用这三个框架的例子。此外，如我们对前两个层面的讨论一样，我们已经强调了矛盾范畴对任何马克思主义分析的重要性（在第一个层面上，被视为文化和意识形态制品试图“解决”的矛盾，而在第二个层面上则作为社会和阶级冲突的本质，一件特定作品不过是这种冲突中的一个行为或姿态），同样，我们在这里也能通过表明矛盾在这个层面上所采取的形式来有效地证实生产方式的视域，以及文化客体与生产方式的关系。

在如此操作之前，我们必须注意到新近出现的对生产方式概念的种种反对意见。把不同的生产方式作为许多历史“阶段”的传统图式，一般认为是不能令人满意的，特别是由于它促成了上述批判政治和文化分析中的那种分类方法。（在政治分析中采取的形式显然包括“判断”是否把特定关头置于封建主义时代——其结果是要求资产阶级和国会权利——或置于资本主义时代——伴随而来的是“改良主义者”的策略——或相反，置于真正的“革命”时代——在这种情况下，适当的革命策略便被演绎出来。）

另一方面，当代理论家越来越清楚的是，对这种或那种抽象范畴内部的“经验”材料进行这种分类，由于生产方式概念的抽象程度而在大部分情况下是不被允许的：任何历史社会都未曾“体现”纯粹状态下的生产方式（**资本**也不是对历史社会的描述，而是资本主义抽象概念的建构）。这曾使一些当代理论家，尤其是尼科斯·普兰查斯（Nicos Poulantzas）[73]，坚持作为纯粹理论建构的“生产方式”与涉及对发展阶段的历史社会进行描述的 95
“社会构形”之间的区别。这种区别似乎是不充分的，甚至是误导的，到了促成它旨在抛弃的那种经验思维的程度，换言之，它在这种或那种对应的“抽象”之下包括特殊的或经验的“事实”。然而，普兰扎斯对“社会构形”的讨论的一个特点是可以保留的：他认为每一种社会构形或历史上存在的社会事实上都同时包括**几种**生产方式的重叠和结构共存，包括古老生产方式的残余和幸存，现在被归于新的生产方式之内而在结构上处于依附的地位，同时也有潜在地与现存体系不相协调但尚未生成自己独立空间的预示倾向。

但是，如果这种看法是正确的，那么，“共时”系统和分类的诱惑这两个问题就同时得到了解决。共时的东西是生产方式的

“概念”；几种生产方式共存的历史时刻在这个意义上不是共时的，而是以辩证的方式向历史敞开着。根据适当的生产方式为文本分类的诱惑便因此被消除了，因为文本出现在我们指望它们由于文化生产的矛盾方式的各种冲动而同时相互交叉和相切的空间里。

然而，我们还是没有描述由这个新的最后层面所建构的特定研究客体。如上所示，它不能包括在个别生产方式的概念之中（正如在第二个层面上我们的研究客体不能包括独立于其他社会阶级的特定的社会阶级一样）。我们因此认为，吸收近代历史的经验，我们可以把这种新的终极客体命名为**文化革命**，即共存的不同生产方式已经明显敌对的时刻，它们的矛盾已经成为政治、社会和历史生活的核心。中国进行的不完整的“无产阶级”“文化大革命”的实验可以用来支持这个命题，即以前的历史经历了完全具有相同过程的相同时刻，都可以恰当地用“文化革命”这
96 个术语来形容。于是，西方的启蒙主义时代可以解作资产阶级文化革命本身的组成部分，在这场革命中，古代政权的价值和话语、习惯和日常生活空间，都被系统地消灭了，取而代之的是新的概念、习惯和生活形式，以及资本主义市场社会的价值体系。这个过程显然涉及比法国革命或工业革命等定时发生的历史事件更广阔的历史节奏，在其漫长的过程中出现了韦伯在《新教伦理与资本主义精神》中描述的那些现象——现在我们可以把韦伯的这部著作看作对资产阶级文化革命研究的贡献，正如把论浪漫主义的全部作品重新定位为对重要而模糊的历史时刻的研究，即把浪漫主义看作对这场特殊的“伟大变革”的抵制，与其相伴的还有更加明确的“大众化”（劳动阶级和前资本主义）形式的文化抵制。

如果这就是实际情况的话，那么，我们必须再进一步提出，

以前的全部生产方式都伴随着它们所特有的文化革命，比如，新石器时代的“文化革命”就是父权制对旧的母权制或部落形式的征服，或者古希腊“正义”的胜利和城邦社会新的立法对族间复仇制的征服，不过是这种文化革命最富戏剧性的表现。那么，文化革命的概念——或更准确地说，以文化革命的这种新“文本”或研究客体的形式对文化和文学史材料的重建——可能为人文科学建立一个全新的框架，我们可以在唯物主义的基础上把最广义上的文化研究置于这个框架之内。

然而，这番描述是令人误解的，它意味着“文化革命”是局限于所谓“过渡时期”的一种现象，在这个过渡时期，由一种生产方式所主导的社会构形经历了一次根本的重建，在这个过程中，另一种“主导形式”出现了。这种“过渡”问题是马克思关于生产方式问题中尚未解决的传统问题，也不能说，从马克思本人的零碎讨论到伊迪那·巴利巴尔（Etienne Balibar）最近提出的模式的任何解决办法都是令人满意的，因为在所有这些办法中，对特定体系的“共时”描述与从一个体系到另一个体系的过渡的“历时”描述之间存有的不一致性，似乎又有增无减地回归 97
了。但是，我们本书的讨论始于这样一种观点，特定的社会构形包括不同共时体系或生产方式的共存，其中每一种都有其自己的动力和时间规划——如果愿意的话，可以说是一种元共时性（metasynchronicity）——而我们现在则要转向关于文化革命的描述，它寓于比较历时的关于制度转换的语言之中。因此，我将指出，这两种显然不相一致的描述不过是我们的思维（以及我们对那种思维的表现或表达）对于这个硕大的历史客体所能采取的一对孪生视角。正如公开的革命已不是定时事件，而是使革命前作用于整个社会生活过程的无数日常斗争和阶级分化的形式浮于表面——这些斗争和形式潜伏和隐含地存在于“前革命”的社会经验之中，只能在这种“真理时刻”作为后者的深层结构显现出来——同样，文化革命的公开“过渡”时期本身也不过是人类社会走向某一永恒过程的表面的过渡，或走向各种共存生产方式之间的永久斗争的表面的过渡。因此，一种新的主导制度获得优势的胜利时刻，不过表现了它为了永远保持主导地位并实现再生产而进行的不间断的斗争，在其存续期间，这场斗争必须持续下去，并在所有时刻都伴随着那些拒绝同化、寻求支持的旧的或新的生产方式的系统的或结构上的对抗。在这最后视域内如此理解的文化和社会分析的任务，显然是对其材料的重写，从而使这种永恒的文化革命可以得到理解并被解读为更深层的、更持久的构成性结构，而且经验的文本客体在这种结构里也可以获得理解。

如此认知的文化革命可以说超越了历时和共时的对立，大体上与恩斯特·布洛赫所说的文化和社会生活的 Ungleichzeitigkeit（或“非共时发展”）相对应。[74]这样一种观点把一种新用法强加
98 给分期化概念，尤其是这里既保留又消除了的旧的“线性”阶段的图式。我们将在下一章中详细探讨分期化问题，在此足以说明，这些范畴是于最初的历时或叙事框架内产生的，但只能在最初的框架被废除之后才有用处，这使我们能够以现在共时或元共时的方式把源于历时的范畴（各不相同的生产方式）加以并列或表达。

然而，我们还是没有说明文本客体的本质，它是由文化革命的第三个层面建构的，并将是我们前述两个辩证——即象征性行为，以及阶级话语的意识形态素或对话组织——的新的客体框架内的等同物。我将说明，在这个最后的层面上，个别文本或文化制品（在前两个层面上其自治的表象也以独特创新的方式被消解了）在这里却作为各种力的场而得到重构，几种不同生产方式的符号系统的动力可以在这个场内找到并被理解。这些动力——我

们的第三个层面新构成的文本——构成了**形式的意识形态**，也即由共存于特定艺术过程和普遍社会构成之中的不同符号系统发放 99 出来的明确信息所包含的限定性矛盾。

现在所必须强调的是，在这个层面上，“形式”被解作内容。对形式的意识形态的研究无疑是以狭义的技巧和形式主义分析为基础的，即便与大多数传统的形式分析不同，它寻求揭示文本内部一些断续的和异质的形式程序的能动存在。但在这里所论的分析层面上，辩证的逆转已经发生，在这种逆转中，把这些形式程序理解成自身独立的积淀内容，带有它们自己的意识形态信息，并区别于作品的表面或明显内容，则是可能的；换言之，现在我们能够从路易斯·叶尔姆斯列夫（Louis Hjelmslev）所说的“形式的内容”而非后者的“表现”观点来展示这些形式操作，而“表现”的内容则一般说来是更加狭义的形式化研究的客体。对这种逆转的最简单最容易的展示可见于文学文类的领域。事实上，我们在下一章将模仿这个过程，在特定历史文本中把文类说明和描写变成对众多不同的文类信息的探讨——其中有些已是从旧的文化生产方式中物化了的残余，有些则是预见性的，但总起来投射出一种形式的联合，通过这种联合，才能窥见和象征地表达特定历史时刻共存的生产方式的“联合”。

与此同时，我们所称的形式的意识形态绝不是从社会和历史问题向更狭隘的形式问题的退却，这最后一种视角与比较公开的政治和理论问题的关系说明了这一点。我们可以把热烈争论的马克思主义与女权主义的关系作为特别具有启发性的例证。上面概述的生产方式重叠的观念的确占有优势，能使我们回避经济优越于性、性压迫优越于社会阶级压迫等虚假问题。就我们目前的视角来看，性歧视和父权制，以其男女的劳动分工，及其青年与老年的权力分工，而显然被看作人类历史上最古老的生产方式所特

100 有的异化形式的积淀和恶性残余。对形式的意识形态的分析，如果得以适当完成，应该揭示这些古老的异化结构——及其特有的符号系统——在形式上的固持，在所有新近产生的和历史上原生的种种异化——如政治统治和商品物化——的重叠之下，已经成为所有文化革命中最复杂的文化革命即晚期资本主义的主导因素。在这场文化革命中，所有先前的生产方式都以一种或另一种方式在结构上相共存。因此，对激进的女权主义的证实，即废除父权制乃是最**激进**的政治行为——仅就这种说法包括了较多片面要求而言，如从商品形式的解放——则与扩大了的马克思的问题框架达成完美的一致，对此，我们自己时代的主导生产方式的改造也必然伴随着同样激进的对在结构上与之共存的所有古老生产方式的重建，这种改造也必然要由这种重建来完成。

这样，我们便随着这最后一个层面进入一个空间，在这里，历史本身成了我们的普遍理解和我们的特殊文本阐释的终极基础和不可逾越的界限。当然，这也是整个阐释优越性的问题复仇回归的时刻，其他或敌对符码的实践者——远无法证明历史是包容和超越所有其他符码的一种阐释符码——将再次宣称“历史”不过是许多符码中的一种，没有什么特权地位。这最清楚地见于马克思主义阐释批评家的实践中，他们借用自己的传统术语，暗示马克思的阐释操作涉及主题化和对“历史”的物化，这与其他阐释符码生产它们自己的主题封闭的形式、将自身作为绝对方法提供给别人的做法并无明显的差别。

迄今应该清楚的是，在论争中，把一种物化了的主题——历史——与另一种物化了的主题——语言——相对峙，以便取得一个超越另一个的终极优越性，这种做法是毫无益处的。近年来这种争论所采取的最有影响的形式——如于尔根·哈贝马斯（Jürgen Habermas）试图把“马克思主义”的生产模式置于一个

更具包容性的“交流”或互主体性（intersubjectivity）的模式之 101
下[75]，或安伯托·艾柯所断言的一般象征之于技术和生产系统的优越性，而在把这些技术和生产系统用作工具之前又必须将其作为符号组织起来[76]——都是基于这样一种误解，即马克思的“生产方式”范畴是技术的或“唯生产”的决定论形式。

因此，似乎更为有用的是，作为结论，我们不妨自问，历史作为基础、作为缺场的原因，何以能被如此看成是抵制主题化或物化、抵制向许多符码中的一个备选符码的回归的方式？我们可以通过把注意力集中于亚里士多德学派所称为伟大的历史编纂形式所特有的那种类的满足，或符号学派所称为这种叙事文本的“历史—效果”，而间接地暗示这样一种可能性。不管历史编纂所用的原材料是什么（而我们在这里只涉及最广泛传播的那种材料，即历史教科书所生产的记忆练习式的纯粹编年史实），伟大的历史编纂形式的“情感”总可以被看作对那种惰性材料的根本重建，在这个例子中，则是有力地重新组织以必然性形式出现的那种否则便会是惰性的编年和“线性”数据：所发生的事（首先被视作“经验事实”）为何以那种方式发生？从这个视角出发，因果律则只不过是这种形式重建所能取得的可能的转义之一，尽管它显然是非常特殊的历史上重要的转义。与此同时，如若非得把马克思主义说成一种“喜剧”或“传奇”的范式，以某种终极解放的救赎眼光看待历史的话，那么，我们就必须看到，最有影响的马克思主义历史编纂的实现——从马克思本人对1848年革命的叙述，经过对1789年革命动力的丰富多样的经典研究，一直到查尔斯·贝特尔海姆（Charles Bettelheim）对苏联革命经验的研究——仍然是对上述意义上历史必然性的想象。但是，必然 102
性在这里是以人类历史上发生的全部革命的决定性失败的不可改变的逻辑形式出现的：马克思的终极前提——社会主义只能是总

体的世界范围的过程（而这反过来又是完成资本主义“革命”和全球性商品化过程的前提）——为我们提供了这样一个视角，即这种或那种局部革命过程的失败或障碍，矛盾逆转或功能逆转，都是“不可避免的”，都是客观限制的操作。

于是，历史就成了必然性的经验，而只有这种经验才能预先阻止它作为纯粹再现的客体或许多符码中的主符码的主题化或物化。在那个意义上，必然性并不是一种内容，而是事件的不可更改的**形式**；因此，在本书所论的正统叙事政治无意识的扩充了的意义上，它就是一种叙事范畴，是对历史的再文本化（retexualization），它并不把后者作为新的再现或“想象”、新的内容，而是阿尔都塞追随斯宾诺莎所称的“缺场的原因”的形式结果。在这个意义上，历史就是伤害人的东西，就是拒绝欲望、给个人和集体实践设置不可改变的限制，它的“诡计”将这种实践的公开用意变成了可怕的颇具讽刺意味的逆转。但是，这种历史只能通过它的结果来理解，而从来不被直接看作已经物化了的力量。这的确是把历史作为基础和无需特殊理论证实的不可逾越的层面的终极意义。可以肯定，不管我们多想忽视它的必然的异化力，这种异化力都不会把我们忘掉。

【注释】

[1] See “The Ideology of the Text,” *Salmagundi*, No. 31—32 (Fall 1975/Winter 1976), pp. 204—246.

[2] 这在我看来是“生产方式”的理论与文学和文化批评的相关性问题，有关这个问题的进一步反思以及关于马克思主义的“历史主义”倾向的更清楚的表述，参见我的“Marxism and Historicism,” *New Literary History*, 11 (Autumn, 1979), pp. 41—73。

[3]“事实上，自由王国只是在由必需和外在目的规定要做的劳动终止的地方才开始；因而按照事物的本性来说，它存在于真正物质生产领域的彼

岸。像野蛮人为了满足自己的需要，为了维持和再生产自己的生命，必须与自然进行斗争一样，文明人也必须这样做；而且在一切社会形态中，在一切可能的生产方式中，他都必须这样做。这个自然必然性的王国会随着人的发展而扩大，因为需要会扩大；但是，满足这种需要的生产力同时也会扩大。这个领域内的自由只能是：社会化的人，联合起来的生产者，将合理地调节他们和自然之间的物质变换，把它置于他们的共同控制之下，而不让它作为盲目的力量来统治自己；靠消耗最小的力量，在最无愧于和最适合于他们的人类本性的条件下来进行这种物质变换。但是不管怎样，这个领域始终是一个必然王国。在这个必然王国的彼岸，作为目的本身的人类能力的发展，真正的自由王国，就开始了。但是，这个自由王国只有建立在必然王国的基础上，才能繁荣起来。" Karl Marx, *Capital*, New York: International Publishers, 1977, Ⅲ, p. 820. 中译引自《马克思恩格斯全集》，中文 1 版，第 25 卷，926—927 页，北京，人民出版社，1974。

[4] Karl Marx and Friedrich Engels, "The Communist Manifesto," in K. Marx, *On Revolution*, ed and trans. S. K. Padover, New York: McGraw-Hill, 1971, p. 81. 中译引自《马克思恩格斯选集》，1 版，第 1 卷，250～251 页，北京，人民出版社，1972。

[5] See Michel Foucault, "The Retreat and Return of the Origin," chap. 9, part 6, of *The Order of Things*, New York: Vintage, 1973, pp. 328—335; and *Archeology of Knowledge*, trans. A. M. Sheridan Smith, New York: Pantheon, 1972, 尤其是导论和论"思想的历史"的章节; Jacques Derrida, "The Exorbitant. Question of Method," in *Of Grammatology*, trans. Gayatri Spivak, Baltimore: Johns Hopkins University Press, 1976, pp. 157—164; 以及他的"Hors Livre," in *La Dissemination*, Paris: Seuil, 1972, pp. 9—67; Jean Baudrillard, "Vers une critique de l'economie politique du signe," in *Pour une critique de l'economie politique du signe*, Paris: Gallimard, 1972; 以及他的 *Mirror of Production*, trans. Mark Poster, St. Louis: Telos, 1975; Gilles Deleuze and Félix Guattari, *The Anti-Oedipus*, trans. Robert Hurley, Mark Seem, and Helen R. Lane, New York: Viking, 1977, pp. 25—28,

109－113，305－308；Jean-François Lyotard，*Economie libidinale*，Paris：Minuit，1974，尤其是“Le Désir nommé Marx，” pp. 117－188；and Louis Althusser，et al.，*Reading Capital*，trans. Ben Brewster，London：New Left Books 1970，尤其是“Marx's Immense Theoretical Revolution，” pp. 182－193。

[6] Deleuze/Guattari，*Anti-Oedipus*，p. 109.

[7] 换言之，从目前的角度看，德勒兹和伽塔里提出的反阐释方法（他们称为分裂式分析）也可同样被解作自成体系的新的阐释方法。令人惊奇和值得注意的是，本章注释 5 中所罗列的大多数反阐释观点都感到有必要提出这种新的“方法”：其中有知识考古学，较新近的有“身体的政治技术”（福柯），“文字学”和结构（德里达），“象征性交换”（鲍德里亚），力必多经济学（利奥塔）和“符号分析”（朱丽亚·克里斯蒂娃）。

[8] 本节提出的问题对于任何关于阐释本质的严肃讨论来说都是不可避免的，在技术上也是难以回避的，涉及远远超越文学批评范畴之外的术语和“问题框架”。它们必然会使一些读者感到这在哲学上是在陌生的马克思主义传统内部进行的学术练习，我们告诫这些读者应该马上越过本节而读下一节，那里，我们将讨论各种现在流行的文学批评流派。我们还应补充一句，在本节所论的属于我们的历史普遍性的层面上，所论及的“阿尔都塞式”作家并非都接受这番描述。

[9] Althusser et al.，*Reading Capital*，pp. 186－189.

[10] Frank Kermode，“Buyers' Market，” *New York Review of Books*，October 31，1974，p. 3.

[11] 机械因果律的问题也许最鲜明地体现在电影批评上，作为技术革新研究与电影语言的“内在”研究之间的张力；但可以预见它也将是大众文化的大多数其他领域内的问题。

[12] 不管关于历史主义的争论的理论内容是什么，应该明白的是，这个术语在阿尔都塞的全部理论中也是一个政治符码，用指不同马克思主义理论中向社会主义过渡的所谓不同“阶段”。这些理论包括列宁的帝国主义论和斯大林关于“社会主义”和“共产主义”的划分，一直到考茨基和历史

发展的社会民主规划。在这个层面上，对“历史主义”的攻击是法国共产党内部反斯大林主义的比较普遍的阿尔都塞式攻击的组成部分，涉及非常真实的实践、政治和战略后果。（古典的结构主义和符号学对历史主义的抵制可见于 Lévi-Strauss，*The Savage Mind*，Chicago：University of Chicago Press，1966 的最后一章［“History and Dialectic”］，以及 A. J. Greimas，“Structure et histoire，” in *Du sens*，Paris：Seuil，1970。）

［13］*Réponse à John Lewis*，Paris：Maspéro，1973，pp. 91—98.

［14］这里主要参照 Henri de Lubac，*Exégèse mediévale*，Paris：Aubier，1959—1964，4 vols.；至于三层面系统与四层面系统之间的区别，尤其见 vol. I，pp. 139—169，200—207。

［15］关于这种寓言类型的更多的例子，参见 Jean Daniélou，*From Shadows to Reality*：*Studies in the Biblical Typology of the Fathers*，trans，Wulston Hibberd，London：Burns & Oates，1960。

［16］所以，甚至对意义的七个层面进行神秘主义的尝试在实践中也缩减到原来的四个层面的纯粹变体，即以色列人与教会在阐释上的认同——依据教会史对《旧约》的寓言重写——在实践上则是第二个层面或寓言层面的变体，因为基督的生活在次要层次上也是对教会史的寓言（De Lubac，Vol. II，pp. 501—502）。

［17］See Etienne Balibar，“The Basic Concepts of Historical Materialism，” in *Reading Capital*，pp. 199—308；Emmanuel Terray，*Marxism and “Primitive” Societies*，trans. Mary Klopper，New York：Monthly Review，1972；and Barry Hindess and Paul Hirst，*Pre-capitalist Modes of Production*，London：Routledge & Kegan Paul，1975. 经典的马克思主义论述见 Karl Marx，*Grundrisse*，trans. Martin Nicolaus，Harmondsworth：Penguin，1973，pp. 471—514；and Friedrich Engels，*The Origin of the Family*，*Private Property*，*and the State*，Moscow：Progress，1968。我在即将出版的 *Poetics of Social Forms* 中对生产方式概念与文化研究的相关性进行了讨论。

［18］Jacques Lacan，*Le Seminaire*，*Livre I*：*Les Ecrits techniques de*

Freud，Paris：Seuil，1975，p. 80；并比较论牛顿法则的这段话："有一些人们想不到的公式，它们至少有时与现实聚合在一起。"（"Radiophonie，" *Scilicet*，No. 2—3（1970），p. 75）

［19］关于斯大林时代"表现性因果律"的意识形态影响，参见 Charles Bettelheim，*Class Struggles in the USSR*，vol. Ⅱ，trans. Brian Pearce，New York：Monthly Review，1978，esp. pp. 500—566。在评述斯大林在《论辩证唯物主义和历史唯物主义》中关于"生产的变化和发展始终是从生产力的变化和发展开始，首先是从生产工具的变化和发展开始"的断言时，贝特尔海姆指出，这样一种阐述"使社会关系和实践的整体成为生产力的表达。社会在这里被表现为一种表现性的整体，这不是矛盾的，而那些变化似乎取决于生产的发展。在社会变革过程中民众的革命斗争所起到的核心作用在这里并未出现"（Bettelheim，pp. 516，514）。

［20］这里，"表现性因果律"所采取的形式是"在国家垄断资本主义中国家作为垄断手段的概念"，特别参见 Nicos Poulantzas，*Political Power and Social Classes*，trans. Timothy O'Hagan，London：New Left Books，1973，esp. pp. 273—274。

［21］Jacques Rancière，*La Leçon d'Althusser*，Paris：Gallimard，1974，chap. 2；and E. P. Thompson，*The Poverty of Theory*，London：Merlin，1978，pp. 374—379.

［22］Jean-Paul Sartre，*Search for a Method*，trans. Hazel Barnes，New York：Vintage，1968，p. 38："那么，在一种历史的特殊性中，通过这个家庭的独特矛盾，古斯塔夫·福楼拜不知不觉地进行他的阶级实践。"

［23］Lucien Goldmann，"Sociology of the Novel，" *Telos*，No. 18（Winter，1973—1974），p. 127. 这些批评洞见应该使人想起吕西安·戈尔德曼在于当代法国复兴马克思理论，以及一般地复兴马克思文化理论中所起到的历史性的、确实无与伦比的作用。

［24］最著名者当推 Rosalind Coward and John Ellis，*Language and Materialism*，London：Routledge & Kegan Paul，1977。一种类似的同构最终限制了费如乔·罗西-蓝底的丰富而富有启示意义的作品，它明确转向了

对语言生产的探讨。

［25］*Yale French Studies*，No. 41（1968）；or in *Du Sens*，pp. 135－155.

［26］See pp. 82－83，and also pp. 165－169，and pp. 253－257. 这里所论证的立场——关于一种静止的或符号的方法与一种辩证的方法之间的区别和可能的并列——与萨特对整个结构主义的颇有意义的批判是一致的："与福柯一样，阿尔都塞把自己局限于结构分析。从认识论的观点看，那就等于把概念凌驾于观念之上（萨特这里指的是对黑格尔的概念和观念的对立的不同译法）。概念是无时间性的。人们可以研究概念是如何在特定的范畴内一个接一个地产生的。但是，时间，因而还有历史，本身都不能成为一个概念的客体。术语中存在着一个矛盾。当你介绍时间时，你会发现在时间的发展中概念在改造自身。相反，观念可以定义为为产生一种思想而进行的综合努力，这种思想可以通过矛盾及其后续对矛盾的克服而自行发展，因而与事物的发展是同质的。"（"Replies to Structuralism，" trans. R. D'Amico，*Telos*，No. 9［Fall，1971］，p. 114，or *L'Arc*，No. 30［1966］，p. 94）

［27］对"力必多机制"概念的批判应用的较完整论述，参见我的 *Fables of Aggression*：*Wyndham Lewis*，*The Modernist as Fascist*，Berkeley：University of California Press，1979。

［28］See Georg Lukács，*The Young Hegel*，trans. Rodney Livingstone，Cambridge：MIT Press，1976；and Herbert Marcuse，*Reason and Revolution*，Boston：Beacon，1960.

［29］因此，我肯定认为，马丁·杰伊（Martin Jay）关于1950年以前的法兰克福学派的宝贵论述，*The Dialectical Imagination*，Boston：Little，Brown，1973，通过过分强调非同一性理论的主题而给人一种令人误解的印象，即"批判理论"的基本目标是马克思主义而非资本主义。主体与客体之间的非同一性往往只意味着一种唯物主义的和"去中心"的认识方法。同时，除非人们把"否定辩证法"当作根本的审美理想，如我所做的，那么最好是追求阿多诺在 *Philosophy of Modern Music* 中的最切合实际的辩证法实践（trans. A. G. Mitchell and W. V. Blomster，New York：Seabury，

1973)，而非哲学著作（关于音乐与哲学分析之间的张力，参见 Susan Buck-Morss，*The Origin of Negative Dialectics*，New York：Free Press，1977，pp. 33—49)。但试比较 Martin Jay，"The Concept of Totality，" in *Telos* No. 32 (Summer，1977)。

[30] Karl Marx，*The Eighteenth Brumaire of Louis Bonaparte*，New York：International，1963，pp. 50—51. 中译引自《马克思恩格斯全集》，中文1版，第8卷，152页，北京，人民出版社，1961。

[31] 我们必须对这种争论的符码化了的政治共鸣再做一番最后的评论，"总体化"的批评家们往往把这种争论看作对一统或集权观念的攻击。这种瞬间的"意识形态分析"可以颇有裨益地与对这种争论的社会解读相并置，作为对左派在法国和美国的结构上不同的民族语境中所面对的不同环境的一个象征性指数。法国对总体化的批判与对一种"分子的"或局部的、非全球的、非党派的政治的要求携手并进：对传统的阶级和党派行动的这种拒斥显然反映了法国集权化的历史意义（作用于制度以及反对制度的各种力量)，以及可被松散地称为"反文化"运动的迟到的出现，伴随着对旧的细胞家庭机制的打破和亚群体与别种"生活方式"的繁荣。另一方面，在美国，正是这后一种极端的社会分化使其在历史上难以把左派或"反制度"的力量以持久而有效的组织方式统一起来。弱势民族、社区运动、女权主义、形形色色的"反文化"或寻求别种生活方式的团体、普通劳动阶层的抗议、学生运动、个别问题的运动——所有这些在美国都提出了在理论上互不协调，而在任何实践政治的基础上又不可能并行的要求和策略。因此，美国左派今天所能发展的特权形式必然是一种**联盟政治**的形式，而这种政治在理论层面实际上是总体化概念在实践上的严格的同义语。因此，在实践中，对美国框架内"总体"概念的攻击意味着对一个真正的左派在这个国家可能出现的唯一现实的角度的破坏和拒斥。于是就存在着理论论战的输入和翻译的实际问题，这些论战在其产生的民族环境里有相当不同的语义内容，如在法国的民族环境中一样，新兴的争取地方自治的运动、妇女解放和社区组织，从传统左派群众党派的全球或"克分子"的观点看来，都被认为正受到抑制，或至少是它们的发展受到了阻碍。

［32］Jean-Paul Sartre，*The Reprieve*，trans. Eric Sutton，New York：Vintage，1973，p. 326.

［33］关于辩证法的美学起源的讨论，参见 Georg Lukács，*Beiträge zur Geschichte der Aesthetik*，尤其是关于席勒美学的文章，见 *Probleme der Aesthetik*，Neuwied：Luchterhand，1969。

［34］这些立场见 Althusser，"Letter on Art，" in *Lenin and Philosophy*，trans. Ben Brewster，New York：Monthly Review，1971，pp. 221—227；and Pierre Macherey，*Pour une théorie de la production litteraire*，Paris：Maspero，1970，尤其是论于尔斯·沃恩的章节。

［35］See *Marxism and Form*，Princeton：Princeton University Press，1971，pp. 323，331—333.

［36］"形而上学"和"人道主义"分别是德里达和阿尔都塞两个学派的否定批评范畴，每一个都明显地被置于唯心主义的比较全球化的"唯物主义"范畴之下。在我看来，这种哲学范畴只有在它们尽可能直译地指最平庸的日常态度和前提时才是有用的：把唯心主义的任何历史范畴绝对化、把任何形式的错误或虚假意识作为超历史的范畴而加以主题化，都似乎是"唯心主义的"。

［37］See *The Prison-House of Language*，Princeton：Princeton University Press，1972，pp. 195—205.

［38］参见我的"Three Methods in Jean-Paul Sartre's Literary Criticism，" in John K. Simon，ed.，*Modern French Criticism*，Chicago：University of Chicago Press，1972，pp. 9—27。我们在第五章中再来探讨存在主义的意识形态功能，以及这种哲学的社会学分析的可能性。

［39］See Juliet Mitchell，*Psychoanalysis and Feminism*，London：Allen Lane，1974，pp. 419—435；and Stephen Toulmin and A. Janik，*Wittgenstein's Vienna*，New York：Simon & Schuster，1973.

［40］雅克·拉康曾颇具启示意义地强调新兴的精神分析学与其历史原材料的关系：歇斯底里是"对欲望的欲望"（参见 Lacan，*Le Séminaire*，*Livre XI*：*Les quatre concepts fondmentaux de la psychanalyse*，Paris：

Seuil，1973，p. 16："可以说，歇斯底里把我们置于精神分析学的特定的原罪轨道上。"他显然指的是这门"科学"与其历史环境和或然条件的关系。在这个意义上，歇斯底里可以理解为第五章中讨论的历史上一种比较普遍的物化现象的一个新特征）。

［41］"因此，**感觉**通过自己的实践直接变成了**理论家**。感觉为了**物**而同物发生关系，但物本身却是对自身和对人的一种**对象性的、人的**关系；反过来也是这样。"（Karl Marx，*Economic and Philosophical Manuscripts*，Second Manuscript，"Private Property and Communism，" section 4，in *Early Writings*，trans. Rodney Livingstone and Gregor Benton，London：Penguin/NLB，1975，p. 352. 这一整节都极具意义。）

［42］例如："只有当我们从根本上突破了这样的思想，即语言只是以一种方式发生作用，总是用于相同的目的：传达思想——这可能是关于房子、痛苦、善恶或随便你喜欢的什么，只有这时，悖论才能消失。"（Ludwig Wittgenstein，*Philosophical Investigations*，Oxford：Blackwell，1958，para. 304，p. 102）另参见 Ferruccio Rossi-Landi，"Per un uso marxiano di Wittgenstein，" in *Linguaggio come lavoro e come mercato*，Milan：Bompiani，1968，pp. 11—60。

［43］See Serge Leclerc，"La Mi-prise de la lettre，" in *Démasquer le réel*，Paris：Seuil，1971，pp. 63—69.

［44］Paul Ricoeur，*Freud and Philosophy*，New Haven：Yale University Press，1970，pp. 65—157.

［45］See Eugène Fleischmann，"De Nietzsche à Weber，" *Archives européennes de sociologie*，5（1964），pp. 190—238；以及我的"Vanishing Mediator：Narrative Structure in Max Weber，" *New German Critique*，No. 1（Winter，1973），pp. 52—89。

［46］Norman Holland，*The Dynamics of Literary Response*，New York：Oxford，1968，pp. 243—261，331—332.

［47］"Criticism in History，" in Norman Rudich，ed.，*The Weapons of Criticism*，Palo Alto：Ramparts，1976，pp. 38—40.

［48］这种并非萦绕不去或残留的“宗教”内容，说明了瓦尔特·本雅明使用神学语言的策略：暗示被称作“历史唯物主义”的“机器人”需要包含一个称作神学的“干瘪矮子”，以便赢得每一局（“Theses on the Philosophy of History,” in *Illuminations*, trans. H. Zohn, New York: Schocken, 1969, p. 253)，是要以符码化的语言指出斯大林主义与一种更正统的马克思主义阐释学传统的不自然的分裂，这种马克思主义的阐释传统在20世纪20年代和30年代曾被逼入地下。参见“结论”部分。

［49］参见 Hegel, *Phenomenology of Spirit*, and Feuerbach, *Kleine Schriften*（translated as *The Fiery Brook: Selected Writings of Ludwig Feuerbach* by Zawar Hanfi, New York: Anchor, 1972）的宗教部分，以及 Durkheim, *Elementary Forms of Religious Life* 的结论部分。

［50］Northrop Frye, *The Anatomy of Criticism*, Princeton: Princeton University Press, 1957, p. 73.

［51］Ibid., pp. 105—106.

［52］Ibid., p. 113.

［53］Ricoeur, *Freud and Philosophy*, p. 27.

［54］Frye, *Anatomy*, p. 119. 把身体作为有机群体的象征的奠基之作是 Mary Douglas, *Natural Symbols*, New York: Pantheon, 1970。

［55］“在我们的第四个层面，对神话的研究，以及把诗歌作为一种社会交际技巧的研究，是中世纪的道德和引申意义解释的第三个层面”（*Anatomy*, p. 116)。

［56］对“视域”的现象学概念的有益讨论，可参见 Hans-Georg Gadamer, *Truth and Method*, trans. G. Barden and J. Cumming, New York: Seabury, 1975, pp. 216—220, 267—274。我在下面的讨论中将清楚说明的是，在马克思看来，我们与过去的关系要求我们与先前的各种文化根本区别开来，这种区别在伽达默尔关于视域融合（Horizontverschmelzung）的有影响的概念中是不允许的。在此也许还应该说，从马克思主义作为“绝对的历史主义”的视角来看，小 E. D. 赫什（E. D. Hirsh Jr.）提出的明显对立，即伽达默尔的历史主义的“相对论”与赫什自己的比较绝对的阐释合法

性概念之间的对立，将不再特别不可调和。赫什在感觉与意义之间、在对文本内在“意义”的科学分析与他乐于称为我们对其“意义”所作的“伦理”评价之间所做的区别（see *The Aims of Interpretation*，Chicago：University of Chicago Press，1976），与传统马克思主义关于科学与意识形态之间的区别相对应，尤其是经阿尔都塞派的重新理论化之后。这无疑是一个有用的工作区别，尽管依目前对科学概念的修正来看，人们或许不应该对其提出无法操作的更高的理论要求。

［57］Claude Lévi-Strauss，*Structural Anthropology*，trans. C. Jacobson and B. G. Schoepf，New York：Basic，1963，pp. 206－231. 后来出版的四卷本《神话学》颠倒了本文的分析视角：早期发表的文章集中论述个别的神话言语（parole）或表达，后来出版的系列著作集中论述整个系统或语言（langue），据此把不同的个别神话关联起来。因此，应该把《神话学》当作关于原始社会生产方式的叙事与关于我们自己社会的生产方式的叙事之间差异的启发性材料。在这个意义上，后来的著作将在第三个和最后一个阐释视域中找到它的位置。

［58］Claude Lévi-Strauss，*Tristes tropiques*，trans. John Russell，New York：Atheneum，1971，p. 176.

［59］Ibid.，pp. 179－180.

［60］Kenneth Burke，*The Philosophy of Literary Form*，Berkeley：University of California Press，1973，pp. 5－6；另可见我的“Symbolic Inference；or，Kenneth Burke and Ideological Analysis，” *Critical Inquiry*，4（Spring，1978），pp. 507－523。

［61］参见第三章注释13，以及英文原书46～49页。

［62］*Marxism and Form*，pp. 376－382；and see below，pp. 288－291. 关于这种社会阶级观点的当代最具权威性的马克思主义主张当推E. P. Thompson，*The Making of the English Working Classes*，New York：Vintage，1966，pp. 9－11；在《贫困的理论》中，汤普森提出，他的阶级观点与“结构的”马克思主义不是一回事，对后者来说，阶级不是“主体”，而是社会总体内部的“立场”（关于阿尔都塞的立场，参见Nicos Poulantzas，

Political Power and Social Classes）。

［63］Mikhail Bakhtin，*Problems of Dostoyevsky's Poetics*，trans. R. W. Rotsel，Ann Arbor：Ardis，1973，pp. 153－169. 另见巴赫金以 V. N. Voloshinov 之名出版的 *Marxism and the Philosophy of Language*，trans. L. Matejka and I. R. Titunik，New York：Seminar Press，1973，pp. 83－98；以及巴赫金死后出版的论文集 *Esthétique et théorie du roman*，trans. Daria Olivier，Paris：Gallimard，1978，esp. pp. 152－182。

［64］See Christopher Hill，*The World Turned Upside Down*，London：Temple Smith，1972.

［65］Ernst Bloch，“Zerstorung，Rettung des Mythos durch Licht，” in *Verfremdungen I*，Frankfurt：Suhrkamp，1963，pp. 152－162.

［66］Eugene Genovese，*Roll Jordan Roll*，New York：Vintage，1976，pp. 161－284.

［67］关于生产方式的“经典”文本，除了 Lewis Henry Morgan，*Ancient Society*，1877，还有 Karl Marx，*Pre-Capitalist Economic Formations*，《政治经济学批判大纲》中的一章，由 Eric Hobsbawm（New York：International，1965）单独出版，以及 Friedrich Engels，*The Family，Private Property，and the State*，1884。最近关于生产方式的“争论”的重要贡献包括 Etienne Balibar 在阿尔都塞的文集 *Reading Capital* 中的文章；Emmanuel Terray，*Marxism and “Primitive” Societies*，trans. M. Klopper，New York：Monthly Review，1972；Maurice Godelier，*Horizon：trajets marxistes en anthropologie*，Paris：Maspéro，1973；J. Chesneaux，ed.，*Sur le “mode de production asiatique”*，Paris：Editions Sociales，1969；和 Barry Hindess and Paul Hirst，*Pre-Capitalist Modes of Production*，London：Routledge & Kegan Paul，1975。

［68］“清教徒想要顺从天命工作，我们不得已而为之。当禁欲主义从修道院的幽室走进日常生活，并开始控制世俗道德之时，它在建设当代经济秩序的巨大宇宙的过程中发挥了作用。这个秩序现在与机器生产的技术和经济条件维系在一起，这些条件在今天以不可抗拒的力量决定着生于这种机

制之中的所有个人的生活，不仅仅是那些直接关系到经济获得的人。也许它将如此决定他们的生活直到烧尽最后一吨石化煤。在巴克斯特（Baxter）看来，对外在物品的关注只应该落在圣贤的肩上，就像‘一件轻轻的斗篷，随时可以将其扔在一旁’。但是，命运却判定那件斗篷应该成为一个铁笼。”*The Protestant Ethic and the Spirit of Capitalism*, trans. T. Parsons, New York: Scribners, 1958, p. 181.

[69] Michel Foucault, *Surveiller et punir*, Paris: Gallimard, 1975, pp. 27—28 以及各处。

[70] Jean Baudrillard, *Le Système des objets*, Paris: Gallimard, 1968; *La Societé de consommation*, Paris: Denöel, 1970; *Pour une économie politique du signe*, Paris: Gallimard, 1972. 对这种“意识形态的终结”和消费社会立场的美国观点的最有影响的论证当然是 Daniel Bell, *Coming of Post-Industrial Society*, New York: Basic, 1973; 和 *The Cultural Contradictions of Capitalism*, New York: Basic, 1976。

[71] 对基本文献的评论和批判，参见 Stanley Aronowitz, “Marx, Braverman, and the Logic of Capital,” *Insurgent Sociologist*, Ⅷ, No. 2/3 (Fall, 1978), pp. 126—146; and see also Hans-Georg Backhus, “Zur Dialektik der Wertform,” in A. Schmidt, ed., *Beitrage zur marxistischen Erkenntnistheorie*, Frankfurt: Suhrkamp, 1969, pp. 128 — 152; and Helmut Reichelt, *Zur logischen Struktur des Kapitalbegriffs bei Karl Marx*, Frankfurt: Europaische Verlagsanstalt, 1970。对于资本逻辑学家，黑格尔的“唯物主义内核”是把绝对精神的具体或客观现实（在自身之内并为自身的观念）仅仅看作资本（Reichelt, pp. 77—78）。然而，这易于把他们逼入后马克思主义的立场，从而把辩证法看作仅适于资本主义的思维方式（Backhaus, pp. 140—141）。当然，在那种情况下，辩证法在一个废除了商品形式的社会里将是不必要的和不合时宜的。

[72] 非积累理论的基本文本包括 Martin J. Sklar, “On the Proletarian Revolution and the End of Political-Economic Society,” *Radical America*, III, No. 3 (May-June, 1969), pp. 1—41; Jim O'Connor, “Productive and

Unproductive Labor," *Politics and Society*, 5 (1975), pp. 297 — 336; Fred Block and Larry Hirschhorn, "New Productive Forces and the Contradictions of Contemporary Capitalism," *Theory and Society*, 7 (1979), 363—395; and Stanley Aronowitz, "The End of Political Economy," *Social Text*, No. 2 (1980), pp. 3—52。

[73] Poulantzas, *Political Power and Social Classes*, pp. 13—16.

[74] Ernst Bloch, "Nonsynchronism and Dialectics," *New German Critique*, No. 11 (Spring, 1977), pp. 22—38; or *Erbschaft dieser Zeit*, Frankfurt: Suhrkamp, 1973. 上述生产方式概念的"非共时性"用法在我看来是完成马克思著名的"从抽象上升到具体"(1857 Introduction, *Grundrisse*, p. 101) 的辩证认识的唯一途径。马克思在那里区别了认识的三个阶段:(1) 对特殊的标记(这相应于经验历史，搜集关于形形色色的人类社会的数据和描写材料);(2) 对抽象的征服，"资产阶级"科学或黑格尔所说的理解的范畴的问世("生产方式"的静止的纯粹分类概念的建构，这正是辛迪斯和赫斯特在《前资本主义生产方式》中非常正确地批判的东西);(3) 抽象的辩证超越，"具体的上升"，通过重新楔入具体的历史环境而驱动迄今静止的分类学的范畴(在当下的语境里，这将从生产方式范畴的分类用法转向对特定文化时刻其动力和矛盾的共存的认识)。无独有偶，阿尔都塞自己的认识论——Generalities Ⅰ, Ⅱ, and Ⅲ (*Pour Marx*, Paris: Maspéro, 1965, pp. 187—190) ——是对马克思 1857 年《政治经济学批判大纲》中的同一段论述的诠释，只是再成功不过地消除了其辩证精神。

[75] See Jürgen Habermas, *Knowledge and Human Interests*, trans. J. Shapiro, Boston: Beacon, 1971, esp. Part I.

[76] Umberto Eco, *A Theory of Semiotics*, Bloomington: Indiana University Press, 1976, pp. 21—26.

二、魔幻叙事：关于文类批评的辩证运用

啊，她多么温暖！如果这是魔力，让它成为一种艺术，像吃饭一样合法。

——《冬天的故事》

103 前面一章概述的马克思主义历史观，正如我们已经看到的那样，有时被描述为一种“喜剧的”原型或一种“传奇”的范式。[1]这里的意思是指某种世俗未来的拯救或救赎观点，按照威廉·莫里斯（William Morris）的“时间旅行家”的看法，从这种未来我们可以获得“十足的眼睛的快感，丝毫没有那种不协调的感觉，那种走向毁灭的恐惧，而当我身处过去美好的艺术作品之中时，这种恐惧总是萦绕于心头”[2]。确实，在这样一个未来，
104 或者从这样一个未来的观点出发，我们自己的文化传统——权力社会的纪念（对歌德［Goethe］来说，《伊利亚特》是对地狱的一瞥），以及激烈市场竞争的故事和对商品欲望与商品形式胜利的种种表达——将被当作儿童著作来阅读，它们概括的是勉强可以理解的对古代种种危险的记忆。

甚至从某种理想的现实主义观点（传统上这种或那种形式的马克思主义美学的主要模式，作为一种叙述话语将日常生活的经验与某种适当的认知、测绘或几乎是“科学”的观点结合起来[3]）来看，对这种明显矛盾的关于传奇的评价也有许多话可说。姑且将司各特（Scott）、巴尔扎克和德莱塞（Dreiser）作为现实主义以其现代形式出现的标志，这些早期伟大现实主义的特

点是：在它们的素材中有一种基本的、令人兴奋的异质性，而它们的叙述结构中有一种对应的多面性。在这种时刻，对存在事物的风格限制对文本的记载产生一种矛盾的解放效果，释放出一系列异质的历史观点——对司各特是过去，对巴尔扎克是未来，对德莱塞是商品化的过程——通常会觉得与历史现时的焦点不相一致。实际上，在“高度”现实主义和自然主义当中，这种多重的时间性倾向于被再次封锁和遏制，其中臻于完美的叙述方式（尤其是那种作者的非个性化、观点统一和局限于场景描写的三重规则）开始使“现实主义的”选择显出一种令人窒息的、自我施加的苦行。正是在后期资本主义社会现实主义逐渐具体化的语境中，人们才再次开始感到传奇是叙述的异质性所在，是脱离现实原则的所在，而对于现实原则，压迫性的现实主义再现变成了抵押。传奇现在似乎又提供了感觉其他历史节奏的可能，提供了以超凡的或乌托邦的方式转变当下不可动摇的现实的可能；而弗莱将传奇的拯救观点比作乌托邦渴望的再次表达，比作一种对乌托 105
邦社区的重新思考，一种对拯救未来的某种感情的重新征服（但以什么为代价呢?），显然也并没有错。

因此，马克思主义与传奇相联系并不怎么影响前者的声誉，因为它解释了后者的持续性与活力，而且弗莱还认为后者是一切故事叙述的最终源泉和范式。[4]按照这种观点，部落社会的口头故事，表示庞大统治体制里下层阶级不可压制的声音的神话故事、冒险故事和情节剧，以及我们自己时代的流行文化或大众文化，统统都是某一个宏大故事的片段。

然而，弗莱将一般的叙述与特殊叙述的传奇文类等同起来，则提出了表面上不相关的文类批评问题，虽然文类批评遭到现代文学理论实践的全面怀疑，但事实上总是已经包含了一种与历史唯物主义的特殊关系。在马克思主义文学批评里，最初的扩展运用——马克思和恩格斯关于拉萨尔（Lassalle）的诗体悲剧《弗兰茨·冯·济金根》致拉萨尔的书信[5]——确实基本上是文类型的；而在我们自己时代展现最充分的马克思主义文学分析的主要作品，如差不多跨越60年的卢卡契的著作，也自始至终受到文类概念的支配。实际上，我认为它是晚近马克思主义思想史里“极其严重”的时刻之一，因为当年迈的卢卡契感到亟须支持索尔仁尼琴（Solzhenitsyn）谴责斯大林主义，并对后者运用其天才和个人痛苦的真实经历所做的宗教的、反社会主义的宣传作出反应时，他所做的竟是坐在书桌旁边写了一篇文类批评。对马克思主义来说，文类概念的战略价值显然在于一种文类观念的中介作用，它使单个文本固有的形式分析可以与那种形式历史和社会生活进化的孪生的共时观协调起来。

106 与此同时，在其他当代文学批评传统里，文类的观点有些像是一种“被压制者的回归”。弗莱本人坚定地围绕叙述组织的作品，其广泛影响得益于它最初出现时的“新批评”的语境，在那种语境里，文学研究的基本客体曾被过于狭隘地理解为抒情诗或诗的语言。当代的结构主义和符号方法，因其对分离的单个文本自我施加严格的限制，也认识到重新出现的一种对迄今被边缘化的话语类型的沉思：法律语言、片断、轶事、自传、乌托邦神话、幻想的小说描写、前言、科学论文等等，所有这些都越来越被认为是多种不同的文类样式。

但是，文学批评若无完整的文学生产就似乎不可能完成的情况，在现代时期已经遭到不断的、系统的破坏。“现实主义小说”摆脱了其文类的束缚（在故事、书信、构成的叙事当中），首先出现了现代主义及其乔伊斯或马拉美（Mallarmé）式的世界独特作品的典范，然后又出现了文本或写作、“文本生产力”或精神分裂写作的后现代主义美学——所有这些似乎都严格排除传统文学类型或系统的概念，既在理论方面也在实践方面。

这种情况何以如此也并不难看出。文类基本上是文学的**机制**，或作家与特定公众之间的社会契约，其功能是具体说明一种特殊文化制品的适当运用。日常生活的言语行为本身便具有指示和信号的特征（如声调、手势、语境的指称和语用学），它们保证言语行为被恰当地接受。在经过调解的一种更复杂的社会生活情境里——写作的出现常常被认为是这种情境的纵聚合——如果要使所论及的文本不被变动的多重应用支配（因为按照维特根斯坦的看法，**意义**必须得到说明），感性符号就必须被常规所替代。然而，由于文本越来越摆脱一种直接的行为情境，所以它更难对读者强加一种文类的规则。其实，大部分写作艺术都被纳入这种（不可能的）设想一种简单机制的努力，以便自动排除不受欢迎 107
的对既定文学话语的反应。

由于市场体制和金融经济的逐渐渗透，与其他许多机制和传统实践一起受到伤害的不只是行为环境，还有文类契约和机制本身。随着文化生产者制度化的社会地位的取消，随着艺术作品本身对商品化的开放，旧的文类规范变成了一种任何真正的艺术表达都必然会反抗的标签—名称系统。尽管如此，旧的文类范畴并没有死亡，而是以大众文化的亚文学文类这种不甚令人满意的方式保存下来，变成了摆在杂货店和飞机场的一排排皮本的哥特式小说、神秘故事、传奇、畅销书和流行传记，在那里等待着在某个弗莱或某个布洛赫的手中重新获得古老的、原始的共鸣。与此同时，似乎必须发明一种新的、历史地反思的方式来运用那些范畴，例如那些明显隐含在文学史与传统上被归类于其中和中性描述的形式生产的文类范畴。

I

当我们观察当代文类批评实践时，我们发现有两种看似不可调和的倾向在发生作用，我们将分别把它们称为**语义的**和**句法的**或结构的，它们可以通过传统的喜剧理论来适当地加以说明。对于第一种而言，研究的对象不是单个的喜剧文本而是某种最终的喜剧看法。莫里哀（Molière）、阿里斯托芬（Aristophanes）、乔伊斯和拉伯雷（Rabelais）的文本对这种看法提供了多种具体的体现。诚然，对这种看法的说明可能会在压迫和解放之间摇摆，因此伯格森（Bergson）认为，喜剧具有用反讽来纠正社会偏差以维持社会规范的功能；而艾米尔·施泰格尔（Emil Staiger）认为，喜剧有助于使人类生存的基本荒诞性得到容忍。这样一些看法不管其内容如何，目的都是通过重构一种想象的实体说明一个给定文本的本质或意义——喜剧或悲剧的“精神”，情节剧或史诗的“世界观”，田园诗的“感伤”或讽刺的“看法”——仿佛
108 它是单个文本背后一般化的存在的经验。下面我们将把弗莱的著作看作对这种方式的最富特性的阐述，因为就他的著作来看，文类基本上被理解为一种**方式**（mode）。

第二种倾向对文类进行句法的探讨，它指责语义的选择是本能的和印象主义的，提出对文类（如喜剧这种文类）的机制和结构进行分析，并确定它们的规则和限制。这种分析，从亚里士多德《诗学》散失的章节到弗洛伊德的玩笑作品，主要目的并非发现文类机制或过程的意义，而是建构它的模式。因此这两种方式不只是彼此相反，而且基本上不可相互比较，这可以从每种方式设想一种迥然不同的辩证对立或否定判断出来。对于语义的或现象学的方式，喜剧定义的对立面总被证明是另一种形式，例如悲

剧或讽刺。对于结构分析，喜剧的“对立面”只不过是非喜剧的或非滑稽的，是平淡无奇的笑话或毫无生气的笑剧。对于探讨文类问题的这第二种方式：我们的基本文本将是弗拉迪米尔·普洛普（Vladimir Propp）的《民间故事的结构和形态研究》，这部作品根据一系列的决定作用，或我们所称的结构或**固定形式**来理解文类。

非常明显，这两种方式对应于我们在第一章里所描述的对立状况：一方面是旧式的“解释”，它的问题仍然是文本表示什么**意义**；另一方面是较新型的分析，按照德勒兹的看法，它的问题是文本如何**运作**。然而，在文体学和语言学历史里，类似的方法论的含混和交替表明，我们现在可以确定这种矛盾的根源在于语言本身的性质，因为语言本身非常含混，同时既是主体又是客体，用洪堡（Homboldt）的话说，既活跃又停滞，既是意图性的意义又是连接起来的系统，因此必然投射出迥然不同的、不相连接的、在概念上永远不能统一的两种维度（或“研究的客体”）。[6]我们假定这些孪生投射的客观根源——语言——是以某种方式统一起来的一种现象；但不幸的是，正如维特根斯坦后期 109
的作品重点告诫我们的那样，任何过早地这样——以语言形式——考虑它的尝试总是使它具体化。于是，我们此后对语言的思考，必须采取不同语言观点所产生的那些分离的专门化学科的调解方式：逻辑学和语言学，语义学和语法学，现象学和符号学。

这种情境显然不满于文类理论在方法论上的一种双重标准，一种在两种不可调和的选择间不可避免的方式转换。看来我们至多可以不得已而为之，使问题成为关于文类双重性质的一种相对无效的前提；然后文类被限定为一种文学的话语，它可以按照一种固定的形式来考察，也可以按照一种方式来考察，但**必须**能够任意选择这两种观点进行研究。

不过，实际上这种令人失望的前提标志着向本章的目标迈出了第一步，这就是，通过辩证地重新思考这两种解释方法，使它们的发现历史化，从而不仅找出传奇作为一种文类的意识形态意义和历史命运，而且进一步获得对文类文学史本身的辩证运用的某种同情。

辩证思维具有历史反思性的特点，就是说，对一个客体（这里是传奇文本）进行研究，也包括对我们必然带给该客体的概念和范畴（本身也是历史性的）的研究。在当前这个实例里，这些范畴已经被描写为语义的和结构的方法。但是，你如何使这种精神范畴或观念运作“历史化”呢？当你开始理解它们不是凭空的单纯哲学选择或取舍的结果而是被客观地决定时，你就在这方面迈出了第一步：当我们开始理解两种“方法”之间表面上的哲学选择其实是语言内部客观矛盾的投射时，这种情况就已经发生了。

现在我们需要再进一步，我们可以把这一步称作对两种观点的非实证化。每一种一般化方法，无论是现象学的还是符号学的，从辩证的观点出发我们都会发现，它通过策略性地建构自己
110 的看法而掩盖自己的矛盾，压制自己的历史性，从而删去否定、缺失、矛盾、压制、未说出或未想到的东西。若要恢复这些被删去的东西，就必须对基本问题（它常常像是一般辩证法最典型的姿态或风格）进行突然的、悖论的辩证调整，保持原有的条件但把问题颠倒过来。因此下面我们要说明，弗莱对传奇的整个讨论都指向一种预设——善恶的道德轴心——这种预设需要反过来历史地进行质疑，并将被证明是一种连接社会和历史矛盾的意识形态因素。同时，对普洛普方法的质疑也将表明它自身是矛盾的，未能解决有关**主体**的基本的、潜在的问题，它认为主体是不容置

疑的，从一开始就是给定的。然而，对这些方法的辩证批判不只是否定的和破坏性的；我们将会看到，它还导致这些方法的实现和完成，尽管完全不同于它们最初提出的那种精神。

Ⅱ

前面已经提到的弗莱的传奇理论，是对这种文类作为一种方式的最充分的论述。对弗莱而言，传奇是一种愿望满足和乌托邦幻想，旨在改变日常生活世界，以便恢复某个失去的伊甸园，或期待一个将消除旧的死难和缺憾的未来王国。因此，传奇不包含以某种理想的王国来替代普通的现实（像在神秘的经验中那样，或像在牧歌或田园诗里发现的那种传奇范式的片断所表示的那样），而包含一个**改变**普通现实的过程："渴望传奇就是寻找力必多或渴望自身获得某种满足，这种满足从现实的焦虑产生，**但仍将包含那种现实**。"[7]

弗莱最初对改变现实的强调已经隐含着一种推论：如果人间乐园的基本特征能够从普通生活中产生，那么后者必须已经被构想出来，不是作为世俗的偶然性和"正常"存在的某个平凡之 111
地，而是作为诅咒和迷惑、黑魔法、邪恶的咒语以及仪式的破坏的最终结果。因此传奇同时呈现为高低王国之间的斗争、天堂和地狱之间的斗争，或天使和魔鬼或恶魔之间的斗争：

> 传奇中的英雄类似于神话中来自上界的弥赛亚或救世主，他的敌人类似于下界魔鬼的力量。然而，冲突发生在我们的世界，或无论如何主要关系到**我们的**世界，我们的世界处于中间，具有自然循环的特征。因此自然循环中对立的两极等同于英雄与敌人的对立。敌人与冬天、黑暗、混乱、贫

> 乏、垂死的生命，以及老年相联系，而英雄则与春天、黎明、秩序、富饶、活力，以及青年相联系。[8]

这一描述通过三个迥然不同的发生作用的因素重写了这种形式：它的“世界”、它的孪生的主人公（英雄和坏人）以及它对因素的组织安排（高和低、天使和魔鬼、冬天和春天）——这些当中的每一个都需要评注。

弗莱按照传统词义把传奇的“世界”等同于自然的做法掩盖了一个有趣的问题，而现象学对这一概念的解释可能会促使其戏剧化。对现象学来说，**世界**这一术语指的是最终的框架或“格式塔”(Gestalt)，是总的组织范畴或最终的视域，从中经验的、内在世界的客体和现象得到悟解并出现内在世界的经验；但在那种情况下，“世界”在其现象学的意义上不可能单凭本身正常地成为一个观察的客体。[9]这种看法确实得到了常规的叙述现实主义的确认，在那种现实主义里，事件在纯粹的笛卡尔延伸的无限空间里发生，在市场体制的量化的空间里发生——这种空间像电影的空间那样，超越任何特定的瞬间“定格”或定位或更大的深景或全景而无限延伸，不可能达成象征的统一。

112 但是，如果我们能够描述传奇内在世界的客体如何转变，我们就可以对传奇作出第一步具体说明。与现实主义相反，传奇内在世界的客体，如风景或村庄、树林或宅邸——只是现实主义表现的行动迟缓的马车或特快列车行程的暂停之地——以某种方式在空间中交叠，变成同质时间中不连贯的部分，变成扩大了的象征封闭区的不连续的区域，它们在更大的现象学意义上变成**世界**明确的类似物或感知的媒介物。海德格尔（Heidegger）的论述进一步为这种含混不清的状况提供了答案，我们可以借用他那冗长的公式来说明传奇的形式：传奇完全是那种**世界**的**世俗性**揭示或展现自己的形式，换句话说，在这种揭示中，**世界**在我们经验的超验视域的意义上以一种内在世界的感觉变得可以被看见。因此，弗莱的做法并没有错，它使人把作为一种方式的传奇与人间乐园或荒原的“自然”意象或者幸福的幽居或醉人的树林的“自然”意象密切地联系起来。令人产生误解的是其中的含义：这种“自然”在任何意义上本身都是一种“自然的”现象，而不是一种非常奇特的、特殊化的社会和历史现象。

传奇中**世俗性**的中心地位，现在会使我们怀疑弗莱对传奇中传统人物类型——尤其是英雄和恶魔的角色——确立的首要地位。相反，我们认为，传奇“世界”中与众不同的活力和活跃的生命力，颇像斯坦尼斯拉夫·莱姆（Stanislaw Lem）的《索拉里斯星》里的有知觉的海洋，倾向于承载通常为叙述“人物”所保留的许多产生行为和事件的功能；借用肯尼斯·伯克的戏剧术语我们可以说：在传奇里，场景的范畴倾向于捕捉并占有动原和行为的特征，使“英雄”成为记录生存状况转变的记录仪，如温度突然改变，神秘地升高，局部强化，质量突然下降，惊人地散发臭气，等等，简言之，也就是整个因素转变的景象，依靠这些景象，传奇里更高和更低的两个世界为相互征服而进行斗争。

反对的意见认为，弗莱描述的根据是他自己对传奇置换的看法，从宗教神话中某种原初记录一直转变到它在反讽一个堕落世
界中的低级记录。后面我们将进一步讨论“置换”这个概念，但 113
即使现在，我们也可以说弗莱在这里已经将后来的宗教范畴——中央集权和僧侣权力的社会的意识形态——反过来又投射到神话上面，而神话恰恰是无中心的、以魔幻为导向的、部落社会构成的话语。任何与原始神话叙述本身的“直接”联系（对许多读者来说，列维-施特劳斯的四卷本《神话学》可能用作这一连串陌生的、不确定的插曲的入门指南，这些插曲完全不像我们童年时

代的古希腊神话所令我们期望的那样），都表明后来关于“人物”的看法对这些无中心的、前个人的叙述的行为者极不合适。

甚至西方艺术传奇中的传统英雄——从伊凡（Yvain）和帕西法尔（Parzival）到法布里斯·戴尔·冬哥（Fabrice del Dongo）和格诺（Queneau）的彼埃洛（Pierrot），或者阿兰-福尼埃（Alain-Fournier）的“伟大的莫尔尼斯”和品钦（Pynchon）的《第 419 号区的呼喊》里的奥迪帕·马阿斯（Oedipa Maas）——远不是使我们觉得他们是某个“上界”的使者，而是表现为一种无知和糊涂，标明他们是平凡的观察者，对超自然的冲突感到震惊，他们被不知不觉地纳入这种冲突，获取巨大胜利的奖赏，丝毫不曾意识到一开始就处于危险中的东西。在后来的一篇论文里，弗莱本人也坚持传奇中最典型的主人公的本质边缘性，不论他们是奴隶还是妇女，由于必须求助于欺骗和诡计而不单是身体的力量，他们都更密切地与恶作剧的精灵而不是与光明磊落的英雄相联系。[10]

如果我们现在问这种被动沉思的**行为者**如何被构想成一个叙述系统的基本单位，那么答案显然是传奇中奇特的因素安排，因为正是这种安排在人物观点和那种更基本的、叙述上“富于意义”的、本身就是“世界性”的实体之间进行调停。弗莱的作品提供了一个庞大的传奇元素内容表，足以满足我们当前观察它们彼此全都以二元对立的方式排列的目的。对这一文类（以及弗莱对它的解读）的辩证研究，应该从逻辑上对二元对立本身提出一种历史的再审视，把它作为一种没有内容的形式，然而这形式最
114 终又使它所组织的各种类型的内容（地理的、性的、季节的、社会的、感知的、家庭的、动物学的、心理学的等等）表现出意义。事实上，这种再审视在今天的后结构主义里到处都在进行，我们这里将只谈雅克·德里达颇有影响的看法，从这种观点出

发，他的整个作品都可以被看作对当代和传统思想里大量无意识或自然化的二元对立的揭示和说明，其中最著名的是那些将言语和写作、存在和不在、正常和异常、中心和边缘、经验和补充、男性和女性对立起来的观点。德里达表明了所有这些轴心何以通过使一个被排除的或非基本的方面边缘化而认可一个统治方面的中心地位，并认为这是一个典型的坚持“形而上学”思想的过程。[11] 但是在表面上，把无中心的、连续化的消费资本主义社会的意识形态描绘成形而上学的残存物似乎是矛盾的，除非强调二元对立的最终始源在于旧的神权中心社会的“中心的”主代码。从德里达回到尼采，就是要看到可能存在一种迥然不同的二元对立的解释，按照这种解释，它的肯定和否定的关系最终被思想同化为一种善恶的区分。表示二元对立思想意识的不是形而上的玄学而是道德；如果我们不能理解为什么道德本身是思想的载体，是权力和控制结构的具体证明，那么我们就忘记了尼采思想的力量，就看不到关于道德的丑陋恶毒的东西。

然而，毫无疑问，在当今日益缩小的世界上，由于阶级、民族和种族的差异被逐渐拉平，由于日益迫近的对自然的废弃（作为某种最终的他性或差异的条件），应该比较容易理解善恶概念
在多大程度上是一个由地位决定的、与他性范畴相一致的概念。 115
因此，恶像尼采教导我们的那样，继续表示一切与我根本不同的事物的特点，表示一切完全因那种不同而似乎对我们自己的生存构成真正迫切威胁的事物的特点。于是，从最早的时期，其他部落的陌生人，说一种不可理解的语言并遵循“陌生”风俗习惯的“野蛮人”，还有妇女——她们的生物学区别激起被阉割和吞食的奇幻想象；或者在我们自己的时代，某个被压迫阶级或种族积累了怨恨的复仇者，不然就是那种外来人、犹太人或共产主义者，他们被认为在明显的人类特征背后潜存着一种邪恶的、超自然的

智力：这些是他者的原型。对于他们，需要说明的关键点并不是因为他们邪恶所以令人恐惧；相反，他们是邪恶的**因为**他们是他者，是外来的、不同的、奇怪的、不卫生的、不熟悉的人。

由此，传奇作为“纯粹”叙述的某种内在的、非概念的意识形态功能的问题再次被强烈地提了出来。同时，我们对弗莱运用这些对立的质疑，还使我们能够以一种预想不到的、启示的方式完成他的分析。因此，我们将提炼出下面的运作前提：对文类的形式探讨必须坚持，直到通过从根本的历史化使所说的“本质”、“精神”、“世界观”被揭示为一种意识形态素，也就是说，一种历史地决定的观念综合体或对立的社会阶级的集体话语因素的综合体，这种综合体能够以各种形式表现自己，可能以一种“价值体系”或“哲学概念”的形式，也可能以一种主叙述、一种个人或集体叙述幻想的形式。

但是，我们不可能离开这种特定的意识形态素——伦理道德或善恶间的二元对立——而对形成尼采剖析判断的那种果断的、计划性的“解决办法”（“超越善和恶!”）一言不发。这种完全诋毁并超越伦理道德二元论的目标仍然一如既往，即使我们发现尼采试图阐述它的那种观点并不令人满意：一方面是“超人”（Ubermensch）的能量变异，另一方面是不断回归的个人的、不可容忍的精神气质。在当前的语境里，我们可以看到这种伦理道德的超越事实上是由其他文类方式来实现的，因此其他文类方式以其自身的形式抵制传奇范式的核心意识形态。例如，伦理的对
116 立从悲剧里完全消失，悲剧基本上展现一种非人的命运或灾难的胜利，产生一种基本上超越纯个人善恶范畴的观点。这种看法可以通过我们的感觉来证实，当我们在某种看似悲剧的事物里碰到一种更合适的伦理类型（“英雄”和“坏人”重新出现）的判断时，我们会觉得该文本毋宁被认为是一种情节剧，也就是说，一

种被降低了的传奇形式。如果不分散剧本的悲剧力量，不论克里昂（Creon）还是伊阿古（Iago）都不能被看作坏人；然而让我们这样做的那种不可抗拒的诱惑告诉我们，我们思想习惯上多受伦理范畴的支配。至于喜剧，我们很快就会看到，它的范畴同样与传奇的那些范畴迥然不同，具有更确定的社会性：喜剧中的经典冲突不是在善恶之间，而是在青年人和老年人之间，其恋母情结的解决不是为恢复一个堕落的世界，而是为了更新社会秩序。

因此，在某种特殊意义上，悲剧和喜剧已经“超越了善和恶”。至于观念思想，如果我们把问题理解为回避纯个人化的伦理范畴，超越我们作为个人主体的存在必然封闭于内的范畴并开启集体生活或历史过程的根本不同的超个人的视角，那么不可避免的结论似乎是：我们已经有了一种能够超越善恶的思想观念，即辩证法本身。这并不是说，辩证法的发明者—发现者自己完全成功地避免了伦理范畴的纠缠。黑格尔把历史和集体理解的终极视域称作“绝对精神”，这本身仍然命定地投射出哲学家圣贤个人意识的余像。马克思主义革命变化观的经典困惑——客观社会规律或唯意志论者和列宁主义者的实践——表明，那些固执于这种看法的人并未充分认识到这样一种历史观点：按照这种观点，个人或个人群体的唯意志行为本身就被理解为历史的客观力量。另外，在《共产党宣言》里，马克思和恩格斯试图通过旧伦理范畴的机械交替（资产阶级既是进步的又是非人性化的，既是社会发展的一个必然阶段又是人类不可容忍的一个阶段[12]）阐明他们 117 对“历史必然性”的看法，他们的尝试充分表明了对旧伦理范畴及其语言的把握。不过，这些历史文本并不是对辩证法本身的最后看法，而只是对未来社会构成的思想方式的惊人的预测，还没有变成存在。

不过，倘若我们对意识形态素的描述要获得任何完整性，我们还需要采取最后一个步骤。实际上，若在此处停止，会矛盾地使这种描述重新对我们希望避免的所有理念化的习惯开放，尤其会提出这样一种观点——伦理上的二元对立是“错误的”，也就是说，是邪恶的——其中所称的意识形态的封闭最终会使整个分析回到它自身。避免这种矛盾的唯一方式是我们把意识形态素理解为一种社会实践的形式，即作为对具体历史环境的一种象征的决定。在意识形态素的层次上仍然是概念上的**二律背反**的东西，必须在社会和历史潜文本的层次上被理解为一种**矛盾**。

尼采的分析把伦理道德概念揭示为统治环境的具体实践经过沉积而形成的痕迹，因而为我们提供了一种重要的方法论的先例。实际上，他表明了“善”的真正意识只不过是作为一种不容置疑的权力中心的我自己的立场，据此他者的立场或弱者的立场在实践中便被否定或边缘化，而实践本身最终也被囿于恶的概念之中。基督教对这种情境的颠倒，弱者和奴隶对强者的反抗，以及对博爱理想的秘密阉割、屈从和否定的“生产”，按照尼采的**怨恨**理论全都被纳入了最初的权力关系，与它们所颠覆的贵族制度并无不同。然而，尼采根据具体情境对伦理道德的重写，尽管对我们很快会提到的这种更充分发展的**积淀**理论不无启示，但却显然是一种神式的重写，其弱点是将伦理道德的符码只是作为它的具体潜文本的一种复制。

118 也许这种运作可以用另一种方式完成，即不把意识形态素看作只是对其所处语境的反映或重复，而是看作对客观矛盾的想象的解决，并因此对这些矛盾构成一种积极的反应。例如，显然，对传奇叙述至关重要的那种立场上的善恶观念并非只是这种形式所独有的，它还是产生了传奇的尚松以及美国西部故事那样的流行形式的特征，传奇和尚松都与西部故事有许多共同之处。[13]这种相似性表明，这种立场方面的思考与那些历史时期有着密切的联系，这些历史时期有时也被称作“动乱时期”，其时中心权威消失，抢劫的强盗和土匪在巨大的地理空间里活动而不受惩罚：这在加洛林王朝后期无疑是真实的，当时被野蛮人入侵吓坏了的居民日益退缩到地方城堡的保护区内。

12世纪，这种社会和空间的隔绝状态得到克服，封建贵族意识到自己是一个普遍的阶级或“历史的主体”，刚刚获得了一种集成的意识形态[14]，这时必然出现一种只能称为矛盾的东西，即旧的善恶立场观念（通过尚松而长期存在）和这种新兴阶级团结之间的矛盾。因此，强有力的原始形式的传奇可以被理解为是对这一现实矛盾的想象“解决”，是对我的敌人何以能被认为是**邪恶**的（即不同于自己的他人，并以某种绝对的差异为标志）这个复杂问题的一种象征性的回答，这时对他具有如此特征负责的完全是他自己的行为与我的行为之间的**同一性**，即他作为一种镜像所反映的那些荣誉、挑战和力量检验的要点。

传奇通过生产一种新的叙事，即通过生产某个类似因素蒸发之类的“故事”，来“解决”这种概念上的两难状况。心怀敌意、身着盔甲而身份不明的骑士目空一切，态度傲慢，标志着他是邪恶范畴的承载者，直到被击败并揭下面具之时他才请求宽恕，**说** 119
出他的名字：“阁下，我的名字是伊第俄斯。”在这一点上，由于重又嵌入社会阶级的统一性，他变成了骑士中的一员，失去了他所有邪恶的陌生性。由于主人公在这个时刻不再是个恶人，所以这个时刻便将传奇叙述与尚松和西部故事的叙述区别开来，同时又对这种形式的未来发展和适应提出了一种新的生产性的困境，因为既然“经验”或恶的因素现在再不能永恒地归于或依附于这种或那种人类的力量，它必然发现自己以一种拉康式的**逾期失效**的方式被逐出了人际关系或世俗关系的领域，因而独立地被投射重构一种自由流动的、脱离现实的因素，一种不祥的视觉幻象：

那种巫术和魔幻力量的“领域”构成传奇“世界”的元素组成，并由此决定了它的拟人的承载者及其风景之类的暂时投入。由于这种发展，某种类似该形式的历史可以说已经开始。

Ⅲ

将弗莱对传奇的解释历史化是一回事，将普洛普的“结构”方法历史化则是另一回事。现在我们来看看普洛普的“结构”方法。普洛普的著作虽然明显局限于俄国民间故事，但事实上却已普遍被当作叙事本身的范式，尤其是所谓追求—传奇的范式，因为它使我们可以重新规划或重写单个传奇文本的情节，把它们作为一系列不可变的“功能”，换句话说，作为固定的形式。普洛普把他的发现作了如下的概括：

> （1）在一个故事里，人物的功能是稳定的、不变的因素，不受它们如何实现或由谁实现的影响。
>
> （2）神话故事已知的功能数量是有限的。
>
> （3）功能的序列总是相同的。
>
> （4）所有的神话故事就其结构而言都属于一个类型。[15]

120 特别地，最后这个命题提出了一种循环运动，据此分析家只有研究他的全部故事才能证实它们在结构上彼此同系——也就是说，才能排除不属于它们的东西，并因此成功地证实他用以开始的全部故事！于是，最后这个命题似乎使普洛普的方法简化成了一种分类操作，从而也为我们自己的讨论设定了方向。下面我们将要看到，在纯粹的类型化或分类之外，普洛普的图解是否还有生产性的（且不说历史化的）效用。

列维-施特劳斯在其重要的评论文章[16]中指出，普洛普的模式受一种双重的（且自相矛盾的）弱点的困扰。一方面，即使按照它自己的方式，它也没有被充分形式化，换言之，普洛普的“功能”未能达到充分抽象的水平。然而，从一开始，这种方法的力量和吸引人之处就在于，它提供了将大量经验或表面叙述事件归于少数抽象或“深层结构”要素的可能性。这样一种归纳使我们不仅可以比较看似大不相同的叙述文本，而且使我们可以把一种单独介入的叙述简化成丰富的、从表面上展现出来的一种单独反复出现的功能。因此，如果能够重写法布里斯（Fabrice）情节上的那些困难也不无益处，在《帕尔马修道院》的前面部分——我们也许会另外倾向于以流浪汉冒险传奇的叙述展开这些情节——像普洛普一个基本功能的多种版本：“英雄受到考验、质询、攻击等等，这为他接受一种魔力或受到帮助（赠与者的第一功能）铺平道路。”[17]于是，在法布里斯离开去拿破仑的军队之际，公爵夫人那段意味深长的话有助于我们区分他在冒险中遇到的那些人物的基本功能：“说话更注重性别会使你走运，因为你永远会使男人不悦，让平庸的心灵过于激动。”[18]这种区分使我们可以延伸并加深这一分析归约过程，直到赠与者和坏人最终可以具体确定：在这种追求—传奇中，女人将是赠与者，而男人则是 121
坏人。

然而，从列维-施特劳斯的观点出发，普洛普的功能仍是不充分的“归约”或形式化，因为它们仍然在讲故事的范畴内被构想，不论这些范畴多么具有普遍性。如果我们把普洛普对开创故事主要序列的功能所作的说明（“一个家族的成员或者缺少某种东西或者渴望得到某种东西［定义：**缺少**］”）[19]与列维-施特劳斯或格雷马斯类似的说明（失去平衡、打破契约、脱节）加以比较，那么十分明显的是，不仅后者属于完全不同层次的抽象——

元语言的而不是一般化的——而且一种不同类型的叙事分析也会由此产生。普洛普的后续产物只能是一系列情节的集合，而格雷马斯或列维-施特劳斯的后续产物则是立刻移向一个更恰当的共时或整体类型的因素相互作用的层次，在这种共时或整体类型中，叙事情节本身不再拥有特权，而是与其他类型的因素转变、颠倒、交换等等同时发生作用。因此如果把列维-施特劳斯批判的这方面加以概括，我们可以说普洛普的功能系列仍然**太富于意义**，换言之，在方法论上仍然没有充分与叙述故事文本的表面逻辑拉开距离。

然而，自相矛盾的是，即将提出的对普洛普方法的另一种反对意见却相反，即认为他的分析**还不够富于意义**。这就是列维-施特劳斯对"经验主义"的指责，它抨击构成普洛普著作核心的那种发现，即那种由有限数量的功能构成的固定的、不可颠倒的系列。从列维-施特劳斯的观点出发，关于神话故事系列"应如此而非那般"的观察即使真实，也会使我们面对某种最后的、莫名其妙的东西，面对最终是"毫无意义的"某种东西，面对现代科学的永恒不变，如圆周率或光速。如果我们把普洛普的叙述学基因与列维-施特劳斯自己对俄狄浦斯传说的解读[20]并置起
122 来——在后者的解读中，功能像洗牌一样被重新整理，然后分组排开，于是便相互含有纯粹的逻辑或因果关系——显然普洛普分析中最终无法归约的只不过是叙述的历时性本身，是叙述故事在时间中的运动。因此，将这种运动的特征说成是"不可颠倒性"并不会产生解决办法，反而会产生问题。

从列维-施特劳斯和格雷马斯后来在方法论上更富自我意识的观点——即坚持在叙述表面（或现象）和某种潜在的深层叙述结构之间作出基本的区分——出发，普洛普对神话故事深层结构的看法的那种不可归约的历时性，只不过是由表面现象投到他的

叙述模式上的影子。因此，两种反对的意见本质上是相同的：未充分形式化的模式（其拟人的痕迹）和其功能的不可逆转性是这一基本错误的不同方面，即**根据另一种叙述**而不是一个共时系统重写了原始的叙述。这里的悖论是，普洛普又加入了弗莱，而后者的“方法”也相当于以单独一种主叙述的形式重写了整个变化了的文本。

但是，普洛普模式及其所引致的发展，尤其是在格雷马斯符号学里的发展，提出了一些与我们对弗莱所提的问题大不相同的问题。我们特别想问的是：由普洛普的模式提出然而并未以这种模式完全实现的形式化的理想，最终是否可以实现？我们已经把普洛普的发现描述为“拟人的”方式。现在仍然需要看看是否可以构想出一种叙述系统，从中完全消除了拟人的方式或者表面表现或叙述“展现”的痕迹。普洛普和格雷马斯二人都区分了叙述的“功能”和叙述的人物，或区分了叙述的一致性和**行为者**[21]，但非常明显的是，前者作为纯粹的事件对某种最终的形式化并不构成真正的问题，因为事件总是可以用这种或那种方式根据元素 123
的范畴重写。因此我相信，这种**叙述分析**的终极盲点或难点应该在人物问题中，或者在更基本的方面，在它无法为主体留有一席之地中。

然而这已经是一种自相矛盾的指责：人们会反驳说，恰恰相反，普洛普和格雷马斯作品的目的——以及他们的显著成就——显然就是要取代旧的、更富表征性的叙述理论对人物的强调。坚持从那些更基本的统一性方面，即叙述功能方面观察人物，或者就格雷马斯而言，为潜在因素转换中的结构“操作者”提出**行为者**的新概念，似乎标志着消除叙述研究中拟人化方式的一种真正的进展。不幸的是，功能和**行为者**之间的关系必须从两方面发生作用；而且，如果后者因此被置换并在结构上变得从属于前者，那么，事实仍然是——也许比在弗莱那种对叙述较少自我意识的解释中更不可改变——叙述功能的概念被限制到某种最终不可归约的拟人化表现的核心——称为**行为者**、结构的作用、人物—效果或随便别的什么——它注定把叙述功能重新转变成人物的许多行为或活动。不过，拟人化的人物必然对抗那种一向是这种分析之理想的形式化，更不可能转化为这种形式化。

我们应该认真地考虑对这种“科学”理想的更天真的反对意见，即故事总是关于人的故事，甚至为了分析的目的，力图消除拟人化也有悖常理，拟人化独特地表明了叙事本身的特征。但这里列维-施特劳斯的著作为我们提供了一个有益的教训，《神话学》是独特的，因为从这种反对的观点出发，它们获得了两种明显互不相容的东西。因为在这一叙事分析的整体为我们恢复大批叙事（很少其他作品如此），扩充我们的阅读习惯，并再次确认那种作为人类思想最高功能的讲述故事的地位的同时，《神话学》
124 也以特殊的方式完全消除了发生作用的**行为者**的概念和叙事历时性的概念，而我们认为这是普洛普模式的战略缺陷。

我认为，这种悖论式成就的关键，应该在列维-施特劳斯所论及的叙述材料的社会根源中寻找。这些材料显然是前个人主义的叙事，就是说，它们来自一个社会的世界，在这个世界里，心理学的主体本身尚未形成，因此与后来的主体范畴（例如“人物”）毫不相关。于是出现了这些叙事系列令人困惑的流动性，其中人类人物不断被转变成动物或物体，然后又转变回来，其中没有任何叙事的“观点”（point of view）出现，更不用说对这个或那个主人公的“认同”或“移情”，甚至单个人的故事讲述者或“发送者”（接收者）的地位也不可能被概念化而不出现矛盾。

但是，如果叙事人物的出现需要这种社会和历史的前提条件，那么普洛普和格雷马斯的两难困境本身就更是历史性的而不是方法论的；它们产生于将后来的个人主体范畴按年代顺序回投到先于主体出现的叙事形式之中，但它们并非不作反思地把后来的文本（如 19 世纪的小说）想暗中生产和投射的那些意识形态范畴完全纳入它们叙事分析的逻辑之内。这就是说，对符号学和叙事方法范畴的辩证批判必须将这些范畴历史化，将表面上纯系方法论的问题困境与当前整个哲学上对主体的批判联系起来，因为这种批判产生于拉康、弗洛伊德和尼采，并在后结构主义那里得到了发展。这些哲学文本由于抨击人文主义（阿尔都塞），赞扬“人的终结”（福柯），崇尚“分散和衍生”的理念（德里达、利奥塔），维护精神分裂的写作和精神分裂的经验（德勒兹），所以在当前的语境里可以被看作消费或后期垄断资本主义社会中主体经验改变的征象和证明：这种经验显然能够适应更大的心理分裂感，包括分散、片断、“水平”下降、幻想和投射的维度、幻觉感以及时间的不连续性，它与维多利亚时期人们愿意承认的经 125
验大不相同。从马克思主义的观点出发，这种主体去中心的经验以及为测绘它而设想的那些基本上是心理分析的理论，应该被看作一种本质上是主体和心理统一或同一性的资产阶级意识形态（过去常常被称为资产阶级“个人主义”）消解的迹象；但我们可以承认后结构主义的“主体”批判的描述价值，而无须赞同它曾倾向于投射出来的那种精神分裂的理念。实际上，对马克思主义而言，只有出现了一种后个人主义的社会的世界，只有重新发现了集体和联合，才能具体达到这种判断所需要的那种个人主体的“去中心”；只有一种新的、创造性的集体社会生活形式，才能克服旧的资产阶级主体的孤立和单子式的自治，而克服所用的方式，则是将个人意识作为一种“结构的效果”（拉康）来实际经历，而不仅仅是将它理论化。

这种历史观如何能辩证地与叙事分析的问题联系起来，以便对叙述结构中“人物”的作用形成一种更具反身性的看法，我们将在下一章进行说明。此刻我们必须回到格雷马斯，以便强调他的叙事理论——就像我们这里对它所作的批评那样——和他的叙事分析的具体实践之间的差距。现在，我们可以更实际地根据自己对分类运作的异议重新阐述早期对形式化的符号学理念的判断。从这种观点出发，如果最终只是要求我们把表面叙述的各种因素填入这些准备好的位置，那么就会出现对普洛普的人物—功能（英雄、赠与者、坏人）或格雷马斯更形式化的**行为者**的怀疑。于是，当返回到司汤达（Stendhal）的叙述时我们发现，功能或行为者的归约似乎只包含着“决定”，即这位小说家的次要男性人物——彼拉尔神父、布朗奈神父、莫斯卡、莫尔侯爵——如同司汤达小说主人公的许多精神之父一样，全都被归为赠与者的多种表现形式。

然而，这种方法庆祝它获得了真正的胜利，并证明是优于普
126 洛普的一种方法论的改进，因为正是在那些时刻，格雷马斯能够表明叙述表面和潜在的行为者机制之间的脱节。行为者的归约在那些实例中确实具有特殊的揭示性，在那些实例中，通过表明单独一个人物事实上掩盖着两个不同行为者的作用[22]，如像格雷马斯在他的某些作品中所做的那样，“人物”的表面一致性就会以分析的方式被消解。这种 X 光似的透视过程无疑也可以在另一方面发生作用，因此，前面我们对司汤达的分散评论表明，在他的叙述里，赠与者的功能在两组不同的人物中得到证明，即抚育的或母亲的妇女形象和精神的父亲形象。这种表面或叙事上的重复，对整个叙事的最终整体形态显然不会不产生重大影响。我们可以立即提出的是，当叙事文本以这种或那种方式**偏离**其基本结构时，普洛普的模式和格雷马斯更复杂的叙述系统都在此刻变得富有成效；但在叙事被证明只是简单重复的那些实例中情况远非

如此，在那里，分析者只注意明显的文本与潜在的理论结构的一致性。

在另一个地方我曾坚称，从一种解释的观点来看，普洛普模式的独创性和实用性在于他的赠与者概念，我当时认为这种概念是他的神话故事作品的主要机理。[23]现在应该从我们当前的观点出发重新审视这种看法。按照当前的观点，这种叙事模式的价值在于它们能够记录一个特定文本如何具体地背离了它们，并因此能够提出有关这一确定的形式差异的更富辩证性和历史性的问题。如果我们对"人物"进行反思，就可以更好地评价行为者归约的实用性。例如我们对《呼啸山庄》里的希思克里夫（Heathcliff）这个人物进行反思，他的含混性（传奇式英雄还是残暴的坏人?）对直觉的和印象化的、本质上是"表征性的"批评来说仍然是个谜，而这种批评只能以某种方式寻求解决那种含混性（例如，希思克里夫作为"拜伦式的"英雄）。然而，按照行为者归约，文本必然被阅读或重写，但不是作为"个人"的故事，也 127
不是作为几代人及其命运的编年史，而是作为一种非个人的过程，一种以家为中心的因素的转变。它从洛克伍德（Lockwood）最初对山庄的印象，及山庄所隐含的关于起源的古老故事，转换到最后透过窗户出神的一瞥，正如在谷克多（Cocteau）的《奥菲斯》的最后场景中那样，"装饰镶嵌在天花板上"，一个新的田园式的家在哈里顿（Hareton）和凯蒂（Cathy）的爱情中形成。但是，假如这是作品叙述的主线，或者格雷马斯所称的它的基本的**同位素**，那么就不能再认为希思克里夫是英雄或主人公，不论这个词指什么意思。相反，从一开始——突如其来地这个"黑暗得像魔鬼"的孤儿被带进家里——他就像是个调停者或某种催化剂，旨在重获金钱并使两家充满生气。这里要说的只能是，"希思克里夫"以某种复杂的方式在这一叙事系统中占据了赠与者的位置：一个赠与者必须具有主人公的功能外表才能实现他的颇不相同的行为者的功能。事实上，叙事的分解暗中破坏了人们先前的印象，即按照希思克里夫对凯瑟琳的情感，按照他与林顿家的婚姻关系，他应该被看作传奇的主人公。这种由文本蓄意设计的误读，事实上有助于掩饰他作为赠与者的双重使命：使家庭重获金钱并重新确立一种新的情感观念，在吉拉德（Girard）那种三角调停的意义上，这可以用作后来的、最终的情感模式。

由此，在善与恶之间、爱与金钱之间、“年轻女主角”的作用与老恶棍的作用之间，出现了复杂的因素混淆，标明这个“人物”事实上是调停这些因素的一种手段。这样一种看法立刻使我们背离以传统符号学阅读希思克里夫所证实的那种叙事模式，并对这一复杂而独特的背离行为的原因进行历史的探讨。前面关于这种对立的讨论现在可以使我们勾勒出历史的根据，依照历史根据，那种背离可以理解为一种富于意义的象征行为。

128 希思克里夫被称为拜伦式的那些东西，实际上完全可以说成是尼采式的：这个奇特的人物或行为者的轨迹，恰恰夸大了那个伦理判断系统，这种判断既令人不满又不发生作用，但读者却不可避免。不过，这是因为希思克里夫在这个传奇里是**历史**的轨迹：他的神秘的财富标志着他是个原始资本主义者——处于其他某个地方，不出现在叙事之中——因为叙事把新的经济能量变成了性的激情。因此，希思克里夫的年龄增长构成叙事的机制，由此资本主义陌生的巨大能量与古代乡间地主周期性的农业生活调和起来；于是提出了拯救的、实现愿望的乌托邦结论，不惜将这样一种陌生的巨大能量转变成一种仁慈的力量，这种力量掩蔽自己，允许更边缘化的乡村重获某种生气的景象。这样，将“希思克里夫”看作对赠与者功能的一种历史的修正，使我们看到了意识形态素——不仅观念上的二律背反，而且还有社会的矛盾——

它们产生叙事，但“解决”它们却是叙事的使命。

这样一种辩证的对符号学模式的重新占用表明，古典传奇对19世纪条件（包括新生资本主义新的社会内容及其新的形式，尤其是现实主义小说）的历史适应，其更一般的意义可以通过进一步考察这些作品中赠与者的作用来获得。特别是我们关于司汤达所做的讨论，会导向一种预想不到的关于《红与黑》结局的乌托邦的爱—死观：因为于连对真实自我的发现，对他“真正”爱德·瑞娜夫人的发现，现在显然必须被看作在行为者作用中对后者的一种根本修正，后者已经被从赠与者转变成主人公追求的对象。

这种转变表明，司汤达的叙事必须被视为某种更复杂的东西，而不只是对那种传奇结构的挪用或重复，而对传奇结构的分析则使我们以这种方式获得初步的阅读或重写的工具。实际上，这仿佛是符号学的装备，其应用的依据是假设司汤达的小说只是普洛普叙事结构的另一证明，现在通过怀疑自身并暴露自己类型化的局限来完成自己的工作。由于最初将司汤达看作传奇结构的 129
一种体现，所以如果我们发现自己被迫认识到，司汤达小说的历史独特性实际是它对那种作为分析出发点的基础结构的偏离，那么辩证的时刻就会出现在我们面前。然而，如果我们开始时不尊重第一层次的符号学作用惯例，即认为文本**好像**完全是普洛普的叙事方式或“深层结构”的重复，一开始就应该如此分析和展开，那么我们就不可能找到作品的这种特征——它的历史性第一次变得可以为我们了解。

因此，在其对形式的重构中，我们可以不把《红与黑》当作一个实例，而是看作对传奇的一种内在的批判。正如我们以略有不同的方式在《呼啸山庄》里所看到的，赠与者原始“功能”的复杂转变和突出，类似于传奇本身某种辩证的自我意识。但是，

《呼啸山庄》把它对赠与者的“批判”投射到整个工具历史的领域，而司汤达则把这种功能分解为“父性的”赠与者和“母性的”欲求目标，使侧重点发生了变化。他倾向于突出欲望现象本身，以此反映一个新的商品客体世界的出现。在这个世界里，欲望的“客体”必然被它们作为商品的新地位而遭贬低，故而倾向于对围绕它们组织起来的渴求—传奇的真实性本身提出质疑。在《帕尔马修道院》里，一个更合适的女性赠与者人物——公爵夫人桑瑟维里娜（Sanseverina）——逐渐以一种更明显的方式脱离了那种更合适的“可欲求的”追逐目标的地位，而以克莱丽亚（Clélia）的面貌出现。《帕尔马修道院》后来的这种系统可以被看作对先前矛盾的二度控制——由于以怀旧的方式回到原始的传奇范式，这种控制释放出那种在后来作品里非常明显的更古老的神话故事气氛。

Ⅳ

基于对两种文类探讨方式的历史所做的这些成对的重新思
130 考，我们现在能够更好地评价弗莱的文类史概念了。弗莱把文类史描述为从一个模仿的层面或“风格”（高的、低的、混合的）到另一个模仿的层面或“风格”的传奇置换。英雄人物地位的转变（“在**性质**上优于其他人和其他人的环境”，“在**程度**上优于其他人和他的环境”，“在程度上优于其他人但不优于他的自然环境”，“既不优于其他人也不优于他的环境”，“在能力和智慧上低于我们自己”[24]）标志着一种调整，即从某种“原始的”太阳神话，通过传奇、史诗和悲剧、喜剧和现实主义等层次，转变到魔鬼和反讽的神话及当代的反英雄神话，由此，如像在维哥末日或《地狱篇》的结尾那样（“我们从那里面走出/又见到美丽的‘星辰’”)，整个故事叙述系统在它的轴心上旋转，原始的太阳神话重新出现。在这种意义上，《世俗经文》(*The Secular Scripture*)本身就是传奇在当代最有力的复兴，可以将它作为对整个传奇作品的补充，并像列维-施特劳斯那样，认为俄狄浦斯神话后来所有的解读（包括弗洛伊德的解读）都应该被理解为基本文本的变体。

我曾在其他地方提出[25]，尽管运用了弗洛伊德的置换概念及其否定的含义（压抑、扭曲、否定等等），弗莱系统的驱动力量仍是历史**身份**的观念：他对现代文本中神话模式的确认，目的是强化我们对现时资本主义文化与过去遥远的部落社会神话之间的近似感，从而在我们的精神生活与原始人的精神生活之间唤起一种连续感。在这种意义上，弗莱的做法是一种“肯定的”阐释，它倾向于滤去生产方式与文化表现的历史差异和基本的不连续性。因此，与之相反，否定的阐释希望用神话和“历史”文学共有的叙述素材来加强我们对历史差异的感觉，譬如当情节属于历史范畴并进入现代社会的力量领域时，激起一种对所发生的事件不断强化的生动的理解。

于是，从这种观点出发，坚持传奇是一种方式的看法所提出的问题就成了替代、适应和占用的问题，因而也就提出了在完全 131
改变了的历史条件下，有什么能代替中世纪的传奇在其所处的社会环境中可以信手拈来的那些魔力和他性的素材的问题。换句话说，当我们探讨替代的符码和素材时，一种传奇作为方式的历史就可能出现；而在因封建主义衰落而形成的日益世俗化和理性化的世界中，这些符码和素材被强迫用于代替那些现已变成许多死亡语言的旧的他性的魔力范畴。

关于这种世俗化和通过替代而更新的过程，在19世纪最早的文类再创造中可以找到一个颇有启示性的实例，这就是曼佐尼

(Manzoni）的《约婚夫妇》，当然还有陀思妥耶夫斯基(Dostoyevsky）的《卡拉马佐夫兄弟》——在革命之后以小说形式表现宗教观的一次少见的、令人信服的尝试。在我们当前语境中非常清楚的是，曼佐尼的复杂的神学——后詹森教派对恶与美状况的偏见，后加尔文教派对天意作用的迷恋——标志着传奇作为一种形式开始世俗化，不仅在于它以宗教代替魔力范畴，更重要的在于一种旧的泛灵论的权力意识被合理地变成了更“实在的”、心理学的转换“奇迹”。

实际上，《约婚夫妇》的情节勾勒了一种不断发展的善恶力量间的冲突，虽然这种冲突仍与旧的黑白魔力范畴有着明显的联系，但在这里却被重写为从历史的个人向外辐射的超凡的魅力。这里人们不只是承受邪恶，而且还被它侵蚀。在获悉唐·罗德里哥（Don Rodrigo）试图阻止他结婚的阴谋之际，伦佐（Renzo）充满了“一种想做奇怪可怕之事的疯狂欲望”，曼佐尼对这种反应作了如下说明：

> 那些挑衅或压迫的人，所有那些对他人做错事的人，不仅对他们的伤害行为感到罪过，而且对他们所造成的那些受伤害者的精神扭曲感到罪过。伦佐是个平和的年轻人，不喜欢流血——一个坦诚的青年，憎恨任何形式的欺骗；但在那
> 132 个时刻，他一心想杀人，总想着背叛。他本来想冲到唐·罗德里哥家里，掐住他的喉咙，然后……[26]

这段话颇有意味，不是因为它表达了曼佐尼对这一主题的个人看法，而是因为它投射并圈定了一个确定结构的**世界**，在这个世界里，道德本质从远处实施一种积极的力量，其中人物投射变成一种原因惯例，而且在这一叙事里它像口头故事的魔力咒语或

超自然占有一样合情合理。在这样一个世界里，我们逐渐承认伊诺米纳陶的哥特式城堡所发出的不祥咒语，它像确确实实的邪恶的诺言似地笼罩着田野风光；我们也逐渐相信了大主教费德里哥（Federigo）的愈合力量，因为他穿过一个混乱的、充满灾难的乡间时以自己高雅的人格使之感动。因此，在这样一个世界里，高潮事件就是转换，旧的骑士传奇中的肉体**决斗**转变成了个人灵魂上的善恶斗争。

在该时期的意大利社会，虽然新的启蒙价值观非常明显，但还远不及革命之后最先进的国家那么世俗化，在传奇叙事的拯救逻辑和资本主义社会力量所提出的历史感之间，天命的概念仍然充分发挥着理论调停的作用。在其他一些情境里，例如在司汤达的作品里，这种调和概念是无法达到的，我们看到的是一种奇怪的在古代和世俗之间的摇摆和犹豫；有些情节，例如于连发现一张预示他未来死于绞刑架上的报纸，或者《帕尔马修道院》的各种占星学的预言和征兆，可以被解读为旧式的魔力的残存，它们在世俗社会里已被贬低到个人迷信的地位。

不过，在司汤达的作品里，主要叙事的魔力功能得到了合理的说明，远比曼佐尼的说明更加完整，而且还发现它本身被奇怪地重新写进了心理学的领域。现在，“更高”和“更低”的黑白魔力世界，已经被重新写为两个独立的、互不相容的心理学的 133
“实例”：一方是自发性和感性的领域，是性爱的所在，而且还是政治、激情的领域，是“幸福”和卢梭（Rousseau）的“自然人”的所在；另一方是虚荣和贪心、虚伪和算计的根源，是所有自我活动的轨迹，这些活动以延迟的满足为基础，在商业和对地位的迷恋中获得实现。在司汤达的作品里，最令人惊讶的是记录这两个系统互相干预和它们互相使不工作的机制所用的语言：

> 高雅如果是自然的、非自我意识的，那它就是完美的。于连对女性美有一种独特的看法，在那个时刻肯定会发誓说她只有20岁，突然，他产生出想吻她的手的疯狂念头。最初他对自己的念头有些担心，片刻之后他对自己说：如果不实现可能对我有用的计划，消除这位贵夫人对一个刚刚摆脱锯木厂的劳工的蔑视，那在我就是怯懦。[27]

于连身上那种作为结果的转变，在心理学上等同于早先圣杯传奇中荒原上出现的那种物质的、自然的凄凉。实际上，先前的神奇风光尽管被弱化为修辞比喻，但仍然依附于司汤达记下那个过程的奇妙的句子，正如在《帕尔马修道院》里一个类似的情境当中："如果纤美被称作幸福，特权思想已经使这植物永远干枯。"这样的段落主要不是记录司汤达认为自己对新兴的心理学"科学"（或如他的大师德斯蒂·德·特拉西［Destutt de Tracy］那样称作"意识形态"的科学）的创新贡献，而是标示通过吸收历史上的新型内容使形式理性地内在化。

不过，相当不同的替代策略也可以在同样的历史情境中看到。例如，在艾兴多尔夫（Eichendorff）的《一个无用人的生活》（*Aus dem Leben eines Taugenichts*）里，一种在许多方面都比司汤达的折中叙事更纯粹的浪漫艺术传奇的样板，一种几乎是
134 莎士比亚式的戏剧性的隐喻，支配着那种启动旧结构的"动机"，其可以解释的神秘性因此也通过类似老实人的天真或颠倒的流浪汉的观点而得到加强，而流浪汉本人毫无用途，他的冒险像波特姆的梦，在"现实"已经使它们平息之后仍在记忆中持续。于是合理化可能被理解为类似新的资产阶级社会秩序中的"现实原则"或检查制度的东西，对魔力和上天神秘力量的渴望必须通过走私才能得到象征性的满足。

因此，在资产阶级统治最初的伟大时期，对传奇的重新发现通过以新的肯定性（神学、心理学、戏剧性隐喻）代替旧的魔力内容而找到了它的策略。19 世纪末，当对世俗的等同物的追求似乎穷尽之时，从卡夫卡（Kafka）到科塔萨尔（Cortázar），新生现代主义的典型的间接性，将幻想的领域限定为一种确定的、明显的、在世俗世界核心的**不在**：

> 安德里斯（Adreas）进而离开了那座左尔齐（Zorzi）已经走进的房子，朝着非常狭窄的街道的另一头走去。街道尽头是一个拱道，但奇怪的是，在另一边，运河上的一座小桥通向一个带教堂的椭圆形的小广场。安德里斯又折了回来，他气恼地发现，只过了这么短的一段时间，他竟然无法再从许多相似的建筑当中认出那座房子。有一扇深绿色的门，上面镶着海豚形状的青铜门环，看上去像是那房子的门；但门是关着的，而安德里斯觉得他记得透过开着的门曾看见左尔齐待在大厅里。再说，即使安德里斯重返桥头，看看那座有教堂的小广场，他们也不可能相互错过。街道和广场都空无一人，他连脚步声也能听到，更莫说左尔齐找他时的喊声或连续呼叫。于是他走过桥去。下面，一条小船用缆绳系住，泊在黑暗的水中，看不见一个人，也听不到一个人的声音：整个广场四周好像有什么东西被丢失和抛弃在那里。[28]

这种空虚的城市景象的不自然的中立性，可以整体上作为当代幻想的一种象征，它那期待的沉默揭示出一个物的世界，这个世界
永远暂停在意义的边缘，永远准备接受善或恶的启示，而这启示 135
却永远不会到来。无人的街道，令人压抑的沉静，传达出这种不在的存在，就像舌尖上的一个词，或像一个记不清的梦，但对主

体本身而言，一系列琐碎的、明显没有意义的感觉（困扰安德里斯注意力的那种奇怪的描写，令人费解的幽默突然出现——“安德里斯的战争烦恼”），却记录了受到先兆冲击的内在精神活动，确认了海德格尔对“心态”（Stimmung）是特殊媒体的说明——通过这种媒体，世界的世俗性不言自明。[29]

当风光看似充满外来的意义时（朱利安·格拉克［Julien Gracq］），当对破旧墙纸的一瞥使我们充满焦虑时，或者当狭长的远景使我们充满同样莫名其妙的欢欣时，德语“心态”一词在表示这些时刻方面远比英文“情绪”（mood）一词更有力量。“心态”就是弗莱遵循乔伊斯把传奇称作“灵悟”（epiphany）时的要素。不过，后一个术语是误导性的，甚至等于提出了这样的看法：在世俗化和物化的现代资本主义世界里，真的可能有灵悟这种事情，就像对存在的揭示一样。[30]但是，假如灵悟本身是一种幻景，那么在我们这个时代，传奇的真正使命将不是那种由弗莱所引发和预言的对天命观的重新发现，而是它通过不在并通过形式本身的沉默来表达那种去神圣化意识形态的能力。从韦伯到法兰克福学派的现代思想家都力图用这种去神圣化表达他们对现代生活的彻底贫困化和萎缩的看法。因此，对现代幻想的伟大表现，对传奇作为一种模式最后难以辨认的体现，都从一种不动情感地对那些被放弃的空地的忠诚中汲取它们魔幻的力量，而不论高雅或低俗的世界都曾经越过那些空地。

V

136 在前面一节，我们谈到关于传奇作为一种形式的命运的历史叙事；接下来我们要说，这样一种叙事（在其他地方我曾称之为一种“历时的构成”［diachronic construct］）完全是为了强调在不连续的历史情境中对传奇的重新占有，其“线性”不亚于弗莱所确认的历史连续性。因此，若要写任何一种传奇的历史，显然就是要构成一种叙事，在这种叙事当中，某个可辨识的主人公——例如克雷蒂安·德·特鲁瓦（Chrestein de Troyes）的罗马人实现的某种“充分的”传奇形式——进化为精心制作的意大利或斯宾塞的诗歌，并在其于浪漫主义中复兴之前，在莎士比亚场景的曙光中经历了它在舞台上的短暂时刻。而在浪漫主义里，在小说的掩饰之下，在司汤达和曼佐尼、司各特和艾米莉·勃朗特（Emily Bronte）的艺术传奇中，它形成了一种新的存在，一直到现代才以预想不到的形式变化超越了它自己。这种形式变化一方面是幻想性的（科塔萨尔、卡夫卡），另一方面属于幻想（阿兰-福尼埃、朱利安·格拉克）。人们会说，这无疑是弗吉尼亚·伍尔芙（Virginia Woolf）的《奥兰多》之类的虚构，应该受到当代阿尔都塞或尼采式的那种毁灭性的谴责，如像谴责黑格尔的唯心主义历史学、进化论或“旧式的线性历史”那样。

由于这些常见的指责倾向于投射一种“他者的思想”（一种总是归于**其他人**的颠倒的非思考的形象），所以有必要更详细地考察一下介入这种明显不可接受的历时系列构成的精神活动。例如，当弗莱说他的主要故事的“功能”之一是“自我否定的人”或自我吹嘘的骗子时，显然我们仍然处于一个共时系统，其中功能被理解为逻辑彼此转换。但他接着写道：

> 另一种“自我否定”的主要人物，是那种被认为策划了导致英雄胜利的阴谋的类型。这种人物在罗马喜剧中总是个诡计多端的奴隶，而在文艺复兴的喜剧里，他变成了一个策划阴谋的侍从，经常出现在欧洲大陆的戏剧当中，在西班牙的戏剧里被称作“滑稽丑角”（gracioso）。现代观众最熟悉

137 > 的这种人物是费加罗（Figaro）和《唐·乔万尼》中的利波莱洛（Leporello）。通过19世纪的中间过渡人物，如米考伯（Micawber）和司各特的《圣罗曼之井》中的塔赤伍德（Touchwood）——他们也属于滑稽丑角之列——这种人物进化成了现代小说中的业余侦探。P. G. 沃德豪斯（P. G. Woodhouse）的吉维斯（Jeeves）更是这种人物的嫡亲后代。[31]

弗莱这里所用的进化语言，显然可以使这一系列的认同以微观叙事的形式来加以构成和表述。但不太明显的是，这种微观叙事具有一种共时的功能，它必须回归到所指的任何一个单个的文本才能完成。在当前流行的互文性概念中，这两种运动重新得到了有益的辨识，因为在互文性里，一种历时的序列在对单个文本的立体视像的投射中找到了它适当的用途。因此在弗莱的这段话里，微观叙事的功能并不是用米考伯这个人物作为某种进化理论的证据，而是允许重新回到米考伯本人，允许我们把他和他的前辈及后辈以一种新的合成的、多维度的实体的形式重写。其目的不是以米考伯那种诡计多端的侍从"原型"来代替米考伯，也不是使他化为现代的吉维斯，而是要生成一种新的叙事成分，一种可以限定为"米考伯被认为是个诡计多端的侍从"的成分。

然而，正如我们已经说过的，这种以同一性和持续性为基础的文本互涉的构成，并不是历时构成可以采取的唯一形式，它也可以用来记录文本中某种确定的、表意的**不在**——只有当我们重新确立那种应该产生出缺失项的系列时，这种"不在"才变得可见。艾兴多尔夫的中篇小说可以再次对这种否定的互文性提供某种说明。

正如我们已经注意到的，该中篇小说的戏剧性——从文体风格上讲，该文本可以被看作对戏剧表演的真正改写——深刻地把自己写进了那种从罗马传统到莎士比亚的错误喜剧（双重性、伪装、性混淆、仪式的揭露）的漫长传统。这种形式上的密切关系表明了与戏剧双重情节另外的密切关系，就像威廉·燕卜荪（William Empson）在《对田园诗的某些看法》里所描述的那样，在这部作品里，一个贵族的情节线索在一个出身低下的主人公的 138
次生情节里得到了重复（有时被颠倒过来）。然而，将《一个无用人的生活》置于这种文类的系列，会使我们看到一种明显的或颇有含义的“不在”：艾兴多尔夫的中篇小说可以被理解为一种双重情节系统，我们被给予的只是次生的情节线索，即喜剧的，或下等阶级的次生情节；至于贵族的组成部分（私奔的背景环境等），显然因过于熟悉并成了原型而无须表现，只是作为一种暗示来发生作用。在进行解释时，困惑的主人公只是被问及他是否从未读过小说！因此我们必然得出这样的结论：在《一个无用人的生活》里，贵族的主要情节在结构上遭到压制，因为从策略上考虑，对于新的后革命时代的读者，它的明显的存在会不可避免地使人想到德国残存着一种准封建的权力结构。

但是现在，将《一个无用人的生活》置入主要的文类系列，即错误喜剧的“传统”，也可以用一种不同的方式来解读，以便记录功能方面的决定性变化。表面上，这种素材仍然相同：莎士比亚的张冠李戴通过对丑事的调侃而一笑了之；剧本带有同性恋的色彩，但禁止明显的男性人物之间的接触，而当某人显露出是个女孩时这些人物又复归安全。但在艾兴多尔夫的作品里，这种对禁忌和违越的调侃现在可以理解为一种置换，它实现了一种不可缺少的转移作用，并意味着取消一种更危险的、破坏性的禁忌的力量，即由一个农民青年追求贵族妇女的丑闻所引起的那种类似人种混杂的焦虑。同性恋的喜剧使我们分散对这种更令人不安的社会学焦虑的注意，而当我们了解到——让我们的阶级宽慰的——那个女孩根本不是贵妇，只不过是守门人的侄女时，这种喜剧便又回到了纯粹的表象。因此，这两种相关的历时的或互文的建构，允许我们重新共时性地阅读文本，把它理解为一系列独特叙事系统的共存、矛盾、结构等级或不平衡发展；而正是这样一种可能的阅读，反过来使我们可以把文本理解为一种社会的象
139 征行为，理解为对历史困境所做的意识形态的——但是形式的和内在的——反应。

不过，我不想使人觉得我已经提前对线性历史的批判认输了，或者说已经承认在这种文本互涉的构成过程中共时性时刻只是某种“必然的虚构”或可用的神话。对线性历史或进化历史的批判，可以通过雷蒙·卢塞尔（Raymond Roussel）关于旅行者轶事的悖谬戏剧性地表现出来——那位旅行者自称，在一家地方博物馆的玻璃下面，他看见了“伏尔泰（Voltaire）幼年的头颅”。这里的逻辑错误是，按年代顺序标出一个系统的某项是尚不存在的另一个系统的某项的“先驱”。因此有人说，马克思主义神奇地将前资本主义的某些因素（如商业或商人资本）转变成了一种更确切的资本主义制度进化中的先驱，而这种真正的资本主义尚未形成，故而不论在因果方面还是在功能方面，前资本主义的因素都与之毫无关系。但这绝不是《资本论》里的情况（也不是达尔文著作里的情况。对达尔文来说，某种类似的调整总有一天会发生）。马克思著作中的共时性表述不是遵循那些连续性的原则构成的，那些原则已经被指责为黑格尔的或进化论的原则。相反，马克思著作中的构成模式非常不同，尼采第一个将它辨识出来并称之为**系谱学**。在系谱学的构成中，我们以一个充分发展了的制度开始（马克思著作中的资本主义，本书中的物化），根据这种制度，过去的因素可以“人为地”分离为客观的前提条

件：系谱学不是一种历史的**叙事**，但像 X 光那样，具有更新我们对共时系统观察的作用，而其历时性的观点则有助于观察当前一个给定系统的功能因素如何连接。

然而，应该看到，并非所有我们提到的历时性构成都以这种
方式运作，尤其应该看到，我们有时看似以一个有力的方面（例
如弗莱的诡计多端的仆人）来开始历时的序列，而这个方面后来
的种种变化却反而像是消解的某种东西。因此，即使我们承认系
谱学在概念上值得尊重，这第二种序列似乎也注定会投射出某种
“原始的神话”。现在让我们更仔细地看看这种类型的构成，我们 140
将把它称作一种形式**积淀**的模式，其基本理论我们归于埃德蒙
德·胡塞尔（Edmund Husserl）。[32]倘若把我们自己局限于文类
问题，那么这种模式隐含的意思是：就其自然出现的、有力的形 141
式而言，文类本质上是一种社会象征的信息，或者用另外的方式
说，那种形式本身是一种内在的、固有的意识形态。当此类形式
在非常不同的社会和文化语境中被重新占用和改变时，这种信息
会持续存在，但在功能方面却必须被算作新的形式。音乐史提供
了有关这一过程的最富戏剧性的实例。在音乐史上，民间舞蹈被
转变成类似小步舞的贵族形式（有些像文学中的田园诗），而只
有那时才在浪漫主义音乐中被重新用于新意识形态，作为一种文
类的信息持续到后来更复杂的结构之中，这种信息——要么作为
一种矛盾，要么从另一方面作为一种调解或协调方式——与后来
阶段的诸因素共存。

这种认为文本是结构上矛盾或异质的因素、文类模式和话语的共时统一体的概念（按照恩斯特·布洛赫的看法，我们称之为“不平衡”或单独一个文本结构内部的共时性的“不平衡发展”[33]）现在表明，甚至弗莱的置换概念也可以重写为旧的深层结构形式与当代素材和文类系统之间的矛盾，因为它在文类系统

中力求写出自己并再次肯定自己。此外，接下来可能出现的情况是，如果运用得当，文类理论总是以这种或那种方式投射出由几种文类模式或主线之间的共存或张力构成的一种模式：而由于这种方法论的自明之理，传统文类批评中类型化的滥用将必然停止。

也许已经非常清楚了，传统的文类系统——例如悲剧和喜剧，或者抒情诗/史诗/戏剧——在早期社会形成过程中有其客观性，它们构成了形式环境或历史境遇，个体作品必须出现在这种境遇之中并依靠这种境遇进行自我限定；而对当代批评家来说，这些文类系统则是激起本质上不同的理解的情境。在这些情境
142 中，即使批评家把文本完全“归类”为这种或那种传统的类别，例如归类为传奇而不是喜剧，这种武断的决定也要依靠其他文类（以与它辩证对立的方式理解）来限定这一文本和模式的独特性。因此，如果像弗莱那样，按照愿望满足来定义传奇，其本身就已经或明或暗地进行了一种比较分析，从而使这种形式系统地与喜剧区分开来，虽然喜剧显然也是一种愿望满足的叙事结构。不过，喜剧的素材不是它的文类对立面的伦理对立或魔幻力量，而是俄狄浦斯情结境遇中的对立，包括专制的父亲，反抗的年轻一代，以及通过婚姻和性实现对社会秩序的恢复。喜剧是积极的，清晰地描述欲望和妨碍欲望的作用，而传奇则像我们看到的那样，以命运和天意为名展开，它把改变整个世界作为它的外部视域，最终以神秘的圣杯本身所象征的那些启示为结局。就其终极观点而言，喜剧是社会性的，而传奇仍然是形而上的；喜剧的愿望满足可被认为处于性器期，而传奇似乎背离了更早更古老的幻想素材而再次回到口唇期，它的焦虑（入侵的父亲—术士—坏人的不祥的咒语）和满足（天神的想象），重新唤醒婴儿对母亲的更被动的共生关系。然而，这种心理分析的解读虽然完全适用，

却不应被理解为对这两种方式的判断，而应理解为对它们进行一种更彻底的区分说明的新的动机和借口。特别是精神分析批评觉得能够以这两种方式探索的那种古老的幻想素材，永远不可能被想象为以任何纯粹的状态出现，而必定总要经过某种确定的社会和历史境遇。在这种境遇里，它既被“成熟的”意识形态普遍化又被它重新占用。一个文本的幻想层次有些像原始的驱动力，它对任何一种文化制品都产生共鸣，但它又总是发现自己转而服务于其他的、意识形态的功能，并被我们所称的政治无意识重新改造。事实上，在艾兴多尔夫的中篇小说里，不论其直觉的源泉是什么，我们已经看到了这样一个意识形态再占用的过程在发生着
作用。在《一个无用人的生活》里，喜剧的模式——父亲、欲望 143
阻碍，还有社会矛盾的设置——被魔力式幻觉效应的文类话语以其对天意或物质和谐的颇不相同的看法系统地抹掉了。但是在神圣同盟的德国，这种直觉的折中也是一种意识形态的象征行为。

不过，当我们必须面对构成19世纪小说生产里程碑的那些折中的混合形式时，在这种或那种传统的文类范畴中对一部作品的总括分类立刻会出现问题。例如，曼佐尼的伟大作品难道不是远非传奇而是我们所称的历史小说的一种高度体现？或者，它是否应该被视为拜占庭小说一种后来的、未曾料到的体现？（在拜占庭小说里，一如在赫利奥德洛斯（Heliodorus）的《埃塞俄比亚人》里那样，情人们被曲折复杂的冒险和巧合拆散，而最终又因此团圆。）还有司汤达的小说，难道不是更容易被列入更传统的“教化小说”？所有这些不确定性和伪问题显然都产生于一种“形式”——小说，它既无法被纳入批评方式的选项，也无法被纳入叙事结构的选项。

然而，小说的折中主义本身也可以变成一种不同类型的文类

分析的情境。例如在《约婚夫妇》里，情人的分离使曼佐尼可以写出两种截然不同的叙事方式，它们可以被理解为两种不同的文类方式。譬如，露西亚（Lucia）的困境赋予他一种哥特式小说的素材，其中女性受害者逃离一个陷阱只能陷入另一个更加痛苦的陷阱，遇到天性更加阴暗的坏人，从而为一个罪恶与救赎的元素系统的发展与一种宗教和心理学的精神命运观提供了叙事材料。

同时，伦佐漫游在伟大的历史世界，漫游在大量武装居民更替的世界，这是民族命运的领域，也是他们的政府变换更迭的领域。因此，他自己插曲式的经历——形式上像冒险小说，其实是一个老实农民的不幸遭遇——提供了一种与露西亚内向的、心理的叙事完全不同的叙事记录：在面包哄抢事件和米兰经济萧条中终于原形毕露的社会生活经验，大量人的无政府状态和国家的无
144 能，以及最后——超越历史达到那些支配它的“上帝的行为”——最大的天灾和随后的土地恢复。按照这种解读，“小说”作为表面上统一的形式服务于一种 X 光的技巧，而这种技巧的目的在于，根据我们即将谈到的“文类的不连续性”来揭示文本的层次结构和纹理结构。因此小说并不是一个有机统一体而是一种象征行为，而作为一种象征行为，它必须把异质的叙事范式统一或协调起来，尽管这些范式有其自己独特的、矛盾的意识形态意义。无论如何，它系统地将这两种截然不同的文类方式交织在一起——在后来的资产阶级社会里，在个人和公共、心理和社会的封闭间隔里，它们肯定会相互分开——使曼佐尼的作品显得雄浑而富于变化，并有总体化的“完整性”，而这在世界文学中很少有其他作品能与之相比。

在司汤达的作品里，对于这些分层次的内在的不连续性，可以更直接地追溯到文类话语不同的积淀类型的共存情况，它们是

小说作为一个运作过程必须依据的“素材”。《帕尔马修道院》的宫廷素材以帕尔马公国和公爵夫人的个人权力为核心，它们源于回忆录和政治闲话等作品，这些作品培育了从巴尔扎克到普鲁斯特（Proust）的法国传统，而圣西门（Saint-Simon）一直是其最早的源头和标志。这种作品其实是一种文类话语，其特殊的内容是姿态手势，尤其是它在精神特征方面的词语表达，而其特征的形式则是轶事。

另一方面，法布里斯的故事运用的是一种非常不同的文类或话语记录。在意识形态素的意义上，或者在司汤达本人的著作《论爱情》的意义上，我们曾把它说成是内省的或心理学的记录：在基本上是比喻的微观叙事中把相关的精神过程连接起来。这种方式的启蒙理性本身就是17世纪法国道德主义者旧分析传统的一种变体，因此司汤达的著作——回忆录加上道德警句——表明，它将法国古典主义中两种比较常规的倾向和冲动重新结合了起来。

于是，这种文类分析有可能延长它的作用，直到文类范畴本
身——哥特式小说和流浪汉小说，回忆和相关的心理学——再次 145
被融入历史的矛盾或积淀的意识形态素，而只有凭借意识形态素它们才可以理解。在文类运作的这个最后时刻，正在发生作用的文类范畴本身就被历史地解构和抛弃，因此这个时刻表明一个最终的公理，按照这个公理，一切文类范畴，甚至最悠久、最传统的那些，最终都要被理解（或“被间离”）为纯属特定的、实验的构成，它们被设计出来是为了提供一种特定的文本场合，而一旦完成了分析的工作便像脚手架那样被拆散抛弃。事实上，这显然就是人们为小说发明的各种文类划分的情况（前面我们已经提到这样一些分类：教化小说、历史小说、冒险小说等等）。这种分类事实上表明，只有在觉得它们是相对任意的批评行为时才是

值得的，而当它们被认为是“自然的”形式时，例如教化小说的那种范畴，它们就失去了生命力。于是文类批评恢复了它的自由，并为创造性地构建实验实体打开了新的空间，例如卢卡契就根据一种发明的“文类”——也可以称作“封闭的实验室境遇”[34] ——来阅读索尔仁尼琴的作品，它投射出“历时性的构成”只是为了更有把握地返回共时性的历史境遇，从而使这种小说得以被理解为象征行为。

Ⅵ

结构的方法也知道它自己对历史的特殊开放，因此现在应该加以说明。我们已经注意到结构的准则以及文本偏离的作用——它最好地说明了这种分析的特征；但我们还没有看到，这种分析的动作不是一种二项而是一种三项的过程，其更大的复杂性使结构分析完全不同于标准和偏离的常规系统（例如在大量诗的语言理论里，或者在心理领域里，在越轨理论里）。这种更完整的结
146 构模式的辩证的地方在于第三项总不出现，更确切地说，第三项是不可描绘的。它既不是显现的文本，也不是以空间的象形文字在我们面前明确绘出的深层结构，第三项在这种分析中必然是历史本身，作为一种缺场的原因。

这三个可变项之间的关系，可以制成一个置换的图示或“组合”，其中任何一个单项的系统修改或变换——引起其他两项发生决定性的变化——使我们可以解读构成整个系统的连接关系。因此，单个文本偏离某种深层叙事结构的情况，会把我们的注意力导向历史境遇中那些决定性的变化，而历史境遇阻碍在话语层次上充分展现或重复那种结构。另一方面，一种特定的文类结构，例如史诗的结构，如果不能充分再现自己，那么这种失败不

仅促使人们寻求那些随后出现的替代的文本构成，而且会特别使我们注意现已不复存在的、原始结构于中产生意义的历史基础。最后，历史项的一种先验的、实验性的变换，通过产生人为的实验室境遇（严格地说，在这种境遇里形式或文本是不可想象的），可以激发我们观察形式和文本与其历史前提的构成关系。因此自相矛盾的是，这样一种“组合”的最终模式重新唤起了黑格尔对史诗的反思形式（“我们今天的机器和工厂以及它们生产的产品……将……与原始史诗所需要的那种生活背景格格不入”）[35]；只是在黑格尔的思想里，不存在基本结构的发现，就是说，不存在深层结构和显现文本的孪生变量。

当然，真正自相矛盾的是，结构分析最终应该对我在其他地方所称的“内容逻辑”[36]的第三项开放：社会生活和语言的语义 147
素材，决定性社会矛盾的限制，社会阶级的联合，感觉和感知结构的历史性以及最终身体经验构成的历史性，心理或主体的构成方式，历史性的原动力及其特殊的时间节奏。依照方式对文类进行解释最终会把我们导向意识形态素，导向叙事的范式，导向各种文类话语的积淀——所有这些基本上都是文化或上层建筑的现象——但在所有这些地方，结构分析为完善自己都要求一种否定的重构——一种含义和预设的假定——重构一种不在的或不可再现的基础限制系统。最后，也许我们可以回到语言学，寻求这些不连续性发生作用的一种投射，这种投射比我们开始时在语义学和结构之间的区分更有效、更有力、更全面。这里，叶尔姆斯列夫对表达和内容的四部分测绘——他视为言语的形式和实质的两个维度的表现和内容[37]——常常具有启示性，它可以以下列方式运用于文类理论：

形式	表现：文类的叙事结构
	内容：文类方式的语义的“意义”
实质	表现：意识形态素，叙事范式
	内容：社会和历史的素材

应该注意，随着从文本的“形式”移到形式与“实质”的关系，每一种方法都会以补充项完善自己。因此，对文类的语义解读最终会植根于表现的素材，而结构分析通过组合会发现它的基础在于文本的“内容逻辑”。

然而，关于结构组合所投射的文本与语境之间关系的性质，
148 最后仍然要做些补充，姑且假定这是因为有些读者过于匆忙地将这种图示等同于机械马克思主义的基础决定上层建筑的观点（这里“决定”被解读为简单的因果关系）。在这里勾勒的文类模式中，“第三项”或历史境遇与文本的关系不能理解为因果关系（尽管可能会那样想象），而是作为一种限定境遇；这里，历史时刻被认为会切断或停止以前可能适用的某些形式，并开启一些明确的新的形式，但这些新的形式在艺术实践中可能实现也可能永远不会实现。因此，组合的目的不是列举一个特定文本或形式的“原因”，而是测绘出它的目标、一个可能性的前提条件，而这是一个相当不同的问题。

至于传奇，看来它定型的终极条件，即我们曾提到的其他前提所依赖的条件——世俗性的范畴，觉得像魔力似的善和恶的意识形态素，某种救赎的历史性——可以在某个过渡的时刻找到，在这个过渡时刻，两种迥然不同的生产方式或社会经济发展的两个不同的阶段共同存在。它们的对抗性还没有从社会阶级斗争方面系统地表现出来，因此消除对抗可以通过某种怀旧的（或者不

那么经常使用的，乌托邦的）和谐的方式投射出来。我们对这种过渡时刻的主要经验明显是一种有机社会秩序的经验，这种社会秩序处于新生资本主义的渗透和破坏、重组和合理化的过程之中，但仍然与后者在长时间内共存。因此，莎士比亚的传奇（就像它在艾兴多尔夫笔下的降调）以变幻不定的“想象”的场景对抗在它周围发生作用的活跃的商业活动，而19世纪初期伟大的艺术传奇则采取各种反应姿态，直指由资产阶级的政治胜利和市场体系的发展所形成的那种新的缺乏魔力的社会机制。后来一些传奇的变体，例如阿兰-福尼埃的传奇，可以理解为对19世纪后期法国农村加速社会变化（世俗化、法制化、电气化、工业化）的象征反应，而朱利安·格拉克的出现则预设了在一个原本“现代化”的国家内布列塔尼的倒退形势。

然而，这种相互关联的观点并不只是为某种特定形式确立普列汉诺夫（Plekhanov）所说的那种“社会等同物”，而是要恢复 149
我们对具体境遇的感觉，因为在具体境遇中，这样一些形式可以被理解为原始的、富于意义的、主要是政治的行为。正是在这种意义上，我们用组合模式在艾兴多尔夫的《一个无用人的生活》中确定标出的或被指责的缺失，尤其是通过减少权威人物对喜剧结构的压制（实际上，在这部中篇小说里，权威只是通过一个年老妇女的短暂出现而被人格化的，唯一的邪恶人物是那个次要的、滑稽的意大利间谍，他在月光下策马驰过田野，“像是个幽灵骑在一匹三条腿的马上”）。我们也可能已经表明，这个文本还压制了传奇结构中其他的基本功能：最值得注意的是，它删去了我们所称的转变场景，以折中的构成和调解的结合代替了艾兴多尔夫两个世界间的基本冲突——一个是农村单调平凡的世界，另一个是令人神往的大别墅的空间，它的音乐和烛台，它的花园和透过半开的百叶窗闪闪发光的眼睛——而在那种构成和结合当中，两种符码嬉戏般地重又结合起来（资产阶级的具有某种贵族业余爱好的吹笛子的看门人，有银质扣子的老农，等等）。其实，在某个叙事层面上，这两个领域的功能相互交换：工作领域从贵族的闲暇领域借来它的魔力和它的幻觉因素，但又表明只是在后一个领域才产生出各种虚幻的情节纠纷——在古典传奇中常是邪恶的力量和恶毒的魔力。因此，叙事的解决不能突出任何一个力量对另一个力量的胜利，也不能实施任何真正的仪式净化，而必须产生一种一切事物都于中再次找到自己适当位置的妥协，在这种妥协中，托根尼茨（Taugenichts）通过婚姻与作品的世界达到和谐，但同时也发现自己在贵族庄园那迷人的地界之内有一个属于自己的微型别墅。这是因为艾兴多尔夫的善恶对立过于接近旧的贵族传统和新的中产阶级生活环境之间的不可调和性，所以绝不能让叙事推向任何决定性的结论。相反，它的历史现实必须通过月夜狂欢的感觉消逝在薄雾蒙蒙的空中从而被掩饰和消解，以掩盖一种对光和运动的幻觉效应背后的阶级现实的洞察。但是，
150 传奇充分发挥了它的作用，在这种绝妙文本的魔力之下，法国革命证明是一种幻觉，而拿破仑世界战争几十年可怕的阶级冲突，也消失在纯粹的噩梦之中。

【注释】

［1］ Hayden White，*Metahistory*，Baltimore：Johns Hopkins University Press，1973，pp. 281－282："黑格尔的喜剧历史观念归根到底基于他对生的权利高于死亡的信念，'生'对黑格尔保证了一种贯穿整个历史未来的更恰当的社会生活形式的可能性。马克思进一步扩展了这种喜剧观念，他完全预见到那种'社会'的消解，在这种'社会'里，意识与存在之间的矛盾不得不作为各个时期所有人的一种宿命被接纳。因此，完全可以将激励马克思进行历史和社会理论阐述的最后的历史观说成是一种浪漫主义的历史观。但是，他的观念并不认为人性的救赎是从时间本身的

一种解救，相反，他的救赎采取一种人与自然调和的形式，自然被剥夺了它的奇妙而可怕的力量，屈从于技术统治，转变成一种真正共同体的创造。”

［2］William Morris，*News from Nowhere*，chap. XX，London：Longmans，Green，1903，p. 188.

［3］经典的论述是格奥尔格·卢卡契的论述，参见 *Studies in European Realism*，New York：Grosset & Dunlap，1964，和 *Realism in Our Time*，trans. J. and N. Mander，New York：Harper，1964。亦可参见我在关于布莱希特（Brecht）与卢卡契争论的材料汇编中的文章“Reflections in Conclusion，” in *Aesthetics and Politics*，London：New Left Books，1977，pp. 196—213.

［4］Northrop Frye，*The Secular Scripture*，Cambridge：Harvard University Press，1976，pp. 28—31.

［5］Karl Marx and Friedrich Engels，*Über Kunst und Literatur*，Berlin：Henschelverlag，1953，pp. 129—167.

［6］这两个维度，以及伴随它们的方法论选择，基本上对应于伏罗希洛夫—巴赫金所说的两种倾向或“语言哲学中的两种思想趋势”，参见 *Marxism and the Philosophy of Language*，pp. 45—63。

［7］Frye，*Anatomy of Criticism*，p. 193，黑体强调系作者所加。

［8］Ibid.，pp. 187—188.

［9］Martin Heidegger，*Sein und Zeit*，Tübingen：Niemeyer，1957，pp. 131—140.

［10］Frye，*Secular Scripture*，pp. 68ff.

［11］对这一主题最明白的论述见其对 J. L. Austin and John Searle，“Limited Inc.，” Supplement to *Glyph*，2（1977）中“寄生”概念的抨击：“为了使你的语言成为伦理政治的，或者——这确实是关于奥斯丁我想说的一切——为了使你表面的理论话语产生出所有伦理政治陈述所依据的基本范畴，你不必一定是个布道者或写小册子的人，呼吁清除令人厌恶的寄生现象（不论是语言的还是政治生活的，无意识的后果、替罪羊、季节工人、斗

士和间谍）。”（p. 69）

［12］Marx and Engels，“Communist Manifesto，” Part I，in K. Marx，*On Revolution*，ed. and trans. S. K. Padover，New York：McGraw-Hill，1971，esp. pp. 82—85.

［13］还有巴西那种奇特的“高度文学性”的西部故事的变体，如Guimarães Rosa，*Grande Sertão*：*Veredas*（translated as *The Devil to Pay in the Backlands*，New York：Knopf，1963）。

［14］Marc Bloch，*Feudal Society*，trans. L. A. Manyon，Chicago：University of Chicago Press，1961，pp. 320ff.

［15］Vladimir Propp，*Morphology of the Folk Tale*，trans. L. Scott，Austin：University of Texas Press，1968，pp. 21—23.

［16］“La Structure et la forme，” in Claude Lévi-Strauss，*Anthropologie structural*，Ⅱ，Paris：Plon，1973，pp. 139—173.

［17］Propp，*Morphology*：Function Ⅻ，p. 39.

［18］Stendhal，*La Chartreuse de Parme*，chap. Ⅱ，Paris：Cluny，1940，p. 34.

［19］Propp，*Morphology*：Function，Ⅷ a，p. 35.

［20］Lévi-Strauss，“Structural Analysis of Myth，” pp. 213—216.

［21］格雷马斯的**行为者**概念根据的是对叙事句法（或“深层结构”）与那种“表面”叙事话语的区分，在叙事话语里，参与者或可辨识的“人物”是可见的统一体：**行为者**，对应于必然更有局限的叙事句段的功能，一般被格雷马斯归纳为三组：发送者/接收者，主体—英雄/客体—价值，辅助者/坏人。见 A. J. Greimas，*Sémantique structurale*，Paris：Larousse，1966，pp. 172—191；或晚近出版的“Les Actants，les acteurs，et les figures，” in C. Chabrol，ed.，*Sémiotique narrative et textuelle*，Paris：Larousse，1973，pp. 161—176。

［22］A. J. Greimas，“La Structure des actants du récit，” in *Du Sens*，Paris：Seuil，1970，pp. 249—270.

［23］*Prison-House of Language*，pp. 65—69.

[24] Frye, *Anatomy*, pp. 33—34.

[25] "Criticism in History," in Rudich, ed., *Weapons of Criticism*, pp. 38—40.

[26] Alessandro Manzoni, *I Promesi Sposi*, chap. 2 (translated as *The Betrothed*, by A. Colquhoun, New York: Dutton, 1968, p. 25).

[27] Stendhal, *Le Rouge et le noir*, Book I, chap. 6 (translated as *Red and Black*, by R. M. Adams, New York: Norton, 1969, p. 24).

[28] Hugo von Hofmannsthal, *Erzählungen*, Tübingen: Niemeyer, 1945, p. 176.

[29] Heidegger, *Sein und Zeit*, pp. 131—140.

[30] 实际上，在这部小说的核心，梦预言像是取消传统的灵悟，或对故事讲述者的早期工作的自动批判：黑暗的电影院，像弗里茨·朗（Fritz Lang）的影片那样被剪辑的不连续的梦，来自西半球第一块被解放领土的古巴人的信息，他们被压抑的信条，这些在事件的进展中都慢慢地上升到表面。醒来吧！

[31] Frye, *Anatomy*, p. 173.

[32] 胡塞尔对这个过程——通过压制实践而构成的伽利略的科学——的说明值得详细引述："现在我们必须注意早在伽利略时就已出现的某种重要的东西：以经过数学抽象的观念世界神秘地代替了唯一真实的世界，真实的世界实际上是通过感知获得的，永远是经历过的或可以经历的世界——即我们日常生活的世界。这种替代立刻传给了他的后继者，即后来各世纪的物理学家。

"伽利略本人是个纯几何学的继承者。他所继承的几何学，他所继承的'直觉的'的概念化、证明和构成的方式，不再是原始的几何学；在这种'直觉性'里，原始几何学已不再有任何意义。甚至古代的几何学，就其方式而言也是'技巧'，脱离了真正的直接直觉的源泉和原始的直觉思维，而所谓的几何学的直觉，即以理念运作的直觉，最初则从这种源泉中衍生出它的意义。在理念的几何学之前是实际的测绘艺术，它对理念一无所知。然而这种前几何学的成就对几何学是一种意义基础，亦即理想化的伟大发明的基础，后者包括对几何学理念世界的发明，或者毋宁说通过形式'数学存在'的构成而使理念决定客观化的方法论。伽利略不去探索原始的获取意义的成就无疑是一种必然的疏忽，正如理念化实践的原始基础是各种理论的和实际的生活——直接的直觉世界（这里尤其指凭经验直觉的肉体世界）——原始的获取意义的成就产生于几何学的理念构成。伽利略并未对这些仔细反思：这个世界及其确切的形态，真正的几何学的理念化需要什么样的动因，需要什么新的成就。因为就继承的几何学方法而言，这些功能在实践中不再必不可少，更不再通过反思作为从内部实现精确意义的方法而达致理论意识。因此可能出现这样的情况：由于几何绝对的真理，其本身——'显然'——可以毫不费力地加以运用。这种明显性是一种幻觉……甚至运用几何学的意义也有复杂的渊源：这对伽利略和其后的一段时期一直是隐蔽的。因此，直接始于伽利略的是以理念化的自然代替前科学的直觉的自然。"（Edmund Husserl，*The Crisis of the European Science and Transcendental Phenomenology*，trans. David Carr，Chicago：Northwestern University Press，1970，pp. 48－49）Alfred Sohn-Rethel，*Intellectual and Manual Labour*：*A Critique of Epistemology*（London：Macmillan，1978）已经将胡塞尔的看法建立在历史唯物主义的基础之上。这部作品为科学抽象设定哲学基础的方式，与卢卡契的《历史与阶级意识》为物化理论设定基础的方式基本相同，其发现全都包括在这里。

[33] Ernst Bloch，"Nonsynchronism and Dialectics，" *New German Critique*，No. 11 (Spring，1977)，pp. 22－38.

[34] Georg Lukács，*Solzhenitsyn*，trans. W. D. Graf，Boston：MIT Press，1969，pp. 35－46.

[35] "人的外部需要，如房舍家室、帐篷、椅子、床、刀枪、漂洋过海的船只、载他上战场的马车、煮烤、屠宰、吃喝——没有一种东西对他只是一种等死的手段，他一定仍然在这些东西中感到生气，具有完整的感觉和自我，因此原来本身只是外在的东西，通过与人类个体的密切联系被赋予了一种人性激发的个人特征"（V. W. F. Hegel，*Aesthetik*，Frankfurt：Europäische Verlagsanstalt，1955，Ⅱ，p. 414，詹姆逊译）。

[36] In *Marxism and Form*, pp. 327—359.

[37] Louis Hjelmslev, *Prolegomena to a Theory of Language*, trans. F. J. Whitfield, Madison: University of Wisconsin Press, 1961, chap. 13.

三、现实主义和欲望：巴尔扎克和主体问题

151 按照前一章对小说的界定，小说是文类的终结：外部形式像外壳或外骨架那样被隐蔽起来的一种叙事意识形态素，在其寄主消失后很久仍然不断发送意识形态的信息。因为按照 19 世纪对其成熟的和创造性的种种可能的探索，小说不是那种性质的一种外在的常规形式。相反，这种形式及其残余——继承的叙事范式，常规的行为者或日常生活行为的先验图示[1]——是小说赖以运作的素材，它们将“讲述”转变成“展现”，依靠某种预想不到的“真实”的新颖性疏离陈腐，突出常规本身，把它作为读者迄今用以接受事件、心理、经验、空间和时间等概念的方法。

“小说”毋宁说是个过程而非形式：这是一种直觉，这种叙事结构的辩护者发现他们一次又一次地被推向这种直觉，试图把它说成是对其原始素材发生的某种东西，是一系列特殊而又确实
152 相当冗长的动作和程序过程，而不是人们可以对其“结构”进行模制和沉思的某种完成的东西。这个过程可以用一种双重的方式进行评价，一方面改变读者的主观态度，同时读者的态度又产生一种新的客观性。

实际上，正如许多现实主义的“定义”所肯定的，正如小说图腾式的前辈《唐·吉诃德》所象征地表明的，那种分别被称为叙事模仿或现实主义再现的加工操作，其历史功能是系统地破坏那些先在的、继承的、传统的或神圣的最初给定的叙事范式并使之非神秘化，或者进行世俗的“解码”。[2] 在这种意义上，小说在那种可以称为真正的资产阶级文化革命中发挥重要的作用——依

靠那个巨大的转变过程，那些生活习惯由现已过时的其他生产方式塑造的人们，在市场资本主义的新世界里为生活和工作而被有效地重新安排。由此也就隐含了小说的“客观”功能：对其主观的和批评的、分析的、侵蚀的使命，现在必须增加一项生产的任务，仿佛第一次生产出那个真正的生活世界，那个真正的“指称物”——新的可以量化的空间扩展和市场等值，新的可以衡量的时间节奏，新的世俗的“不抱幻想的”商品制度的客体世界，以及它的后传统的日常生活和令人困惑的经验主义的、“无意义的”和偶然的“环境”——对此这种新的叙事话语将声言是“现实主义的”反映。

主体的问题明显是一个策略问题，对小说过程的两方面均是如此，尤其如果人们像马克思主义者那样，坚持认为人类意识和人类心理机制不是永恒的，不是何时何地都基本上一样，而是具体境遇所特有的、历史地产生的。因此，不论是读者对一个特定叙事的接受还是行为者对人物或其代理的再现，都不能当作叙事分析的常项，而是它们自己必须被无情地历史化。本章主要论及的拉康的术语和主题，在这里提供了一种策略上的便利。[3]拉康 153
的著作以其对“主体构成”的强调取代了正统弗洛伊德主义的争论，从无意识过程或障碍模式走向了对主体构成及其构成的幻象的说明，虽然主体构成在拉康本人的笔下仍然是遗传学的，按照个人生物学的主体来表达，但它并不是不可纳入更广泛的历史框架。另外，拉康理论争论的推力，包括它的离开自我中心、有意识的活动主体、个性或笛卡尔的沉思的“主体”——所有这些现在都被当作主体性的某种“效果”——以及它对个性统一的各种理想的否定或对个人身份的神秘征服，为所有的叙事分析提出了一些有价值的新的问题，而这些叙事分析仍然采用天真的常识的范畴，如“人物”、“主人公”或“英雄”等，并仍然采用心理学的“概念”，如认同、同情、移情作用等。

在第一章里我们已经谈到，阿尔都塞对“人文主义”的抨击——对资产阶级个人主义范畴及其关于人性的人类学神话的抨击——被解读为一种有力的使拉康那种对“中心主体”的批判历史化的方式。在目前这个语境里，真正有意义的不是谴责中心主体及其意识形态，而是研究它的历史形成、它的确立或作为一种幻景的实际构成，而这种幻景显然也是某种方式的客观现实。个人意识的实际经历作为单一的、自治的活动中心，并不是某种可以通过思考和科学调整而消除的纯概念错误，它具有一种类似制度的地位，发挥意识形态的作用，容易受历史因果的影响，并由其他客观状况、决定因素和机制生成和强化。本章所展开的物化概念便表示那种使自我或中心主体的出现可以被理解的历史情
154 境：旧的有机的或等级的社会群体消解，个人劳动力普遍商品化，他们在市场框架内作为等值的单位互相对抗，这些现在“自由”和孤立的个人主体的反常，只有单一的防护器官的保护性发展可以作为某种补偿。

文化研究使我们可以分离出某些特殊的情况和机制，在心理或实际经验的“上层建筑”与法律关系和生产过程的“基础”之间进行具体的调停。这些可以被称为**文本的决定因素**（textual determinants），它们构成准物质的传送点，产生资产阶级个人的新的主体性并使之制度化，同时它们本身也重复并再生纯基础性的要求。在高度现实主义的这种文本决定因素当中，肯定会列出一些叙事范畴，如詹姆斯（James）的观点或福楼拜的“间接自由风格”，因此这些范畴对充分构成或中心化的资产阶级主体或单一的自我便成了策略的轨迹。

I

正是在这种语境里，可以对早期“现实主义”的一个关键特征——在巴尔扎克的作品里常常被称作“全知的叙述者”——重新有效地加以审视。不过对于这种作者的介入，全知最无关紧要，可以说它是古典“叙事”（récit）封闭的后果：在古典叙事里，叙述开始之前事件就已成过去并得到了处理。这种封闭本身以运气、命运、天命或命定等概念投射某种类似意识形态的幻象，而这些叙事似乎是“说明”那些概念的，用瓦尔特·本雅明的话说，接受它们等于“以我们读到的死亡焕发我们的生命”。这种叙事——封闭的冒险，“闻所未闻的事件”，偶然引发的命运打击的观念本身——属于素材的范畴，巴尔扎克的叙事过程依靠它们来运作，有时不甚协调地与其继承的形式共存。同时，故事讲述者的手势和信号（在英国小说里远在 1857 年之前就已长期存在，而 1857 年福楼拜在法国一笔勾销了他们）试图以象征的 155
方式恢复那种等同于面对面讲故事的机制，但这种机制已经有效地被印出的书籍所破坏，毫无疑问更遭到文学和文化商品化的破坏。

然而巴尔扎克叙事方式的构成特征，较之作者的全知或作者的干预是更基本的东西，可以称之为“力必多”的投入或作者的愿望满足，在这种象征的满足形式当中，传记式的主体、“隐在的作者”、读者和人物之间的有效区分实际上已被抹去。描写是一个特殊的时刻，可以探讨并研究所说的投入，尤其在描写的客体被质疑，并在叙事本身内部关注对抗的企图时更是如此，例如下面这段关于乡间住所的描写：

想象一下，在台地的宽檐栏杆上，放着白色、蓝色的大瓷盆，盆内栽种着俊秀挺拔的丁香；右边和左边，沿着附近的墙壁，你看到的是两行菩提树，修剪得整整齐齐；小河对岸简陋的房屋、缓缓流动的水、花园、紧贴着附近墙壁的两行树木，加上高尔芒（Cormon）家族颇有气派的房屋，呈现出一片娴静善良、简洁朴实、谦恭亲切的［资产阶级］的景象。由此，你会构成对这一景象的看法。多么祥和！多么宁静！没有任何矫揉造作的东西，也没有任何昙花一现的东西：这里的一切似乎都是永恒的。楼下一层用来接待客人。这里的一切都散发出古老的、不可改变的乡下气息。[4]

巴尔扎克描写中那种熟悉的手法和典型的修辞，在这里被一种不太典型的功能重新占用，或用一个在本章会进一步展开的术语来说，它们通过一种与巴尔扎克正常表达的换喻和含蓄的方式大不
156 相同的**记录**投射出来。高尔芒家的住所及其未出嫁的女继承人，实际上是《老姑娘》的叙事争夺或竞争所瞄准的奖赏，因此它是一个典型的欲望的客体，但直到我们感觉到这种客体和所有那些同样值得渴求的目标或目的（普洛普所研究的古典叙事或追求叙事即围绕着这些目标来组织安排）之间的结构差异之后，我们才开始理解它的历史独特性。这些最后可以无所谓地替代的内容——金子、公主、王冠或宫殿——表明，这种客体的表意价值由它们的叙事地位决定：每当看到一个人物渴求它时，某个叙事的因素就变得值得渴求。

正如上述那段引语的强大的说服力所表明的，在巴尔扎克的作品里，不论由于何种历史原因，在叙事过程可以真正发生作用之前，它必须保证获得读者的首肯，并必须证实或令人相信客体是值得渴求的东西。因此，这里的先后次序颠倒了过来，这种叙

事方法依赖于某种客体的“值得渴求”，而其叙事功能将是一种更传统的叙事结构相对自动和无可争论的次级效果。

但是，巴尔扎克这种客体的历史独创性需要具体地加以说明，不仅针对古典讲故事的方式，而且也针对我们自己时代的心理和解释习惯。对我们来说，意愿和欲望已经变成人类单体的特性或心理特征；但较之只是对一种合乎情理的而非我们共有的欲望的“认同”，如我们的电影或畅销书所提供的整套商品化情感的替代景象，这种描写中有更多的危险。因为，我们不可能将这种特殊的（对高尔芒家住所的）欲望归于任何个人主体。传记的巴尔扎克，隐在的作者，这种或那种渴求的主人公——所有这些个体中的任何一个都（还）没有出现，欲望在这里以一种奇特的、无名的状态呈现在我们面前，并对我们提出一种奇怪的绝对要求。

这样一种召唤——其中对某个特殊客体的欲望既是所有一般
欲望的比喻，同时也是欲望本身的比喻，这种欲望的借口或主题
尚未被自我障碍相对化和个人化，因为自我障碍不尤猜忌地确认
个人的、纯主观的、被它们分开的单体化主体的经验——在恩斯 157
特·布洛赫已经重新限定的乌托邦这一术语的意义上，可以说重
新规定了乌托邦的动机。[5]它希求读者不只是在心目中重构这一
建筑和基础，而且要把它作为理念和欲望重新创造。如果将福楼
拜那种失去个性并再次文本化的乡间房屋与这种建筑并置起来，
也许会令人不安地意识到在什么程度上巴尔扎克的住所唤醒了占
有的欲望，唤醒了对土地财产的温情脉脉的幻想，仿佛那是一个
可以触感到的乌托邦愿望满足的形象似的。一种摆脱了巴黎弱肉
强食的竞争和大都会商业倾轧的和平，然而在某种现存的具体社
会历史的回流中仍然可以想象；一种几乎像本雅明那样在叙事的
现在对过去的宝库及其典型经验的保存；一种使力必多变为其最

温和、最少痛苦的低语的“朴素的”减少；一种家庭的乌托邦，在它的院落、走廊和花园小路上，日常生活无法追忆的常规以及耕作和家庭经济的惯例被事先进行追溯，投射出那种永恒的循环：吃饭、散步、购物、正式茶点、打惠斯特牌、准备每日的菜单、与忠实的仆人和经常来访者交换意见——这种令人入迷的形象是“静止的时刻”，真正小说时间中的混乱和紧迫性将围绕它转动。这是把《农民》开头那段艾吕庄园的宏伟描写中更适当的“崇高的”愿望满足转变成诚实的风格，在那段描写中，对地产比较温和的渴求被扩大为对封建领地和庞大地产回归的幻想。后来更明显的历史和政治主流小说中的意识形态冲突，也并不是不容于这种相对较小的喜剧寓言：事实上，高尔芒小姐的住所——一座古代贵族市民或商人贵族的光彩的建筑纪念碑——通过资产阶级商业活动和贵族传统的孪生“因素”的结合，已经提前通过对有形形象的生动回忆而获得了“解决”，因此小说将围绕社会和意识形态的矛盾运转。

这样一种乌托邦力必多投入的奇特性，通过从这种欲望在土
158 地方面的表现转向它在高尔芒小姐本人（有头衔的老姑娘）形象中的行为者的人格化便可以得到强调。这里意味深长的是，正如房子本身那样，任何以真正反讽的观点对这个人物的重构都是不可能的。高尔芒小姐同时（或依次）是喜剧性的、滑稽的和吸引人的：她的大脚，她的“力量和丰裕”之“美”，她的“肥胖”，她的大屁股，“这使她看上去像是由一个独特的模子铸的”，她的三重下巴“折叠”起来而不是三道“纹”——所有这些相貌特征，无一不与把她这个人作为核心的乌托邦的欲望相一致。通过使困惑的读者返归对巴尔扎克自己奇特的性趣味的记载，同样也不会获得任何东西；这里他的性趣味是通过不幸的年轻诗人阿塔纳斯·格朗松（Athanase Granson）对这个肥胖老女人的感情在

叙事中重写出来的（“这个肥胖的人所表现的特征能够引诱一个充满欲望和渴求的年轻人，例如阿塔纳斯·格朗松”）。无疑，《老姑娘》是一部喜剧小说，常常引人注目地出现含沙射影的性描写和那种含义粗俗的肉体笑话，而这也是巴尔扎克本人在他的《滑稽故事》里常写的东西。因此，这种本质上是喜剧的叙事记载也许足可以说明这样一种观点：肉欲的变化可以以同情的疏离和恶意的移情来观察。

然而，坚持这一特殊欲望的乌托邦方面显然隐含着这样的意思：这种特殊的喜剧叙事也是一种**寓言**结构，其中滑稽的性“文字”本身必须被理解为一个人物，他渴求缩小地产实现个人，也渴求社会和历史矛盾的解决。赛里纳斯（Silenus）的盒子——一种外表滑稽而富喜剧性、内装奇异香料的盒子——当然是阐释的客体的真正象征[6]，但滑稽与乌托邦冲动之间的关系并没有被这 159
个形象特别澄清。

不过自相矛盾的是，正是这种层次间的张力或不连贯性，将在后来高度物化时期从乌托邦冲动的表达中消失。一位美国作家的商品欲望以及他所做的作者投入和装腔作势使人很容易想起巴尔扎克，从他的作品中引用一段也许会对这种变化提供某种说明：

> 在年初这个时候，白天仍然比较短，薄暮的影子已经开始降临到大城市。路灯已发出醉人的光辉，看上去几乎是水汪汪的、半透明的。空中有一种温和的气息，以无限的柔情向人们的身心低诉。嘉莉（Carrie）觉得这是可爱的一天。她因为这一天的许多启示，心灵上已经成熟。当她们沿着平坦的道路驶过时，偶尔会遇到一辆马车。她看见一辆车停下，车夫跳下车，为一位绅士打开车门，那绅士似乎刚从午

> 后的游乐中从容归来。越过现在刚刚发绿的宽阔的草坪，她看见依稀闪耀的灯光映照着豪华的室内。现在她看到的只是一把椅子，一张桌子，一个装饰华美的墙角，然而这些就已使她无限动心。她儿时有过的幻想，例如仙宫和王室，现在重又出现。她想象着，走过这些雕刻华丽的门廊，镶嵌的大门上悬吊着球形水晶灯，门上装着饰有彩色图案的玻璃，一定会觉得无忧无虑，心满意足。她确信幸福就在这里。[7]

在巴尔扎克和德莱塞两个时期之间，包法利的因素已经衰落，语言、幻想和欲望已经凝入了福楼拜的“琐事”和福楼拜的“俗套”，将巴尔扎克的渴求变成了嘉莉渴求小玩意儿的俗丽，而德莱塞的语言也含混地同时再现和反映了这种俗丽。[8]

160　商品化并不是区分德莱塞和巴尔扎克文本的唯一“事件”：它在后期资本主义客体世界所造成的指责，显然也伴随着主体构成的一种决定性的发展，伴随着将后者构成一种封闭的单体，从而受“心理学”规则的支配。实际上，尽管这种文本有各种媚人的诱惑，它还是明显地将我们置于嘉莉的欲望之外，嘉莉的欲望被表现为一种私下的愿望或渴求，而我们作为读者则以认同和投射的方式使自己与之联系，我们也可以对它采取一种道德化的姿态，或等同于道德的一种反讽的姿态。真正已经发生的是“嘉莉”变成一种“观点”：正如我们已经表明的，这事实上是文本的机制或决定因素，它表达或再现了物化时期新的中心化的主体。并非偶然的是，随着这种叙事中心的出现，同时也出现了具有电影特征的文字或叙事技巧（跟踪特写，从嘉莉作为观察者到以长焦距对其内心深处进行全景拍摄，包括其封闭的热情和光明）——电影媒体很快就会成为后期资本主义社会统治性的表达形式。然而，随着这种实际上已经充分发展的电影观点的出现，对欲望的乌托邦联想和强化在文本记录中会更不明显；于是现在物化了的乌托邦冲动本身便被驱回到单体内部，只能呈现为某种纯心理经验的状态、个人情感的状态或相对化的价值状态。

但不应该轻率地作出结论，认为德莱塞的情境只是一种损失和限制；正如我们在后面论康拉德的一章将会看到的那样，物化的后果——心智的封闭、脑力劳动的分工、身体和感觉中枢的分裂——也决定着整个新经验领域的打开，决定着新型语言内容的形成。实际上，在德莱塞的作品里，我们看到出现了一种无与伦比的感觉的强度，“对肉体和精神同样无限灵敏的感觉”，它代表着从巴尔扎克的修辞过渡到一种更合适的现代**风格**的实践，一种奇怪而陌生的身体言语，这种言语由于与大量商品化的语言相互交织，使我们伟大小说家的读者直到今天都感到困惑。[9] 161

现在应该考察一下叙事机制的运作，对此我们的观点是，尽管提前谈到中心主体的出现，但迄今并未展开后者的文本决定因素，例如观点或读者在某种更现代的心理学意义上表示同情的主人公。然而十分明显的是，《老姑娘》绝不是想入非非的一个后现代或“精神分裂的”文本，其中传统的人物范畴和叙事时间完全消解。我们真正想表明的是，巴尔扎克叙事的“无中心”——假如这对它不是个不合时宜的术语——应该在人物中心的循环中去发现，因为这种循环使每个人物都失去了任何特殊的地位。这种循环明显是《人间喜剧》本身一种小规模的非中心的组织模式。然而，在当前语境中使我们感兴趣的是，这种转换运动使我们看到了人物因素的生产，或者换句话说，看到了我们将称为**人物系统**（character system）的东西。

我们曾经提到高尔芒小姐最不重要的求婚者——诗人阿塔纳斯，此人不像他的更著名的对手吕西安·德·鲁本普雷（Lucien de Rubempré），他没有发现沃特林那样的人物来阻止自己因在竞争中出局而自杀。伴随这个可怜的浪漫人物，出现了两个更有力但也更滑稽的人物作为一种奖赏的主要候选人（正如我们看到的那样，这种奖赏不仅是婚姻的［或金钱的］，而且是乌托邦的）：一个是年长的身无分文的贵族，声称是绝嗣的法鲁瓦（Valois）家的后代，应该坚持古代统治制度的高雅传统；另一个是资产阶级的“法尼斯·赫库勒”，他曾是革命军的投机者和拿破仑复仇的受害者，作为反对波旁王朝复辟的自由主义领导人，他指望和高尔芒小姐的婚姻不仅可以重建他的财富，而且更重要的是使他重新获
162 得政治权力（他希望被任命为阿朗松的高官）。

读者无需等待卢卡契的典型化理论来理解这些人物的社会和历史隐喻，因为巴尔扎克本人就突出而明确地强调了这点：

> 这个［自由派杜·布斯基埃（Du Bousquier）］，粗鲁，精力充沛，动作大而不连贯，话语短促而生硬，讲话语气令人难以忍受，深色头发，黑眼珠，表面上令人畏惧，实际上却像暴动一样软弱无力，完全可以说代表着共和国。另一个［法鲁瓦骑士］，温文尔雅，彬彬有礼，风度翩翩，衣饰讲究，通过缓慢而有效的外交手段达到自己的目的，始终坚持高雅的趣味，可以说是个地道的老式宫廷贵族的形象。[10]

卢卡契的典型化理论虽然得到这段引语的确认，然而仍可以说有两点不够完善：一方面，它未能辨识人物的典型化本质上是一种寓言现象，因此也就没有充分说明叙事获得寓言意义或层次的过程；另一方面，它隐含着一种本质上是个体人物与其社会或历史指称之间的一对一的对应关系，因此对人物“系统”之类的可能性仍然未作探讨。

事实上，一开始就吸引读者注意的并不是这里想当然的社会

地位问题，也不是只在后来才插入的争夺高尔芒小姐的斗争，而是一组困惑或难题的解决。杜·布斯基埃的秘密对读者并不是什么秘密。因为很快我们就明白了他患有阳痿。但是，这一揭示使我们的阅读产生一种系统的前后运动，在我们知道的事情（即可怜的高尔芒小姐只有在嫁给他之后才能发现的事情）与其他人物被其所骗的那种外部表象之间前后往返——表象不仅指他的体力和有力的举止，而且指他与新的工业财富和资产阶级政治体制的雅各宾传统的联系。这种“秘密”无疑以一种原始而有效的方式强调了巴尔扎克本人对这些理想和传统的看法；然而并不像爱伦·坡（Alan Poe）的故事《筋疲力尽的人》那样，这一“事实” 163
绝不会破坏“表象”的力量和客观性，在这种表象里，杜·布斯基埃具有真正的社会和政治重要性，而他最终战胜对手实际上也是对这种表象的确证。

至于后者，各种集中于骑士的困惑（尤其关于他的头衔的合法性和他收入的真实来源）倾向于在性的符码方面被置换。因此，一系列粗俗的引喻（如骑士的鼻子）开始表明，他的“秘密”反而是一种未曾料到的潜力，一种可以勇敢冒险的真正贵族的能力。

关于这最初的整个叙事运动——巴特多少有些不恰当地称之为“阐释符码”，认为其适用于表象和现实的作用以及对隐蔽秘密的探求——需要说明的一点是，其本身是对主要叙事的准备，因此从未充分得到解决：换言之，对性秘密的揭示并不会导致喜剧的结束，如像在薄伽丘（Boccaccio）的作品或在《滑稽故事》中那样，而是导向一种更预想不到的结局方式。[11]性喜剧的功能基本上是把我们的阅读注意力导向性潜能和阶级归属之间的关系。我们认为正是前者才是叙事的“隐藏和寻找”这种特殊游戏的客体，其实这只是掩盖和托词，在这种掩饰背后，关于社会状况和政治的前历史的原本平庸的、经验的事实被转变成了解释叙事所依赖的一些基本范畴。我们的阅读“设定”指向那种可以以寓言方式从叙事中产生出来的社会和历史解释，因此这种“设定”就像是我们最初对性喜剧的关注的某种侧面的副产品；但是这种寓言的副产品一旦确定，就会使叙事围绕其新的解释中心运作，以回溯的方式返回到性的滑稽，在叙事结构中给予它一种边缘化的地位，从而看上去像是一种相对非本质的或任意的“额外的乐趣”。

这样确定之后，寓言的阅读就变成了主导性的阅读，争夺高尔芒小姐的斗争就变成了不可避免的修辞，不仅表示争夺法国统
164 治权的斗争，而且表示在革命后的这个国家力争获得合法地位并占有一切的斗争，而革命后的这个国家就传统和继承而言仍然是真正的、优秀的“法国的”：一种地方商人贵族的旧的贵族价值及其习惯渐渐地变成永恒，就像阿朗松的房子和花园所体现的那样。但是，如果这是存亡攸关的一切，那么这戏剧性的结论——杜·布斯基埃战胜了他的对手，这胜利因他具有拿破仑的果断性和骑士对他自己优势的自负信心而加快实现——只不过等于对某个经验事件的精确的引喻，即 1830 年自由中产阶级复辟被推翻的波旁王朝的失败。按照卢卡契的看法，这无疑是对历史现实的一种反映，即使算不上一种预言式的反映（小说的事件发生于 1816 年，而小说写于 1836 年）。当然，卢卡契对巴尔扎克的总的观点是：这位小说家的历史现实感因趋向于社会和历史的逼真（毕竟是杜·布斯基埃赢得了胜利）而影响了他自己个人的意愿（很可能它们与骑士相伴）。

不过小说要比这更加复杂，而且，如果它写出了经验历史不可改变的残酷事实——七月革命对巴尔扎克来说是一个中产阶级时代堕落到世俗的腐败——它这样做是为了更可靠地“控制”那

些事实，打开一个它们不再是如此不可恢复、不再是如此确定的空间。《老姑娘》确实不只是一出婚姻滑稽戏，甚至也不只是对乡间生活的社会评论；它首先是一部说教作品，一个政治教训的实例，它力求将经验历史的事件转变成一种可选择的实验性运作，据此对各社会阶级的策略进行检验。在这种奇特的记载转换中，叙事的事件虽然仍旧一样，却仍没有定局，也许这种转换最好的传达方式就是托多洛夫（Todorov）的“情态”（modal）诗学概念，及在叙事文本的表面对叙事内容的多种“情态的”实现。[12]正如格雷马斯所提出的，如果我们设想一个叙事可以像单个句子那样模式化，那么其结果可能像句子本身一样，每一个深 165
层叙事结构都可按照多种不同的方式实现，而它的象征性的、支配性的、成规的、叙事的现实主义，则只是最熟悉的方式。然而，其他可能的叙事情态方式——虚拟的、祁愿的、命令的等等——表明了叙事记载的一种异质的作用，我们在下一章将会看到，这种异质作用的叙事记载在后来高度现实主义的庞大的同质化之下，逐渐被重新包容和统一起来。按照这种看法，《老姑娘》的说教情况可以用**条件句式**（如果这样……那么这样……）通过一种情态方式说明，而其内容现在必须加以确定。

现在，我们的阅读框架的整个序列必须颠倒过来。先前的框架——最初的性“阐释符码”和随后对主要斗争的解读（谁最后获胜?）——现在根据一种新的阅读兴趣以回溯的方式进行重构，如尽力划定责任，决定杜·布斯基埃（=无能）对他的贵族对手（=潜能）有什么尚未确定的优势。确定这些原因和责任最终将构成现已变成一种历史教训的东西的内容。

不过，这种重构使我们面对的既不是答案也不是直接的意识形态解决，而是一系列决定性矛盾。开始时简单的判断——革命及其资产阶级价值实质上是没有结果的，也就是说“无能力的”，而且按照埃德蒙·伯克（Edmund Burke）的看法还是人为的和非有机的——现在变成了问题或某种二律背反。“旧时的统治”通过其模式化的再现，如摄政、鹿园、瓦杜、弗拉根纳德、路易
166 十五等等，现在被变成了性的勇敢，使骑士的形象获得了肯定的因素；甚至在他的婚姻企图失败之前，就已经表明构成他的形象的因素的结合充满了矛盾，因而阅读的思想必须在某个层面上担心这样的问题：文雅、软弱、年长的骑士如何能变得比那个粗俗实用的资产阶级投机商杜·布斯基埃更有“能力”？同时，后者同样也表现出一种悖论，这就是那种准军事的主动性和果断性的原则与他的性无能的关系，主动性和果断性使他获胜，而关于它的历史参照文本并没有留给我们任何怀疑：它是巴尔扎克与拿破仑、与从瓦尔米到滑铁卢失败的整个革命军历史相联系的那种力量。然而这个因素在历史上已经含混不清，因为这种军事主动性如果明显脱离了文化、价值和“旧时统治”的实践，那么它也就不可能与1830年以后出现的商业社会完全一致。

按照我们在最初一章概括的规则，我们希望为读者把这种**矛盾**的特殊不连贯性的重构与它根据**二律背反**的阐发区分开来。我们在那一章里提出，鉴于前者由一种真正辩证的思想支配，后者也许用符号学的方法可以进行最恰当的测绘，在这种意义上，符号学的方法是分析意识形态封闭的特殊工具。格雷马斯的符号矩形[13]提出了这种二律背反或双重联结的一个初步公式：“性能力＋软弱”对“活力＋性无能”。这里潜在的意识形态矛盾显然可以通过对历史的思考来表达：巴尔扎克作为一个保皇主义者，作为一个为基本上是有机的、无中心的“旧时统治”辩护的辩护
167 士，仍必须面对它明显的军事失败和管理的无效，这些通过与拿破仑时期权力的必然并置而得到加强，虽然那个时期本身作为雅各宾的价值观和君主政治标志的一种混合被证明是一条死路。

面对这样性质的一种矛盾——除了以一种严格的二律背反、一种无法解决的逻辑悖论，是无法对它进行想象的——历史的“野性思维”（pensée sauvage）或我们所称的政治无意识，仍然力求通过逻辑的排列组合从它的不可容忍的封闭中找到一条出路，找出一种“解决办法”，某种由于在上面表述的最初对立中已经隐在的因素分裂而可以着手做的事情。因此，看来有可能将“活力”的因素与“无能”或“无效果”的因素分开（后者是表示整个资产阶级物质主义和商业世界的一个更大的意识形态素的组成部分），并在这种对立的另一面，将保留的“旧时统治”的因素与它的整个软弱性分开，虽然这种软弱性也许可以在“文化”的主题下得到恢复（如习惯、传统、形式、贵族的价值等等）。这里，我们可以绘出这些项的图示并表明它们所暗含的新结合的可能：

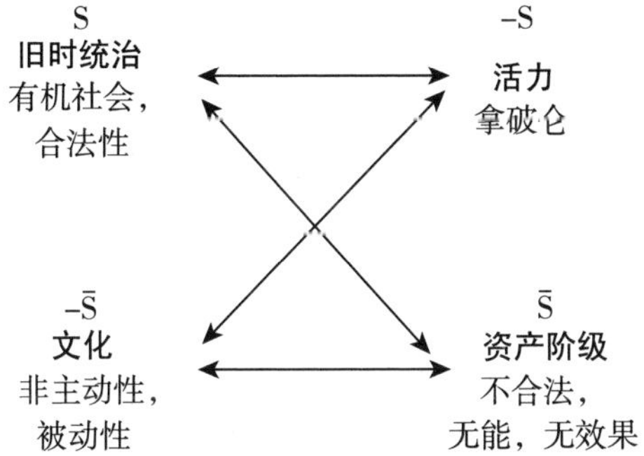

现在已经清楚的是，在这里可能的四种主要的逻辑结合当中，我们迄今只辨识出两种。因此，从这种观点出发，我们可以观察一个因素的系统如何生成那些拟人的结合，即叙事的人物，尤其在当前的实例里，因素 S 和 $-\bar{S}$ 如何形成对“骑士”的再现，而 $-S$ 和 $\bar{S}$ 的结合又如何赋予那个专用名词“杜·布斯基埃”以拟人的内容。迄今缺少的是格雷马斯分别称为综合和中性项的两 168

种结合：通过将其归入一种单独的统一来“解决”基本二元对立的那种理想的合成，以及归纳基本二元对立的简单二项矛盾的那种纯否定或纯个人条件的联合。假如能够表明这两种额外的逻辑在巴尔扎克的文本中有对等物，那么我们的方法论的前提就可以得到证实，我们对人物系统的论证也就可以实现。

但是，我们已经提到可能出现一种中性项或无性项。它对资产阶级根源和文化价值的明显不连贯的合成，实际上在可悲的、年轻的未来诗人阿塔纳斯身上得到了实现，并超越他由浪漫主义本身来实现：对于这种运动，巴尔扎克的作品像黑格尔的作品那样，采取了一种彻底批判的姿态。[14]

至于综合项或理想的合成，直到现在我们还没有提到那个加速小说危机并迫使杜·布斯基埃作出高潮决定的迟延的插曲。这个插曲是：高尔芒小姐家来了一位流亡的贵族军官——特瓦斯维耶（Troisville）伯爵，他从俄国归来，想重新确立他在该地区的地位，在一个愉快的时刻，高尔芒小姐想象他可以“解决”她的问题，她觉得他比其他两个竞争者中的任何一个都更加配她。不幸的是，伯爵已经结婚，因此，这种令人满意地将真正的贵族“合法性”与有记载的拿破仑的军事英勇相结合的“解决办法”，明确通过这种叙事表明它只是一种“理想的”解决办法，一种在更狭隘的、无法通过经验实现的意义上的乌托邦的决定。

因此，“特瓦斯维耶伯爵”在这一叙事里表现为我们所说的视域人物（horizon-figure）。他划出一块地方，这地方不是经验历史的地方，而是一个可能替代历史的地方：在这个历史里，某种真正的复辟仍然是可能的，但条件是贵族能吸取这一特殊实例的教训，就是说，需要一个强有力的人物将贵族的价值与拿破仑的力量结合起来（在某种愿望满足或幻想的层面上，巴尔扎克显
169 然想到了自己）。于是这便成了小说的终极意义，在这种意义上，

小说滑稽而懊丧的结局——高尔芒小姐的最后命运，她结了婚，但立刻变成了老处女！一种辩证解决的真正的讽刺——并不真的是一个确定的结局，而纯粹是一个令人发指、足资教训的实例。

据此，《农民》——它有些像是把这些素材调换到一个更阴郁悲惨的记载之中——也可以被重新解读，而卢卡契对它的著名解释被证明是个不成熟的结论。[15] 对《农民》里注定灭亡的主人公来说，蒙特考奈（Montcornet）伯爵像这里的法鲁瓦一样，只是模糊的贵族式人物；他的头衔事实上是拿破仑一世时封的，他的城堡“封地”权的令人生疑的合法性，因为关于其他两大庄园的侧面叙事而得到强调——这两大庄园就是让科罗尔（Ronquerolles）和苏朗（Soulanges）家的庄园，他们仍然拥有真正的贵族称号。这里的含义是，在蒙特考奈因出身缺陷而失败的地方，这些相邻的视域人物或更真实的贵族代表却有某种成功的机会——但他们必须留意巴尔扎克叙事的警告！因此，《农民》里的灾难（像《老姑娘》一样，某种经验历史的反映）缺乏其最终的结局，缺乏其不可逆转性，缺乏其历史的必然性，叙事的记载只把它呈视为一种有条件的历史，将历史“事实”的表达方式转变成缺少约束的告诫故事和说教的方式。

Ⅱ

前面的说明在《老姑娘》的三种不同特征之间假定了一种构成的关系：一种愿望的满足或幻想的投入，将传记的化为乌托邦的；一种没有主人公的叙事（在特权化的“观点”或中心主体的意义上），其人物被视为由一个更深层的因素系统产生；最后，叙事记载中可能出现某种“偏流”或漂移，以致仍然明显的“现实主义”表现在经验历史的方式里不再有约束作用。无疑这里已

170 经表现出来的是巴尔扎克的“时刻”或一种境遇——资产阶级主体充分构成和大规模物化的影响无处不在之前——的历史独特性，在那种境遇里，欲望、非中心的主体，以及一种开放的历史仍然结合在一起。不过，充分的回应似乎应该指出，巴尔扎克许多预想的说教故事、“观点”和反讽的小说，无疑也包含着主人公；但它们同样肯定的自传性内容并不包含乌托邦的投入，而是包含后来那种资产阶级单体的主体性，这种主体性在巴尔扎克作品中的缺失在前面已经说明。另外还应注意的是，巴尔扎克的这种作品，表面上相当倔强地极力否定欲望的商品化，而实际上却充满了各种各样的物欲。

因此我们需要看看另一个文本，它的叙事比《老姑娘》更合常规，更符合公认的巴尔扎克的现实主义观点。《搅水女人》无疑有一个“主人公”——实际上有两个主人公，互相竞争的哥儿俩约瑟夫（Joseph）和菲利普·布赖多（Philippe Bridau）——而且它的典型巴尔扎克式的“斗争”转向了对那种典型巴尔扎克式的欲望客体“金钱”的争斗——在这个实例中是一笔乡间的遗产。然而在巴尔扎克后期的作品里，叙事框架的巨大扩展及其素材的深刻历史化，倾向于取代巴尔扎克传统主人公先前那种固定的欲望和狂热，将叙事的焦点一方面转向某种类似欲望之原因论的东西（什么是它的始源和前历史，它可以转变成或升华成什么?），另一方面转向各种方式、策略和方法的构成，它们可以导致欲求的结局，而结局本身现已在常规上被排除。

《搅水女人》是巴尔扎克“斗争”的一种原型式体现，其中两个主要的敌人或对手被一点一点地建构，每一个都有他的关系网和自己特殊的手段及优势，直到最后一次轻率的冲突收场，使对手之一在历史上暂时不甚保险地占有决斗的成果。在这部小说里，孪生的主人公在其争夺胡日（Rouget）家的遗产中再现并维护了该家族两个竞争的分支。然而，开始一段长长的关于年轻一支在巴黎的不幸的描写——身为拿破仑时期行政官员的丈夫英年早逝，随后是窘迫的境况和自我牺牲的生活——构成了这个家族 171
内部最初的、预期的斗争，两兄弟之间关系紧张：哥哥是拿破仑的军官，也深受母亲的宠爱，但只能非常困难地适应和平时期的生活，弟弟虽然难看缺爱，但表现出成为一个伟大的画家的希望。于是在这种特殊的对立和主要的对立之间出现了一种次生的张力，当菲利普与伊苏丹地区那个家族中年长一支的挑战者发生冲突时，这种特殊的对立便被并入主要的对立。年长一支的挑战者本人先前也是拿破仑的军官，在背景和残暴方面实际是他的对手的镜像。

然而，正是这种张力或叙事焦点的不一致使《搅水女人》产生出它独特的力量，因为这些轴心或竞争者的每一个都将以不同的记载、为了相当不同的叙事目的而作出其主要的展示——菲利普的性格。这无疑是巴尔扎克最令人惊讶的人物之一，在许多方面都是个期待中的人物：菲利普是倒霉的“半薪”或退伍军人最早的文学表现之一，他身体的恶化还预示了维多利亚时期流氓无产者最具威胁的幻想形象，除此之外他也宣告了情节剧作为一种处理社会张力和冲突的叙事方法的全面复兴。不过，菲利普还不是那种意义上的一个戏剧人物：他不是那种双重意义上的坏人，一方面加强我们基本意识形态的邪恶概念，另一方面又“解释”社会的混乱存在。他明显是混乱和暴力的一种原则，但叙事并未寻求将这种危险的能量人格化为某种伦理或神话的力量。相反，它认定那种能量的出现和反常情况甚至包含一种基本上历史的对菲利普的分析判断，而这也超越了纯粹的伦理判断。

然而事实上，《搅水女人》运用两种迥然不同的分析判断，两种不同的、相互排斥的解释系统或“心理学”，以一种奇怪的外加的和过于确定的方式来说明一套人物的特征。而由于这种奇怪的重叠——一种基本上是客观的或社会学的分析判断与一种基本上是主观的或原始心理学的分析判断相重叠——我们处于小说的中心，处于可以区分其孪生记述的地位。

172 正如“半薪”一词所表明的，第一种分析判断是历史的，实际上也是辩证的。不论巴尔扎克作品中能力神话的整个意识形态地位如何，这里它的作用是突出其社会境遇的首要性。因此，菲利普能力的质量在这里与历史实践和他可获得的社会角色相称。在拿破仑统治之下，他成为一名上校；在王政复辟时期，他对自己周围的那些人和整个社会是一种威胁；在重新适应争夺胡日遗产的斗争中，由于家庭价值的约束和家庭戒律的限制，他再次提供了一种直觉行动的典范，同样也是战略和战术的典范。然而正如我们已经看到的，在后期巴尔扎克不断延伸的、几乎无止境的历史观点中，这种斗争的目的和奖赏不知不觉地被历史的策略排除或消解。作为胜利者的菲利普，完全有资格控制以他自己的形象铸成的对手，但他发现自己被新生资本主义非个人的机制解除了武装，并因 1830 年的七月革命以及路易-菲利普的资产阶级君主政体中新的银行力量而陷入贫困。因此，在旧的乡村的法兰西和大都会的市场和金融力量之间，他表明自己像是个“正在消失的调停者”，他的“客观历史作用”的结果是将前者积累的财富占有并转变成后者投机的资本。现在他像只旧鞋一样被历史抛在一边，剩下的品质只能使他处于“公民化社会”的边缘，在那里，在从贝伊占据阿尔及利亚的战役中，像“金头”（Tête d'Or——意指金币）到达帝国的极端只是为了遭遇外来游牧部落毫无表情却是绝对的“他性”（Otherness）那样，他被现代文学所描写的最早的第三世界游击队彻底征服。

然而，这种对历史辩证的再现，同时也是一种基本意识形态反映的轨迹，或者用我们前面的术语来说，是对一种概念的二律背反沉思的轨迹。从这一角度出发，问题属于意识形态的“暴力”范畴，故而也许可以用下面的方式得到最好的表达：怎么可能想象这个家庭会产生一种爆炸性力量，足以从另一支夺取财富，而家庭本身在这个过程中又不分裂解体？按照巴尔扎克典型的保守主义逻辑，如果我们认为家庭在这里是社会的象征，那么 173
显然这个文本的“政治无意识”是在以象征的形式提出社会变化和反革命的问题，并反问自己如何能想象回归旧秩序必需的那种力量在这样做的同时不那么强大和具有破坏性，不致在这个过程中毁了其本身。

在转向《搅水女人》里隐含的其他分析或解释系统时，我们发现它是一个人们今天仍然熟悉的心理学系统，其中菲利普的“自我主义”（egotism）被指责为母亲过分溺爱的结果，社会和家庭“放任”的责任以及因此而产生的无法无天和对权威的不尊重也由这种溺爱造成。对我们来说，重要的不是这种相当陈腐的意识形态素，而是它对叙事在结构上的后果，这种叙事至少可以部分地被想象为是对过分溺爱的母亲本人的一个教训实例。弟弟的忍耐献身突出了阿嘉丝（Agathe）那种几乎是罪孽的盲目和偏心，虽然他作为一个画家一开始的荣耀明确显示了她不愿或不能看到的一切。按照常规的批评术语，阿嘉丝只是个背景人物，因此属于一个次要的情节；也许我们需要一种不同类型的叙事理论来辨识叙述的心理重心（这种叙述的表面范畴和表现策略没有被它明显地歪曲，也没有被歪曲的征象），并记录一种境遇的奇特性——在这种境遇里，**有洞察力的**儿子（其实是受害者）宽容地看到一种道德的**盲目性**，这对可能赞同的读者呈现为一种**奇观**。同时，在这种再现里，母亲似乎是一个主题或一个模仿沉思的客体，因此这种再现奇怪地被一种接受的境遇重复，其中表面的读者回头感到一种更本质的注视，于是非常清楚的是，那种“奇观”已被看到或被指定用于启发那个更本质然而又不在场的**目击者**，而且目击者其实就是传记式的母亲本人。但是这个范畴，不在场的读者，不在场的目击者，不再是另一个个人的特征，而是像主体间性的一极，或交流往返中的一个空间或一段，不只“阿
174 嘉丝”这个人物，而且巴尔扎克自己的母亲也模糊地包括在内。实际上，这是明显的传记指称变得十分贴切的地方：巴尔扎克和他弟弟（这里年龄策略地颠倒了过来）之间的斗争，他弟弟一事无成却明显受到巴尔扎克太太的偏爱，父亲（老得多）的黯然无光，他感到从童年开始一直是母亲那种不可理解的敌视的对象（按照传记者的说法，那种敌视最终在堂妹贝特［Bette］这个人物身上得到了文学的再现）。[16]这些细节作为原始资料并不如作为等同的事物更有意义，因为当前的叙事就是在它们作为等同的事物中产生和安排的。这种回视对某个不在场却至关重要的母亲目击者的教训实例，是我们在《老姑娘》里已经辨识的那种说教记载的又一次展示：后者在较小程度上也是对它的女主人公的一次教训——这个女主人公代表法国，她的错误决定（杜·布斯基埃＝1830 年）在这里受到谴责。于是，在这一点上，似乎主体被作为一个他者置于文本之外，作为一种“绝对的读者”，实际的或经验的读者永远不可能与他一致。因此，后者对这种再现像是个旁观者或偶然的观察者，而叙事中没有结构上的位置——没有第四面墙——为他或她打开。

实际上，描写阿嘉丝次要情节和两兄弟竞争的叙事部分，具有一种愿望满足的结构，或更确切地说，一种白日梦、一种白日幻想的结构。主体把自己的形象投射到这种白日幻想之中，而读者或观察者并不占据其成熟的普遍再现中的空位（有些像语言中的虚词），而是占据白日梦中其他某个人物的位置。这种奇怪的

叙事逻辑不仅符合成熟的主体在其发展中的一个早期阶段（拉康恰当地称其作想象的阶段），而且按照弗洛伊德的看法，它还提出了关于美的创造的根本问题，而美的创造必须以某种方式使其内容中个人愿望满足的因素普遍化，或者取代它们、掩盖它们， 175
从而使后者可以称为艺术被其他主体接受——这些其他主体曾遭到诗人自己的个人愿望满足的“拒斥”。[17]因此，福楼拜使文学文本非个人化的计划可以以某种方式看作对弗洛伊德所指的困境的承认，是从叙事的表面取消一切愿望满足的痕迹的系统的尝试。另一方面，巴尔扎克的作品令人惊讶的不仅是这种心理机制的持续存在，而且更重要的是对这个过程没有任何羞愧或自我意识。

从铺垫部分这种“想象的”或愿望满足的记载，小说转向大不相同的主要情节的叙事力量——邪恶的菲利普对伊苏丹的使命和为争夺遗产而进行的激烈斗争。也许令人感兴趣的是根据拉康所称的“象征秩序”来说明这第二阶段记载的特征：从镜像阶段基本的“相似物”或愿望满足的思想形成主体，进入语言，包括它的数字思考、专用名词、否定词，尤其是暂时过渡的主体可以于中依次定位的它的“虚词”或空洞的代词的位置。但在那种情况下我们必须补充说，这是一种截断或破碎的“象征的”经验，巴尔扎克小说的基本特征就是想象和象征这两种秩序的分离，而在成熟的经验里——并可能在所构成的主体的“高度现代主义”里——这两种秩序一般是不可分的。

实际上，如果叙事的第一阶段或想象的记载以母亲不在场的存在为特征，那么主要情节的第二阶段或象征阶段的发展就是死去的父亲——谜一般的胡日医生——萦绕不去，他在这个文本里作为人物的唯一一次出现标志着最初的关键时刻：梦的、福克纳式的时刻。清晨，这位年迈的医生外出应诊，骑马穿过田野，第一次遇到了那位已经长得非常漂亮的农家女孩，她正在一个小水溪里搅着水寻找小龙虾（因此她的土语外号叫“搅水女人”）。

对拉康而言，从“想象”阶段到“象征”秩序的过渡，其标志是幼儿对他所称的“父亲之名”（Name-of-the-Father）的经
176 验，“父亲之名”这种说法将弗洛伊德对俄狄浦斯情结和阉割焦虑的经典解释与基本是语言的区分发现联系了起来，语言区分了父亲的作用本身——专用术语“父亲”——和那种个人的生物学的父亲，而他迄今一直以某种更合适的想象方式与父亲相联系。因此，这是

> 俄狄浦斯情结的时刻，在这个时刻，在［想象的］二重结构的背景下出现了一个三重结构，第三者［父亲］干扰了二重幻想中的想象的满足，推翻了它的结构系统，破坏了它的迷惑力，把幼儿带到了拉康所称的象征秩序，即客观化的语言秩序，这种语言秩序终将使他可以说：我、你、他、她或它，从而使幼儿可以在成年第三者的世界里确定自己作为一个**人类幼儿**的地位。[18]

《搅水女人》是巴尔扎克所称的“独身女人”系列里的第三部小说，就此而言它讲的是一个父亲的功能长期不自然地空缺的故事。不论在普洛普的追求意义上还是在商品形式的意义上，争夺遗产的斗争不大是一个欲望的对象问题，而是一个父亲不在场的征象。系列名称中的“独身”也许可以真正表示这一复杂竞争中任何一个主要的竞争对手：从约瑟夫（被他母亲忽视）或菲利普（他的具有威胁性的能力颇有意味地伴随着身体健康的恶化）到后者的对手马克斯（Max）（按照弗洛伊德经典的“家庭传奇”机制，谣传他是胡日医生的私生子），再到“搅水女人”芙乐尔·布拉兹（Flore Brazier）本人，她最终在婚姻约束下生

活——菲利普获取胜利——标志着一个长期堕落的开始。

然而，这些受害者中最惊人的当是生物学上的儿子，即富有而虚弱的让-雅克（Jean-Jacques），他不能以适当的权威成为父亲的继承者造成了让其他人物冲进来的空虚，而他的各种临床特征——遗传的虚弱与性病、阳痿相关，但也与性受虐狂和乱伦相关（他的情人芙乐尔也与他父亲“睡觉”）——则使这部作品有资格与其他作品并驾齐驱，这些作品巧妙而明显地令人想到男同 177
性恋、女同性恋、性冷淡、兽性、易装癖和色情狂，从而使巴尔扎克进入萨德（Sade）的门派并成为现代心理学的先驱之一，正如他对职业、社会阶级和地域的决定性影响的兴趣标志着他是个历史唯物主义（和泰纳的实证主义）的先驱一样。

如果约瑟夫的叙事因主体的过分投入这类事情而在愿望满足和想象的功能方面知名，那么小说的主要情节或菲利普的叙事似乎以缺少心理的投入为标志：它的戏剧的兴奋具有一种奇特的、非戏剧的、缺少侧面吸引力的特征，一种对这些残废和令人反感的行为者群体令人迷惑的无动于衷。作者对让-雅克的分析为这一在象征秩序核心的奇怪的空白提供了答案：

> 父亲去世的时候，让-雅克 37 岁，他胆小和事事听命的程度完全像个 12 岁的孩子。有些人不相信他的性格，不相信这故事的事实。对于这些人，他的童年，他的少年，其实他的一生，都可以用他的胆怯来解释……胆怯有两种：一种是思想方面的，一种是神经方面的；一种是肉体的胆怯，一种是精神的胆怯。两者互不相关。身体可以吓得发抖而精神仍旧镇静、勇敢，反过来同样如此。这一点可以说明许多奇怪的行为现象。如果两种胆怯同在一个人的身上，那么这个人一辈子都将毫无用处。这种**完全**胆怯的人我们称之为

白痴。[19]

颇有意味的是，像前面讲过的对菲利普的分析判断那样，这里的分析判断基本上也是多因素确定的，它为让-雅克过早的衰老提供了两种迥然不同的解释：遗传和环境，血统的污点和父亲的压制。这两种解释之间真正的不一致性——就菲利普而言，家庭境遇（对他来说，父亲的**不在**）是双重的，这是因为世界—历史的
178 境遇，即拿破仑帝国的兴衰，而不是因为生理学的境遇，如让-雅克的情况——表明，我们在这里涉及一种单独的观念综合，其中遗传、家庭境遇和社会历史情境的主题以象征的方式相等同。实际上，对让-雅克·胡日的奇怪情况的两种分析判断都又回到了死去的父权制：独裁的父亲对儿子性格的决定性影响，在这里通过巴尔扎克喜爱的一种生物学神话得到复制（意味深长的是，这种神话源于他自己的父亲所崇尚的思想!）。按照这种神话，人的能力，尤其是人的性能力，有些像一种固定资本，一旦用去便永远无法补偿。因此父亲的过度行为非常“确定地”说明了儿子神秘地衰弱的原因。所以在这一点上，主体未能构成自己（或承担父亲的名字和功能）的事实，在一种双重的主题化当中——极权主义和性过度——最终被归于死去的父亲，而这种主题化现在使我们可以辨识不在场然而又是叙事决定性的意识形态素。

确实，这种“专制”和“放荡”两种因素的特殊结合所传递的历史信息是非常明确的：只有“旧时的统治”可以由此标示出来，因而死去的医生在我们面前呈现为那种在萨德的作品中永远存在的 18 世纪浪子的真正原型。因此，在 17 世纪“放荡”概念的原始意义上，他的职业强调或确实恢复了科学知识（唯物主义和无神论）与性放纵行为之间的密切关系，不论是作为一切科学探索的视域还是作为追求“幸福”（bonheur）的视域，两者都肯

定人体的终极重要性。

于是，在这种意义上，胡日医生所负的责任绝不只是使一个儿子或多个儿子残废，甚至远远超越了因他死亡而出现的那种为了金钱的残酷斗争，它延伸到新生资本主义的整个堕落的世界，因为新生的资本主义产生于伏尔泰的怀疑论和国家的专断与过分这两种孪生力量对传统君主政体的破坏。所以，这种使让-雅克变成孤儿的历史或寓言的意义，可以认为在菲利普的故事里也有其对应的一面：一个伟大帝国官员的儿子，他的健康毁于忠诚和
自我牺牲，菲利普在拿破仑本人身上发现了他的精神祖先，而拿 179
破仑的去世在天上留下另一种破洞。因此这个世界是坏的雅各宾先父的遗产，在这个世界上，父亲的篡位者（拿破仑）的虚伪仁慈已被揭露，而幸存者——胡日家族的幸存者和王政复辟的幸存者——“残忍地”为控制心理和政治而斗争。

因此，这种使巴尔扎克的小说可以记录这些社会和历史联想的异质叙事，作为它们可能实现的条件依赖于一种中心主体尚未出现的心理情境。这种解读的根据并不是心理统一、获得同一性或自我胜利的某种理想，以为依靠理想便可以衡量这种心理的分裂。相反，小说预言约瑟夫·布赖多（Joseph Bridau）终将获得艺术荣耀和社会成功的那种最后的观点，在文本的开始部分便已被表明是一种纯“想象的”愿望满足。“象征”再次弱化为“想象”：特权之梦同样也安抚了为无法解决的矛盾所折磨的想象。

Ⅲ

对于欲望、意识形态以及某些类型叙事机制的可能性这三者之间的关系，我们现在能够作出一些暂时性的结论，提出一种社会和历史“现实主义”的主张。但在这样做之前，我们必须论述

一个相关的问题，并对前面不断系统地违反传记批评的禁忌所必然引起的反对意见作出回答。

最早的传记批评类型，即旧的“新批评”非常正确地反对的那种批评，基本上是一种遗传事件，其客体是在档案资料、模式或某种人物、事件或境遇的原本中所做的发现。在第二阶段，即根据存在的精神分析、心理传记以及今天大部分伟大的文学传记的阶段，我们在“生活”与特定“作品”如何联系方面发现了一个重要的修正：就其最好的情况而言，在这种批评中，“生活”本身变成了同一作者的又一个文本，与他的其他作品相比没有任何特殊之处，并和其他作品一起被列入整个研究的语料库。

180 在当前的框架里，传记信息的地位与这些中的任何一个都有些不同：在前面那部分里，作为历史个人的巴尔扎克的“生活”，既未被用作一系列的经验事实，也未被用作典型行为的文本系统，而是被用作一种基本家庭境遇的痕迹和征象，而一个家庭的境遇同时也就是一种幻想的主要叙事。这种无意识的主叙事——遵循法文的用法，我们将它称为一种“幻觉”（fantasm），以便使它与白日梦或愿望满足的含义区别开来，而在英文“幻想”（fantasy）一词中，这种含义无法避免——是一种不稳定的或矛盾的结构，其持续不断的行为者的功能和事件（它们在生活中一次又一次地以不同的行为者在不同的层次上重新展现）要求重复、变换，并不断产生各种永不会令人满意的结构的“解决”，而其最初的、没有再加工的形式则是那种“想象”的形式，或者换句话说，是我们已经谈到的那些觉醒的幻想、白日梦和愿望满足的形式。

我们已经概略地谈过巴尔扎克的生活“事实”如何能以这种幻觉的次生文本的形式被加以重构：这孩子夹在父母中间，父亲渐老，他只能不完整地与之认同（贝尔纳-弗朗索瓦·巴尔扎克在他的大儿子出生时已经 53 岁了），而母亲不仅公开与人通奸，而且还令人苦恼地喜爱通奸所生的娇纵的弟弟。不过，应该强调的是，这种矛盾的境遇既是个人的、家庭的或“精神分析的”，又是社会的：萨特的《寻求方法》曾教我们把家庭境遇作为整个社会阶级关系的中介来理解，并把父母的作用理解为社会编制的或具有象征意义的地位。如果扩大到包括这些意思，那么一个在大革命和拿破仑时期通过土地投机致富的从前的农民和一个旧的商人贵族代表之间的婚姻关系，显然与巴尔扎克对君主主义和土地保守主义的那种成熟的、意识形态的幻想解决不会没有某种构成的关系。然而，这里还必须嵌入其他的中介，特别是我们已经注意到，巴尔扎克的经济神话源于父亲——最突出的是能力（不
论是经济还是性）的储存和最终导向死亡（如在《驴皮记》里） 181
的挥霍滥用的幻觉的对立。然而，热情接受父亲的“卫生”系统，与其母热衷于超自然的宗教文学对巴尔扎克的“成熟的”哲学所产生的构成性影响并非是不一致的；实际上，巴尔扎克的哲学在这种意义上可以被看作一种原始的象征行为，一种象征的解决，由此一种推迟满足的商业伦理（在韦伯所说的“新教伦理”的意义上），通过一种浪漫和怀旧的斯威登堡（Swedenborg）式的调停被神秘地投射出来。但是，这种可以以象征行为或矛盾解决的方式重写巴尔扎克看法的投射，最多只能说明一种非常特殊的叙事作品，即 19 世纪 30 年代那种幻想的小说和故事（集于《哲学研究》之中）。

然而，在这里研究的巴尔扎克成熟期的两部作品里，我们还是能够将某些正当“想象”或愿望满足的记载分离出来：在特瓦斯维耶这个视域人物身上（在《老姑娘》里）勾画出来但在叙事里并未实现的那种确立土地资产的梦想，在母亲眼里最终恢复权利的幻想，在《搅水女人》约瑟夫那部分里最终对卑鄙的与之竞

争的兄弟的胜利。因此，这些想象或愿望满足的文本是原始的幻觉借以寻求某种（不可能的）解决的过程的第一个阶段或第一个时刻。

但这个时刻——愿望满足的文本的生产——按照弗洛伊德的看法还不是真正文学或文化生产的时刻，更不用说任何意义上的"现实主义"的时刻。它允许我们说明的是那种被称作意识形态的相当不同的事物的生产，阿尔都塞把它定义为"对主体与他或她的真正生存条件的关系的想象的再现"[20]。现在我们可通过区分这样一种"想象的再现"及其叙事条件的可能性来提炼这一定义：前者确切地说是愿望满足的白日梦或幻想的文本，《老姑娘》和《搅水女人》提供了这种文本的片断，它们可以无限地扩展以至包括巴尔扎克对自己的幻觉，如想象自己是沃尔特·司各特那样的托利党大地主，不仅在地方上拥有权威而且在全国也有影响，不仅是一个王朝的首脑而且还是个贵族和恢复了生气的上院
182 议员，一个贵族精英的意识形态代言人，一个像拉斯蒂格纳（Rastignac）或德·马尔赛（De Marsay）那样的政治家和内阁部长，最后也许是那种拿破仑式的"铁腕人物"，需要他取得反革命的胜利——这一次是决定性的。

巴尔扎克的意识形态现在可以理解为是这种幻想文本的**原则**：换言之，它是那些可能性的观念条件或人们必须"相信"的叙事预设，是那些以经验为根据并保证一定能实现的前提条件，因为只有如此才能使主体成功地对自己讲述这种特殊的白日梦。例如，长子身份变成了一种对重新确立巨大地产必不可少的初步要求，而单以地产为基础就可以构想一个恢复了生气的贵族，于是它同时变成了一个重要的政治"原则"，而幻想文本的生产则经历了一种奇怪的"无意识的"反省，因为在生产它自身的过程中，它必须同时保证自己意识形态的前提条件。

但是，白日梦和愿望满足的幻想绝不是一种简单的活动，在任何时间或地点都适用于接受某种思想。相反，它们包含着一些机制，对这些机制的审视可以进一步告诉我们愿望和现实主义之间、欲望和历史之间那种否则无法想象的联系。实际上，将整个意识形态的生产作为迷恋一种特殊白日梦的先决条件，看来隐含着某种类似现实原则的东西或在后者内部的审查。这种奇特的辩证——其中欲望的主体被迫列举种种反对他或她的“想象”的满足的意见，以便甚至在白日梦的层面上实现后者——在任何地方都不如在普鲁斯特的作品里描写得那么引人注目，叙述者发现，想要从他迷恋的那位无动于衷的姑娘那里收到一封情书绝不是一件易事：

> 每天晚上，我都沉湎于对这封信的想象中，觉得我甚至可以当面读它，逐行逐句地背诵。但我会猛然惊恐地中断。我明白，假如我真的收到一封吉尔伯特（Gilberte）的信，无论如何都不会是这封信，因为我自己刚刚把它构想出来。在那以后，我心里迫使自己不看那些我喜欢她向我说的话，
> 唯恐说出它们我会完全把那些话——最珍爱可心儿的话—— 183
> 从可能实现的领域里取消。[21]

普鲁斯特的“解决办法”，一种对欲望的否定之否定，可以说是一种现代化的方式，其中通过放弃被幻想的客体而使这客体被神奇地唤出。然而它使我们瞥见其他的、“更有力的”解决办法，这就是巴尔扎克之类作家的那些解决办法。因为意识形态前提条件的产生和采纳，仍然是我们可以称作愿望满足的第一层次的问题：主体希望实现意识形态原则，以便随后能够希望幻想的叙事。但是人们可以想象一种更合乎逻辑的欲望行为，其中愿望满

足的思想开始系统地满足资本主义社会新生的“现实原则”的反对意见，满足资产阶级超我或审查的反对意见。这些第二层次的叙事——按照前面的区分我们将把它们称作“象征的文本”——不像那些更拙劣更容易商品化的想象层次上的文本，它们包含一种更困难的、不可缓和的、充分实现的幻想的概念：这种幻想不是通过一种“非现实的”全能力量的简单解决来实现，也不是通过一种一开始不需要叙事轨迹的直接满足来实现，相反，它寻求使自己获得最大可能的再现强度，安排最复杂和最系统的困难与障碍，以便更肯定地克服它们，就像一个哲学家事先想象他用自己的成功论述来驳倒的那些反对意见一样。

于是有时出现这样的情况：反对的意见无法驳倒，愿望满足的想象把它的准备工作做得极好，以致愿望或欲望本身被无法辩驳的“真实”的对抗挫败。正是在这种意义上，卢卡契关于巴尔扎克的看法才是正确的，但理由却是错的：并非巴尔扎克对政治和历史现实有更深刻的认识，相反，他固执的幻想要求最终使“历史”本身转而反对他，作为缺场的原因，也是欲望必然失败
184 的潜在根据。因此，“真实”——无疑在堕落的资本主义世界——是对抗欲望的东西，是欲望的主体了解希望破灭所依赖的基石，也是它最后衡量一切拒绝满足它的事物所依赖的基石。然而也可以说，这种真实——这种缺场的原因，基本无法表现也无法叙述，只有在其影响中才能发觉——只有通过欲望本身才可以揭示出来，而其愿望满足的机制则是审视这种对抗的表面所用的工具。在福楼拜的作品里，当巴尔扎克的幻想被抹去后，它的地位被两种孪生的观念取而代之：一种是“包法利因素”（bovarysme）现象，即“欲望到欲望”，其客体变成了幻觉的形象；另一种是第一个反英雄人物弗雷德里克·莫罗（Frédéric Moreau）的厌食现象，他再没有力量欲求任何东西，此时“真实”也不再

回应，因为对它再没有进一步的要求。

这个叙事过程现在可以用下面的图示表示：

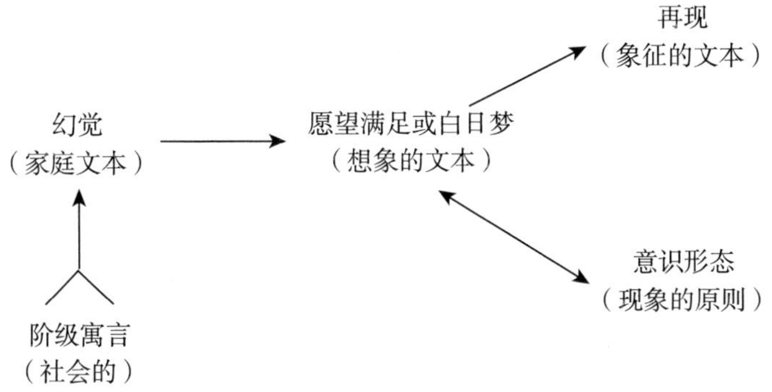

【注释】

[1] 关于“行为者”，见本书第二章注释 21。“日常生活行为的代码”是罗兰·巴特用来表示日常生活的常规统一性和行为的术语或名称：“什么是一系列的行为？一个名称的展开。进入？我可以把它展开为‘出现’或‘穿透’。离开？我可以把它展开为‘想要’、‘停止’、‘再次离开’。给予？‘激励’、‘归还’、‘接受’。反过来，确立序列就是找出名称。” *S/Z*，trans. R. Miller，New York：Hill and Wang，1974，p. 82.

[2] 具体参见 Roman Jakobson，“On Realism in Art，” in K. Pomorska and L. Matejka，eds.，*Readings in Russian Formalist Poetics*，Cambridge：MIT Press，1971，pp. 38—46。“解码”（decoding）是德勒兹和伽塔里用的一个术语，参见 *Anti-Oedipus*，pp. 222—228。

[3] 这里和本章后面我对拉康术语的理解和运用的更充分的说明，见我的“Imaginary and Symbolic in Lacan，” *Yale French Studies*，Nos. 55—56 (1977)，pp. 338—395。对拉康的“体系”更令人信服的阐述是 Anika Rifflet-Lemaire，*Jacques Lacan*，Brussels：Dessart，1970。

[4] Honoré de Balzac，*La Comédie humaine*，Paris：La Pléiade，1952，11 vols.，“La Vieille Fille”，iv，247.

［5］In *Das Prinzip Hoffnung*，Frankfurt：Suhrkamp，1959，2 vols.；简要说明参见 *Marxism and Form*，pp. 116—158。

［6］“旧时的‘赛勒尼’（Sileni）是这些小盒子，像现在我们在药店里可以看到的那些盒子，外面画着夸张的玩具似的形象，如鸟身女妖、森林之神、带缰的鹅、长角的兔子、带鞍的鸭子、腾飞的羊、套在辕间的公鹿，以及类似的编造的图画，其目的是逗乐，引人发笑，就像赛里纳斯这位善良的巴克斯（司葡萄之神）的养父本人常做的那样。但是，那些被称作‘赛勒尼’的变幻无常的小盒子里面，却装着许多小心保存的良药，如香脂、龙涎香、珂蒙香、盒香、香猫香等等，还有好几种宝石，以及其他一些贵重物品。”（Author's Prologue，*Gargantua*［the Urquhart-Mortteux translation］）

［7］Theodore Dreiser，*Sister Carrie*，New York：Norton，1970，p. 86.

［8］关于德莱塞价值论的悖论——他最坏时最好——因他的风格问题而奇怪地得到了强化，这应根据异化和物化来研究，而不应按照通常实证主义的范畴来研究。See Sandy Petrey，“Language of Realism，Language of False Consciousness：A Reading of *Sister Carrie*，” *Novel* 10（1977），pp. 101—113.

［9］关于把修辞和风格的区分用作一种历史和断代的概念，参见 Roland Barthes，*Writing Degree Zero*，trans. A. Lavers and C. Smith，London：Cape，1967，pp. 10—13，41—52。这种区分始于 Genette，他遵循 Lubbock 对“照片”（或“报道”）和“场景”的区分，把它称作“古典‘抽象’和‘现代’‘表现性’之间的对立”。See Gérard Genette，*Figures Ⅲ*，Paris：Seuil，1972，p. 131；Percy Lubbock，*The Craft of Fiction*，New York：Viking，1957，esp.，pp. 251—254.

［10］*La Vieille Fille*，p. 228.

［11］关于小说开始部分更详细的解读，见本章第一个版本：“The Ideology of Form：Partial Systems in *La Vieille Fille*，” *Substance*，No. 15，Winter，1976。

［12］Tzvetan Todorov，“Poétique，” in F. Wahl，ed.，*Qu'est-ce que le structuralisme*? Paris，Seuil，1968，pp. 142—145，亦见 *Languages* 杂志关于"情态"的专号（No. 43，September 1976）。终极的哲学基础应该在情态逻辑中发现，参见 Georg Henrik von Wright，*An Essay in Modal Logic*，Amsterdam：North Holland Publishing Co.，1951，and *An Essay in Deontic Logic*，Amsterdam：North Holland Publishing Co.，1968。通过适当的形式化，这里提出的意识形态公理模式可以说成是对 Oswald Ducro 以个人的陈述或句子说明预设的叙事和宏观结构的一种投射：Ducro 将表述行为或言语行为的概念扩展到他所称的"司法行为"，在这种"司法行为"里，正如在莫斯的礼品概念中那样，接受行为在结构上需要接受者同意特定话语预先假定的意识形态内容。Oswald Ducros，*Dire et ne pas dire*，Paris：Hermann，1972，pp. 69—80.

[13] 简单地说，符号矩形或"表意的基本结构"是二元对立或两个相反面（S 和—S）的表现，以及两项的简单否定或矛盾（所谓的次级对立关系$-\bar{S}$ 和 $\bar{S}$）：表意的位置由这些项的各种可能的结合构成，最显著的是"综合"项（或两个对立面的理想的合成）和"中立"项（或两个次级对立面的理想的合成）。See A. J. Greimas and François Rastier，"The Interaction of Semiotic Constraints"，*Yale French Studies*，No. 41 (1968)，86—105；and F. Nef，ed.，*Structures élémentaires de la signification*，Brussels：Complexe，1976. 也可参见我的 *Prison-House*，pp. 162—168。

[14] 关于巴尔扎克的反浪漫主义，参见 Pierre Barbéris，*Balzac et le mal du siècle*，Paris：Gallimard，1970，especially chap. 7。

[15] 见他的论文"Balzac：*The Peasants*，" in *Studies in European Realism*，pp. 21—46。

[16] 关于巴尔扎克的父母及巴尔扎克与他们的关系，参见 Barbéris，*Balzac et le mal du siècle*，chap. 2。关于他的兄弟 Henry 和《人间喜剧》中兄弟争斗的主题，参见 M. Fargeaud and R. Pierrot，"Henry le trop aimé，" *Année balzacienne*，1961，pp. 29—66；P. Citron，"Sur deux zones obscures de la psychologie de Balzac，" *Annee Balzacienne*，1967，pp. 4—10；P. Citron，"Introduction，" *La Rabouilleuse*，Paris：Garnier，1966。

[17] Sigmund Freud, "Creative Writers and Day-Dreaming," Standard Edition, IX, London: Hogarth, 1959, pp. 143—153.

[18] Louis Althusser, "Freud and Lacan," in *Lenin and Philosophy*, trans. Ben Brewster, New York: Monthly Review, 1971, p. 210.

[19] Honoré de Balzac, *The Black Sheep*, trans. D. Adamson, London: Penguin, 1970, p. 171 (*La Rabouilleuse* [*La Comédie humaine*: Paris: La Pléiade, 1952, 11 vols.], iii, p. 971).

[20] Althusser, *Lenin and Philosophy*, p. 162.

[21] Marcel Proust, *A la recherche du temps perdu*, Paris: La Pléiade, 1954, I, p. 409.

四、发自肺腑的愤懑：乔治·吉辛“实验小说”中的文类断裂和意识形态素

意识形态必然意味着个别主体的力必多投入，但是，意识形 185
态叙事——甚至我们所说的“想象的”、白日梦的或愿望满足的文本——在其素材和形式上都同样必然是集体的。在本章中，我们将讨论，每一特定时期的文化或“客观精神”都是一种环境，那里栖居的不仅是承袭的词语和幸存的概念，还有那些社会象征类型的叙事整体，我们称之为意识形态素。

这些意识形态素是原材料，是承袭的叙事范式，作为过程的小说就作用于这些范式之上，并将其改变成属于不同秩序的文本。因此，我们必须学会区别意识形态素于中留下不同踪迹的文本，以及自由浮动的叙事客体本身，后者从未以基本的词语形式被直接表达，而是必须根据事实加以重构，作为写作的前提或潜文本。要说特定时期的意识形态素在所谓通俗文学或大众文化中对我们更直接可得（大概由于它们不那么容易受比较明确的“文学”文本的改造），这个结论也许是个错误；而另一方面，特定的衍生性文学又显然是这些材料的潜在仓库，只要它们不是太快地分解成“影响”的问题的话。

例如吉辛早期的作品《冥界》（*Nether World*），你说它多么狄更斯（Dickens）式就多么狄更斯式，但要明白狄更斯范式对吉
辛的约束力并不是气质的或艺术的超凡魅力的结果，而恰恰证实 186
了这样一个事实，即这些范式为年轻作家所面对的客观意识形态问题提供了同样客观的“答案”（或想象的解决办法）。然而，就

吉辛的情况看，据说他是英国自然主义作家中最“法国”的人，一位无与伦比的作家，他独特的小说只在最近十年里才被重新发现，因此，早期的狄更斯式“解决办法”反过来产生出新的问题和矛盾，对此必须发明新的与众不同的办法，即吉辛成熟的叙事机制的办法。

至于狄更斯范式——尤其是狄更斯式伤感，也就是狄更斯笔下女主人公的叙事范式，亚历山大·威尔士（Alexander Welsh）曾恰当地把这种女主人公称作“壁炉前的天使”[1]——也许最好将其理解作更大系统的组成部分，这个更大系统的另一种叙事选择，即戏剧叙事，在狄更斯的同代人尤金·苏（Eugène Sue）的作品中得到了更加明白的体现。这两种范式，伤感的和戏剧的，从意识形态的角度看，可看作两个不同的（但并不相互排斥的）叙事策略，可以说是19世纪中产阶级对下层社会萝卜加大棒式的道德化。这两种方式在《冥界》中都留下了印迹，因此它才得到广泛的阅读。不是由于它有关于维多利亚时代贫民窟生活条件的纪实性信息，而是因为它是这两种叙事范式的见证，即中产阶级是如何用这两种范式组织他们关于那些贫民窟问题和“解决办法”的幻想的，是如何用这些“办法”解决、控制或抑制由工业劳动阶级和城市破落无产阶级的存在而引起的明显的阶级焦虑的。

我在前面的章节中提出，就其文类形式而言，特定的叙事范式在其原有内容在历史上已经过时很久之后还仍然发出意识形态的信号：农民舞蹈变成了贵族的小步舞，这种现已是双重积淀的形式又被雅各宾党人所利用，然后与资产阶级沙龙音乐（古典奏鸣曲的第三乐章）的民族主义冲动相配合，为这个过程提供了戏剧性的权威解释，其中，最古老的内容层次继续为后来的、相当
187 不同的象征功能提供活力和意识形态的合法性。

通过意识形态素，就可以看到类似的剩余功效。在《冥界》中，传统的二元并置，即傲慢美丽的克拉拉（Clara）与谦虚的狄更斯式的简（Jane）的并置，设定了读者接受这两种叙事的立场，即像许多人所默认的、前意识地理解的那样，将其作为先存意识形态素的信号和典故。这实际上是指责克拉拉的社会抱负的问题，但她作为女演员有争议的地位显然不足以说明这个问题，我们一定会有嫉妒的对手给她以迎头痛击。其寓意似乎比原来更清楚更简单，它的伦理形式掩盖了更具政治意义的社会幻想。而主要姿态只能通过在这里以叙事速写的形式仅仅予以暗示的意识形态素的比较明确的表达来加以充分理解，将其解作意识形态的“符号”。因此，用苏的《巴黎的秘密》来诠释这个文本就不是断言任何直接的文学影响，而恰恰是试图恢复这里所激活的更大的集体幻想，苏令人怀疑的功绩就在于为这种幻想提供了最耀眼的表达。我们于是把那只给她致命打击的手当作叙事姿态和意识形态幻想的简明图式的再现，这在苏笔下的复仇警世人物巴黎人哈伦-阿尔-拉希德（Harun-al-Rashid）即鲁道夫（Rodolphe）王子身上比较容易地揭示和流露出来。他在生活中的使命就是严惩大多数来自下层社会的罪犯、坏人和恶棍，正如马克思在他最长的文学批评文章中所说的。[2]实际上，王子亲手挖去校长（《巴黎的秘密》中最臭名昭著的恶棍的绰号）眼睛的那个原型场面，作为警世正义的有效例证，极好地说明了19世纪小说中的戏剧冲动。如果把这位破落恶棍与巴尔扎克笔下的菲利普相并置，他的历史意义就更加鲜明了，后者尽管有所有那些反社会倾向，却没有获得这种行为者地位（actantial status）；或与康拉德笔下的绅士布朗（Brown）相并置，在这个人物身上，“恶行”已不再表示工业资本主义的黑暗面了，而恰恰表示发达资本主义世界的核心国家与这些国家试图渗透的那些古老社会结构之间那座陌生的无人 188

岛。校长这个人物具体体现的焦虑是19世纪中产阶级对暴民的原始恐惧——这种暴民是法国大革命高潮“日子”里的主要行为者，是曼佐尼身体恐怖的对象，也是司各特、曼佐尼和早期狄更斯描写的那些伟大骚动场面的主题，这些场面最公开最真实地表达了社会和历史恐惧，而在情节剧与其伦理的二元并置中则只能得到不真实的抑制和象征性的表现。因此，对校长的惩罚就是对前工业时代的城市暴民被制度化为永久破落的无产阶级时所释放出来的焦虑的严酷的“解决办法”，暗示了被吓坏了的有产阶级所愿意采取的手段（这也是他们在1848年6月大屠杀和对公社的血腥镇压中所采取的手段）。克拉拉的次情节所解开的正是这个意识形态和偶像情结（iconic complex），它的弦外之音仍然微弱地继续发出来。

同时，狄更斯范式也并不缺乏社会和政治的象征性意义，尽管它对于狄更斯所具有的意义——逃离社会阶级的梦魇而进入乌托邦避难所的家庭和年轻妻子的田园式空间——在这里已被改变成相当不同的、无处不在的、维多利亚后期的主要“义素”，即摈弃。实际上，在吉辛早期作品的全部女主人公当中，最光彩照人的、狄更斯式风格已达到令人难以忍受的地步的就是忧郁的蒂尔莎（Thyrza）。在那部同名小说中，她表明了在吉辛的小说中，“壁炉”的避难之所何以变成了贫民窟：蒂尔莎的可爱和天真在构成上特别与她的贫穷、她的无知和她的阶级环境相关。因此，从定义上说，她不可能在不丧失她作为狄更斯式象征的属性的情况下而被允许逃离那个环境的限制。因此，为了避免与在地位、教育和财富等方面都三倍于她的男人结婚，她必须死去。[3]但是，
189 吉辛的其他作品和传记表明，这个结局是由多种因素决定的，也是由他个人非门当户对的婚姻梦魇所激活的：像他的第一个妻子一样，一位无产阶级的妇女，在中产阶级婚姻的折磨之下酗酒而

死。狄更斯范式在《冥界》中的应用绝不比这严酷，但丝毫没有失去意识形态的内涵。实际上，在那部“人民的小说”中，简·斯诺顿作为田园式女英雄的资格，由于富有的祖父强迫她从事慈善事业而经受了社会和阶级的严峻考验。因此，当不成气的父亲擅用遗产而使她摆脱了她在气质上极不适应的一个使命时，摈弃便成了神佑的解脱。

这两种意识形态素都极清楚地向下层社会传达了同一个终极信息：留在你自己的位置上！苏的范式的威胁不过由狄更斯范式的前景所复制，后者把额外的魅力赠予那些懂得如何体面地摈弃的人。然而，如我们所说，这些仅仅是《冥界》的改造性生产开始利用的原材料，它们不是最终产品，而仅仅是在这个例子中证明不成功然而矛盾和具有启示意义的一个过程的起点。不能把《冥界》说成是无产阶级小说，尽管有些人物名义上的职业——制模、制作珠宝或工艺花等是类属无产阶级的。它的概念和组织框架不是社会阶级的框架，而是 19 世纪那种非常不同的意识形态观念，即“人民”的观念，把穷人和各种“无特权阶层”统统聚集在一起，人们可以恶而离之，在政治民粹主义的意义上，也可以恋恋不舍地“回归”，以便从这种地球公民的源泉吸取力量。[4] 吉辛本人与“人民”的关系是我们以后将讨论的厌恶和迷恋的奇异综合。

关于《冥界》的民粹主义，首先必须看到的是，它再现了对特殊形式和叙事问题的解决办法（或尝试性解决办法），这就是年轻的卢卡契所说的叙事**总体性**危机。巴尔扎克叙事中奇异的不 190
断拓宽的人物冲突（agons）在其展开的过程中似乎遇不到这种困境；晚期狄更斯的巨大空间网络也不会遭遇这种两难困境，后者把令人眼花缭乱的众多人物及其流动编织成蔓延的伦敦“无法总体化的总体”，似曾接近可能会令自己的组织手段危险地意识到自身的局限，因而把客观危机置于自己的原材料和“社会等同物”之中。然而，在吉辛的作品中，狄更斯式的城市一点一点地耗尽它的活力，缩减成一个人物对另一个人物的呼叫的空洞的系统网络，对压抑的房间和公寓的拜访，以及在贫民区无目的的漫游。因此，城市已不再是这些叙事的宏观统一，不是其“总体性”的外部象征，或作为社会内容之意义统一的外在符号。[5] 自然主义叙事为取代旧的总体化框架而采用了根据专业化或劳动分工而对叙事材料进行的新分类；看一看左拉（Zola）对鲁贡-马卡（Rougon-Macquart）家族系列“话题”的系统图式分类，其不同的主题包括：铁路、金融、农民、战争、医学、宗教、城市无产阶级等等。然而，需要强调的是，这个新的解决办法实际上是问题的一部分：社会总体性危机是同一种现象——物化、社会破碎、劳动分工和泰勒化[6]——的结果，这些决定了自然主义组织策略的条件。

吉辛的“人民”的小说观是自然主义高度专门化的一种形式，试图作为社会总体性的一幅图式而自行消失。事实上，赋予这种意识形态概念以文学再现的尝试系统地揭示了其自身的内在
191 矛盾：如果“人民”仅仅作为分类概念而成功地发挥了作用，那么，小说的人物就将被缩减成其先存本质的纯粹说明，而小说则充其量只能一遍又一遍地重复上面描述的阶级警告——这在当下关于叙事动力的语境里，可以重写为一道行为命令：不要企图变成另一种人物而改变你已经是的人物！另一方面，如果“人民”的观念开始不顾自身而具有阶级内涵，那么，它就必定致命地进入关系之中，把它必然借以限定自身的、或公开或隐蔽地与之进行斗争的其他社会阶级拉入它的再现领域。然而，这也会导致对那个最初框架的超越，对“人民”这个概念的自动批判，以及叙事断层的爆发。如我们不久将看到的，这种发展尤其会使“人

民”概念的“他性”不可避免，不安地强调它对具有特权然而又无地位、沾沾自喜然而又无激情地收集这种叙事原材料的观察者的依赖。[7]

《冥界》的创新性在于它把这种矛盾置于其内容之中的方法，并发明了解决矛盾的独特的权宜之计。事实上，这是赋予其情节以中心的慈善使命的终极意义。老斯诺顿讲述了他的伟大构想，把个别行为与无鲜明特征的背景客体奇怪地联结起来，把叙事人物与比抽象概念强不了多少的东西联结起来：

> 假如我死时我能确知所有这些钱财都能由一位本身属于穷人的女人用于救济穷人呢？你明白我的意思吗？以普通的方式把这些钱财留给慈善机构那是再容易不过的了；但是， 192
> 我的想法远不止那些。我愿意让简接受教育，把她塑造成一位贵夫人，我还希望她也会用上这笔钱；但我的想法远不止**这些**。现在可有相当多的夫人对穷人感兴趣，无私地花掉她们的财产。我所希望的是在穷人和未受教育者中为他们培养一个朋友，一个亲身经历过**他们**的全部痛苦的人，像**他们**那样习惯于靠自己的双手过活的人，从未认为自己优越于他们、用他们的眼光看待世界，并知道他们的全部所需的人。[8]

慈善的主题是自动指涉的，甚至老斯诺顿突然吐露的生活目的也与吉辛对组织叙事（和解决这种叙事总体性的危机）方法的发现相同。这并非偶然的巧合，当我们不久表明“慈善实验”是吉辛成熟叙事的关键机制时，这一点就清楚了。

没有必要无休止地赘述慈善事业的意识形态内容。慈善事业寻求非政治地、个体化地解决社会体系在结构上固有的剥削，那种特有的文化改良和教育太司空见惯了。[9]吉辛的意趣就在于他在闭锁于这个项目之中的同时又能看穿它、猛烈地指责它，一方面遭到改良主义慈善家们无情的摈弃，另一方面又遭到无法如此被拯救或升华的“穷人”同样率直的指责。

然而，正是作为叙事现象，这种慈善使命才肯定最具启示意义，把这种改良计划介绍到现实主义再现的核心中来，就等于对经验存在的性质与其文学原材料的适当性进行含蓄的判断。我们所称的巴尔扎克作品中的叙事形态异质性现在可以惊人地与这个
193 新主题相并置：在巴尔扎克的作品中，经验存在、历史和累积事件的分量，对于其他可供想象和用不同叙事形态表达的历史来说显然还是太轻了些。我们已经提及，在现实主义主流，这种选择性的叙事记载开始消失，而大量同质性的叙事机制——强制性的“指示”记载——取代了它们的位置。在经验存在的令人窒息的限定性重压之下，甚至可供选择的社会世界，如事实所示，也必须找到再现的表达方式，其结果便是乌托邦或科幻小说。在这方面，车尔尼雪夫斯基（Chernyshevsky）的《怎么办?》是不朽杰作，老斯诺顿成功的计划也许会把生活本身重新写入这个文本中来。[10]

这就是伟大的现实主义小说家们、非常特殊的意识形态的“存在的指导者们”，不得不由于自己的叙事和审美趣味而拒斥革命变化和现状的终极利害关系的情况。他们所唤起的再现客体——被看作有机的、自然的，伯克式永恒的社会世界——的牢固性必然受到任何关于世界不是自然的，而是历史的、屈从于根本变化的建议的威胁。的确，现实主义奇怪的亚形式，即无产阶级小说，在再现机制面对那至高的事件时，表明了所发生的一切。它把罢工比作社会革命，对社会“存在”和社会总体本身提出质疑，从而破坏了那个总体的基本前提，即这种形式的丑

闻——成功时失败、失败时成功——的由来，从而避免了从“伟大的现实主义”承传下来的文学评价的范畴。与此同时，这些现实主义者们本身也必然采取众多遏制策略，试图以此把非存在的东西、欲望、希望和转换性实践折回到自然状态；这些趋于未来和趋于根本变化的冲动必须被系统地物化，改造成“感觉”和心 194
理属性，“人物”的性格和事件现在被解作存在的机制和形式。至于自觉的政治革命者，他或她必须是特殊归化操作的对象，对此我们稍后讨论。

这种慈善计划与这些叙事策略不相符合，充其量可被重新归化为理想的利他主义、怪癖或无害的狂躁。如此，作为解决总体困境的尝试，慈善使命便与辩证哲学的伟大主题之一相交叉，即黑格尔所摈弃的、卢卡契在《小说理论》中重新拾起的伦理需要。按此判断，这种需要，对职责和伦理义务的催眠，就必然把对失败的膜拜和对纯粹的、未实现的意图的盲目迷恋永久化。[11]因为道德义务预先决定了生存与职责之间的一道鸿沟，不可能满足于单一职责的履行和后者向生存的必然转换。为了保留它自身独特的满足，伦理学必须不断向自身提出不可能实现的和不可能达到的目标。但是，据卢卡契所说，叙事只能以经验的东西作为它的原材料；因此，受抽象伦理概念驱使的人物只能通过某种“灵魂的缩小”、通过赋予它“对它所认为的唯一的最平常的现实的现存思想的魔鬼般的执迷”[12]，才能充分地再现。卢卡契的模型显然是《唐·吉诃德》，如果他未曾期望慈善小说在19世纪的特殊繁荣，那是因为他是在传统意义上看待伦理冲动的，将其看作伦理的个人与个别案例（casus）之间的对峙。然而，这个慈善计划并非把单个的个人而是把整个阶级或集体作为它的目标，把伦理行为扩大到极限，就是说，扩大到超越了这个界限，它就必然变成政治的了。

然而，《冥界》以另一种方式对叙事结构进行解构，这是后期的吉辛采取的一个策略。这里，叙事表征可以在单个人物的不
195 平衡中窥见，《冥界》中公认的英雄锡德尼·吉尔克伍德（Sidney Kirkwood）沉思的被动性和哀伤的忧郁似乎把他与其他人区别开来，赋予他独特的自我意识。确实难以不产生这样的印象，即全然不同的人物似乎正从这位名义上的无产阶级身上出现，他周围的叙事含混与其说是技巧无能的问题，毋宁说是不久就将标志着吉辛后期小说特点的**异化了的知识分子**在这个独特的叙事前文本上的叠加。这就仿佛叙事材料本身——物化了的抽象的“人民”素材——据此而试图弥补自身结构上的不足，围绕特权的中心或证人重新组织自身，而这个中心或证人从定义上说却属于另一个阶级。然而，他也必须保持行为者的身份，是这个社会世界的各种现实的参与者。问题再一次规定了自身的答案，所论的主人公将是以特殊方式异化的人，也就是通过**丧失社会地位**（déclassement），通过那种阶级背叛的形式，而这正是执迷于或向往阶级阵线另一端的地位的表现。

事实上，吉辛的另两部早期小说《人民》和《蒂尔莎》暗示了这种叙事方法的基本结构变体：后者追溯了一位理想主义的年轻绅士在把文化带到兰贝斯的过程中所遇到的困难，而前者则讲述了一位有才能的年轻无产阶级的命运，他意外地收到了一笔遗产，无意中获得了一家工厂的所有权。这些情节以创新的方式解决了慈善“形态”的问题，这为吉辛提供了成熟的叙事机制，并在《奇异的女人》和《新寒士街》中得到了最充分的体现。这个答案证实了我们对前章中概述的巴尔扎克小说中可能的叙事形态化（modalization）的历史阐释[13]；实际上，这就仿佛在吉辛的“时刻”中一样，巴尔扎克式形态化的相对自由已不再有用了。换言之，这就仿佛在高度物化和越来越大规模商品化的宇宙里，

物品和制度的"存在"及在它们中间的人类主体愈加物化的地位和角色对于叙事想象如此重要，以至于记录的转换和命运的形态 196
变化已不再是严肃艺术家所能用语言加以表达的了。慈善的策略被抽空了内容，在这个意义上它从来就不是真正的叙事答案。现在——这个现代主义和大众文化同时出现的时刻——新的（或再创造的）亚文类即乌托邦小说脱颖而出，在这个时期内展示了重新恢复的生命力。同样，"想象"和愿望满足或欲望的各种形态在大众文化生产的亚文类中找到了新的制度化，这些亚文类包括：哥特小说、冒险和神话故事、科幻小说和侦探小说。

于是，吉辛发现自己受到了指示性模式的限制，巴尔扎克的"义务的"小说记载在这里失去了功能。然而，巴尔扎克人物体系的某些东西经过极大改造在这里保存下来：在吉辛至少可以部分地使个人终极命运相对化的那些结构中，有一个使用了多个呼应的次情节，其中，每一个情节中的主人公都提供了在这个逐渐封闭的宇宙中仍然可能存在的客观变体的"综合"。但是，这些可能性已不再像在巴尔扎克体系中那样通过单独愿望满足的冲动而相互关联起来。它们现在仿佛仅仅是经验的变体，它们的关系由吉辛所利用的我们前述的自然主义范式所决定：对正式"主体"的专业化划分，如女权主义或自由新闻（在上述提及的两部小说中），在这里却成了透镜或折射的媒介，一组不同的命运便是由它们联系在一起的，而在法国自然主义中，按话题进行组织则是区别不同叙事内容的手段。然而，吉辛对高度自然主义专门化手法的使用说到底仅仅是个计策，的确，在他的成熟作品中，婚姻和文学生产这两大主题，以及与此二者相关的第三个"话题"，一笔独立收入的问题，都以我们将在下面详述的一种方式深刻地相互关联。

然而，使个人终极命运多样化的这种结构可能性本身依赖于

已经在早期小说中逐步形成的比较激进和巧妙的“解决办法”：这个办法标志着吉辛的叙事作为“实验小说”远较左拉的实验小
197 说严格。在吉辛的成熟期，小说往往被看成一个实验空间，其中，给定的人物屈从于在被控制的环境里进行的实验，在那里，变量的变化得到了系统的检验，在那里——不同于左拉所预见的小说实验——特定的实验轨道可以重复，事实上也可以逆转，而所论的实验也可根据所要检验的变量重新进行。

然而，有人认为这并非纯粹的中立过程，这种说法可以从《人民》在叙事上实现的“实验”得到证明，在这部小说中，年轻的劳动阶级军人理查·穆迪摩（Richard Mutimer）得到了管理叔叔的工厂的机会。理查命运的这种出乎意料的、真正的“实验性”转变在通常情况下会产生适当的乌托邦叙事，其中探讨的将是建立欧文（Owen）式合作飞地的可能性（这种乌托邦叙事一般所得出的否定结论，用我们这里的术语来说，就是试图把乌托邦记录回置到并不存在这种飞地的现存“指示性”宇宙的经验现实之中）。但是，这绝不是吉辛所感兴趣的东西。

实际上，我们已经表明，吉辛关于阶级素材的构思是关系式的，或更准确地说是冲突的：工人阶级小说仅仅在表面上是关于无产阶级生活方式的“文献”，孤立地看，它们没有对资产阶级或上层社会生活作任何相应的叙事再现。相反，社会空间的这些看上去分离的同质地带，只有在它们被来自其他阶级的人物、其他阶级的闯入者或避难者、叛逃者或传教士分割时，才对小说家具有意义。《人民》叙事实验的精神从根本上被这些分割改变了，而我们旨在“科学地”观察的东西，与其说是万雷（Wanley）在管理和技术上的变化，毋宁说是理查本人在投身资产阶级实际环境时的社会和阶级变化。这家工厂实际上是许多铸铁厂和矿厂的联合企业，属于一位离群索居的叔叔的财产，一位前无产阶级托利党员，他计划把这笔财产留给年轻的贵族门客。关于这位年轻人放荡淫逸生活的丑恶谣言突然使这个计划发生了改变，但老穆迪摩未留遗嘱就突然死去了，这为理查提供了机会，结果却导致了与“在他地位之上”的年轻女人的不幸婚姻。于是，《人民》 198
就成了关于势利小人的道德教训的书，系统地揭示了工人阶级的人物是多么不可救药，多么不适合不同阶级环境的社会和文化条件。这个实验借以逆转和结束的残忍和无缘无故再一次证实了这些阶级态度的丑恶性：坐在老穆迪摩曾在上面中风的教堂长椅上，理查不幸的贵族新娘突然发现了一张字条，这正是那张不翼而飞的遗嘱；原来的继承人继承了财产（事实上他并非像谣言所说的那样一无是处），而理查必须放弃一切，他的新的生活方式，他的整个乌托邦计划，都已被新的主人夷为平地，以便恢复这个地方原有的自然美。

《蒂尔莎》的“实验”似乎不那么极端，因而也未产生惊人的效果：但这仅仅是因为这些结果被取代了，也因为这种实验在吉辛的小说中从来就不是对称的。所以，埃格里蒙特（Egremont）要把文化带给工人阶级的失败的计划，并未对他本人而是对一般认为受他保护的人和受他所害的人产生了反作用。这里，对通过教育实现改良的幻想进行完全正当的批判——尤其是埃格里蒙特建议的为使兰贝斯的工人阶级获得新生和“审美教育”而进行系列讲座和借书的计划——变成了对阶级间相互沟通的可能性的更具破坏性的批判，这是由于埃格里蒙特对那位无产阶级女英雄（兰贝斯就是以她的名字命名的）不自觉的激情造成的。然而，无论是后者的死（如我们已经看到的，她的死如此风格化、如此渲染以至于暗示出前拉菲尔（Raphael）式天使的全部非现实的矫饰），还是埃格里蒙特自己暂时的沮丧（尽管预示了后期小说中对忧郁和精神死亡的更强有力的再现），在这里都不是适当的援引。

事实上，这个特别实验的主要“主体”并不是这些人物，而是明显比较次要的人物，埃格里蒙特最早的工人阶级听众中的一员——吉尔伯特·格莱尔（Gilbert Grail），他热心地投入读书和文化活动，在改良者的主计划中担任一个角色，即作为图书馆员和工人阶级读者与这位中产阶级实验者之间的调节者。实际上，埃格里蒙特的计划像一道闪电进入了那老头的生活，从头至尾改
199 变了那种生活，搅起了在实际的等级制度下难以想象的种种期待，格莱尔的命运至今就一直被禁锢在这种制度之下。格莱尔向蒂尔莎的求婚不过是这个改变地位的实验的最富戏剧性的表达，然后，又被埃格里蒙特与蒂尔莎之间的（相互无好感的）爱情彻底改变和毁坏。与此同时，这种新的激情又破坏了埃格里蒙特自己的计划，比任何工人阶级的顽抗都更有效地毁坏了他的名声。格莱尔充当了自己计划的牺牲品——他的婚姻和新职业顷刻间毁于一旦——由于缺乏关于受害者的任何特别讨人喜欢的描述，所以这个牺牲显得更加客观（这实际上是吉辛后来作品中讨厌的父亲和注定垮台的丈夫这类人物的原型，无法挽救的坏运和噩运的牺牲品，如于尔［Yule］或威德森［Widderson］先生）。叙事实验的突然终结又一次具有了如此任意的性质以至于暗示出深思熟虑的情感逻辑。

事实上，格莱尔的命运表现的是可称为拔示巴原型的东西，是那句谚语“凡是有的，还要加给他，叫他有余；没有的，连他所有的也要夺过来”（《马太福音》25：29）所表达的寓意。拔示巴从不愉快的乌利亚那里的偷窃和后者被国王真实的杀害是表达道德训喻的工具，这也是一种阶级警示：“富户有许多牛群羊群；穷人除了所买来养活的一只小母羊羔之外，别无所有。羊羔在他家里和他女儿一同长大，吃他所吃的，喝他所喝的。”（《撒母耳记下》12：2—3）于是便发生了可以预料的结果。的确难以不产

生这样的感觉，即已经拥有了格莱尔所缺乏的一切——出身、金钱、地位、教育、消遣、青春、思想——的埃格里蒙特仍然还要剥夺后者那只小母羊羔，那是他所拥有的微薄的财富；也难以不产生这样的感觉，即这里起作用的是埃格里蒙特对穷人的兴趣，那从本质上说出自原始的嫉妒，一种利用那种阶级团结的渴望，而他本人将永远被排除在那种团结之外。《蒂尔莎》的灾难可以被理解为对埃格里蒙特慈善的利他主义的无意识意义的严格判断和评论，实际上是对以博爱冲动为掩盖的敌视态度的尼采式揭露。

另一方面，吉辛作品中充分体现的矛盾情绪是无法衡量的，
除非我们认为从另一个角度来看，格莱尔只能责怪他自己，他最 200
终的痛苦只不过是他要超越自身地位的欲望的结果，是他自己要离开适合他的阶级的冲动的结果，在这个意义上，这与埃格里蒙特的痛苦构成了完美的互补。如此，这种叙事“实验”——应该开拓出在物化了的生存与经验上难以改变的命运的令人窒息的条件下不可能实现的空间——导致了它自身的因果报应，可以将其理解成一种可怕的仪式，其中，恰到好处的和象征性的惩罚是社会地位的丧失。

如此看来，似乎清楚的是，新的叙事机制——即我们所说的“实验环境”——是由更恰当的意识形态主题所激发的。如果你愿意，也可以说是多元激发或多元决定的。这些早期“实验”小说的主人公们，理查·穆迪摩、埃格里蒙特，甚至吉尔伯特·格莱尔，都以这种或那种方式象征着我们在《冥界》中窥见的那个异化了的知识分子。现在我们必须进一步阐明这个主题，因为《新寒士街》的作者显然不理解与商业社会的平庸之辈进行搏斗的被诅咒的诗人（poète maudit）以“浪漫”的笔触描写的这些知识分子的“异化”，甚至不理解马拉美的写作和语言生产中固

有的结构异化。相反，异化在这里指在两个社会世界与两种阶级价值和义务之间永远悬置的知识分子的阶级异化和“客观背叛”。显然，吉辛自己的个人“伤痕”——如狄更斯早年的创伤，包括丑闻和流放，由于偷窃而受到指控，以及被可能使他获得中产阶级生活地位的公立学校开除——注定使他采取黑格尔“忧郁意识”的特定社会形式，这阻止了任何成功的和明确的阶级认同。

但是，异化知识分子的主题只有在从语义上恢复其作为意识形态素的表现价值之时才能得到正确的理解。如本章所涉及的一些较早期的资料所示，我将论证的是，这个特殊“主题”和似乎戏剧性地表现了这个主题的人物本身不过是对更加根本的意识形态“符号”的多种影射，任何当代读者都能本能地理解这个符号，但是我们又在文化上和历史上与之保持着距离。的确，这个
201 符号或意识形态素并非这样地存在于任何地方：作为时代的“客观精神”或文化“象征”秩序的组成部分，它与后者一起消失在过去，只留下了它的踪迹——物质的能指、词素（lexemes）、谜一样的词和短语。正如我们对过去文本的重构必须要经过对这些消失的词义和内涵及生成它们的语义系统的重构一样，我们对过去叙事文本的重构也必须以一项工作为前提，目前这项工作尚不如对其词汇进行词汇学研究先进：这就是对所论历史时期的意识形态素的重构和储存。

在目前的例子中，我们可以把这个特殊意识形态素认作**愤懑**，在这方面尼采是先驱理论家，即便不是，他也确是**愤懑**的形而上学家：“当**愤懑**具有创造力并生发出自身价值时，奴隶的伦理造反便开始了：这就是不能进行唯一真正的反抗——行动——而只能通过想象的复仇保护自己不受伤害的那些人的**愤懑**。”[14]尼采对历史的整个看法，他的历史的主叙事，都是围绕这个命题组织的，它把一般伦理学，尤其是犹太—基督教传统判定为奴隶

向主人的复仇，是前者用一种奴隶精神——博爱精神——污染后者的一种意识形态策略，以便剥夺他们固有的生命力和侵略性的、实际上是贵族的傲慢。

尼采的叙事或神话在表面上是作为一种批判维多利亚时代的道德主义和伪善的心理机制而提出来的。但是，对它的二度改写却表明它具有更加重要的政治功能。于是，在《现代法国的起源》中，泰纳追寻米什莱（Michelet），用**愤懑**的主题“解释”革命的现象。这种解释是从两个方面展开的：首先，在通俗的意义上，**愤懑**的意识形态素似乎在“心理的”和非物质的方面解释了无产者对有产者的破坏性嫉妒，因此也说明了人民大众反抗等级
制度的否则便不可解释的事实，而历史学家则只关注这种制度实 202
际健康的和有机或公有社会的性质。同时，在次要和比较神秘的、“多元决定论”的意义上，**愤懑**也解释了那些人的煽动行为，他们煽动本来基本满足的民众参与“不自然的”动乱：于是，这个意识形态素指示了尼采的“苦行神甫”，出类拔萃的知识分子——不成功的作家和诗人、蹩脚的哲学家、易怒的记者和各种各样的失败者——其私下的不满导致他们承担起政治和革命激进分子的使命。这种判断的双重标准，将为从陀思妥耶夫斯基和康拉德到奥威尔（Orwell）的整个反革命宣传传统提供内在动力，它与理查·穆迪摩作为无产阶级知识分子双重不祥的地位一拍即合，并为这个人物无端遭受结构上的残酷惩罚提供了合法理由。

愤懑理论最惊人的地方是它不可避免的自动指涉结构。在《人民》中，这样的结论当然是不可避免的：吉辛不满于理查，而最使他愤怒的又是理查的**愤懑**。我们现在也许与这个特殊意识形态素拉开了足够的距离以得出一个推论，即这个貌似真实的“理论”本身不过表达了对看上去无缘无故的下层社会动乱的反感，以及对社会小船显然不必要的颠簸的反感。因此，可以得出

结论，**愤懑**理论，无论出现在哪里，本身都永远是**愤懑**的表达和生产。

然而，我们还不能就这样撇下吉辛的例子。不同于巴尔扎克的介入，实际上是不同于巴尔扎克的势利行为——这仍然是力必多投入和乌托邦愿望达成的手段——吉辛早期作品中常常出自作者之口的令人吃惊的阶级立场和见解具有深刻的令人怀疑之处。这就仿佛在物化了的语言的世界里，甚至作者自己的语言也不再是真实的了，实际上作为对空洞的、漂浮的公认观点的福楼拜式模仿而摆在我们面前。我们的确需要更加复杂的、巴赫金所说的“对话言语”的模式[15]来理解把这种表达解作他者的语言的环境，
203 在这种环境中，表达自身的动机绝不是**仅仅**与上层社会的态度达到认同，**而且**，仅就吉辛本人的矛盾情感体系来说，也是反对上层社会的**愤懑**行为，以使它似乎为之证实的那些人难堪和妥协。[16]

这种语言在吉辛成熟期的作品中消失了，而那些成熟小说的风格性质还未受到充分赞扬。实际上，起初很难理解吉辛晚期电子一样枯燥的风格，及只能称作这些小说对话机智的东西，是如何与其精神和物质内容未释放的荒芜相一致的。然而，机智却大可不必与紧张不相协调；相反，它的效果一般意味着故意没有表达的强烈情感，以及赋予显然无利害关系的表述以其自身隐秘的强度和迫切性的情感沉默。

至于吉辛的叙事风格，它的构成性特征，比如对形容词近乎修辞式的使用，意味着对一种承袭工具的严格和非人格化的应用，尤其是对 18 世纪形容词的伟大的分析运动的运用，它的三重构词法，它对限定性短语的解析，以及作为“理性”本身之盔甲的细腻的句法变化。然而，当人们把这种工具与乔治·艾略特（George Eliot）晚期绚丽的、对修辞机制极具情感的再造相对比

时，当人们想起吉辛自己过去作为拿资助基金的古典主义者，一生都忍受着前面暗指的社会和阶级侮辱的无法医治的伤害时，那就不能不得出这样的结论：吉辛事实上是在使用已死的语言材料，而他的风格的秘密则在于这样一个假设，即他的“英语”是像拉丁语一样已死的语言。更确切地说，吉辛的语言或许提供了罗兰·巴特所说的“空白的写作”[17]的最早例子，白色的或空白 204
的写作，与巴特后来判断的理由完全相同：这种语言实践试图通过根本的非人格化——仿佛通过防御性的自杀——来平息由任何活的言语应用所直接激发和再生的社会冲突。

从这个语言视角出发，我们现在最好描述一下吉辛晚期作品中的叙事机制和人物体系。有必要用两种策略上的替代把这里所描述的早期叙事机制转变成吉辛最伟大小说的叙事机制：异化的知识分子越来越明确地成为作家本人，这样，上面提出的“丧失社会地位”的种种问题便直接与赚钱的问题联系起来。同时，早期作品唤起的阶级冲突在这里很大程度上根据性别差异和“妇女问题”而得到重写：这使我们所描述的“实验”环境被置于更加传统的婚姻小说的框架之内，从而获得异乎寻常的阶级共鸣。

晚期作品中人皆熟悉的人物体系——失败的老年男性，在他们身上痛苦和乖戾把古老忧郁的形象改造成最丑恶最不可救药的灵魂疾病；倦怠富有的年轻男人，这是福楼拜式反英雄的轻浮的化身，在他们身上甚至后者模糊的纠缠不清的“对欲望的欲望”也已被忘记；挣扎着的年轻女人，她们的独立是靠卖身而买来的——这个体系只能根据欲望来理解。但是，与巴尔扎克不同的是，吉辛所处环境中欲望的商品化把任何已经达成的欲望或愿望都打上了不真实的印迹，而真实性充其量是对失败意象的可怜巴巴的依附。吉辛作品中对金钱焦虑的独一无二的专注，那种勉强糊口的生存苦难，独立财产或固定收入的缺乏，是回避这种难以容忍的选择的手段，因为它把真正欲望的实现寄托于未来，在乌托邦幻想的生活环境中，人最终会赢得写作所必需的闲暇的。

205 因此，对收入的渴求在吉辛作品中从来就不是商品欲望，而像是一种前欲望，是事先就被系统地加以贬值的欲望的先决条件。所以，成功（与富有的女人结婚）或失败都没有留下高级自然主义情节剧的影子。在其晚期作品中，不可避免的失败感由于首先不过是达到目的的手段的本质的褊狭和无用性而被秘密地掩盖和悬置了：这种从未到来的自我实现所不可或缺的先决条件，使所有这些人物处于致命的偏见和忧虑之中，这些偏见和忧虑既是从真正理想（私人）生活的脱离又是对这种生活的替代。因此，吉辛作品中欲望的辩证性质就仿佛否定之否定。由于他的人物从未处于欲望的境地，成功和失败的整个体系从一开始就仿佛被叙事策略所破坏，故而可以把这种策略解作**愤懑**本身的最终形式。从这个观点出发，摈弃便被辩证地改变了。它不再是对小资产阶级的压抑环境和对或然性的客观限制的回应和适应，现在它已被概括成对商品欲望本身的全球性拒绝。

于是便引申出一条普遍原则，并被绝对化为吉辛叙事的原动力，**愤懑**不再生成纯粹的意识形态意象，而保证了超越意识形态信仰的一种分化。太绝对以致不可能在传统的势利行为中找到安身立命之处的一种忧患意识，现在则要履行使命而记录历史和社会的现实，其深邃的“混合感觉”产生一种无所不在的阶级意识，资产阶级读者无法忍受在这个意识中驻足片刻。这种感觉恰好证实了我们开始时对吉辛的那种矛盾描述，而只有在这种感觉中，**愤懑**的现象——当然，在所有人类情感中这是为萨特式不诚实所深深驱动的那种情感——才可以说具有一定的真实性。

【注释】

[1] Alexander Welsh，*The City of Dickens*，London：Oxford，1971，chap. 9.

[2] Karl Marx，*Die Heilige Familie*，chap. 8，in Werke，Berlin，1962，Ⅱ，pp. 172—221.

[3] 吉辛的最糟糕的修辞——但他相信他是在以狄更斯的口气说话——可用来帮助读者理解这个无端的情节：“即使她本人不想那样（指死亡）又能怎样呢？那个男人所能祈求的又可以是怎样的更幸福的馈赠呢？她安息了，纯洁的，温柔的，在贞洁之中安息了。”（后来，当蒂尔莎的贵族女主人听到这个消息时：）“我们很少能感受到朴素的感情。那消息起初还令人难以置信，后来奥蒙德（Ormonde）太太领会了它的意思，她知道她的人道的悲痛中掺杂着一种充满敬畏的感激。”（*Thyrza* [Cranbury，N. J.：Fairleigh Dickinson University Press，1974]，pp. 473—475）

[4] 19世纪对这种意识形态情结的经典表述见 Jules Michelet，*Du Peuple*，1846。当代对民粹主义分析的反思，见 Ernesto Laclau，*Politics and Ideology in Marxist Theory*，London：New Left Book，1977，chap. 4。

[5] 如约翰·古德（John Goode）所见，吉辛笔下的城市既是后狄更斯式的又是后波德莱尔式的，参见 Raymond Williams，*The Country and the City*，New York：Oxford University Press，1973，pp. 215—247 关于这一时期现代城市的精彩论述。

[6] 这里主要指 Harry Braverman，*Labor and Monopoly Capital*，New York：Monthly Review，1974。“泰勒化”是据其发明者 Frederich Winslow Taylor 命名的，试图通过把生产分成最小和最有效的单位来合理解释劳动过程，与笛卡尔对概念的分类异曲同工。

[7] 这实质上就是我所说的约翰·古德在“George Gissing's *The Nether World*”（in David Howard et al.，*Tradition and Tolerance in Nineteenth-century Fiction*，London：Routledge & Kegan Paul，1966，pp. 207—241）中所提出的观点。他说“冥界”不是一个社会阶级，而是类似于“贫穷的文化”的东西：“书中唯一真正的恶棍是匮乏这个客观事实……（据

吉辛所说）工人阶级境况改善的唯一希望就是提高道德标准，但那又不可能提高，因为他们所献身的经济力量预先决定了他们低下的道德品质”（pp. 234，236）。

[8] *The Nether World*，Cranbury，N. J.：Fairleigh Dickinson University Press，1974，p. 178.

[9] 慈善事业作为英国的一种建制的历史特殊性，参见 David Owen，*English Philanthropy*，1660—1960，Cambridge：Harvard University Press，1964；和相关的研究 Welsh，*The City of Dickens*，pp. 86－100，and Norris Pope，*Dickens and Charity*，New York：Columbia，1978。

[10] 其他合适的参考资料当然包括 Morris，*News from Nowhere*，1891。在“Gissing Morris，and English Socialism”（*Victorian Studies*，12 [December，1968]，pp. 201－226）中，约翰·古德认为《人民》（*Demos*）的缺点在于它的结构不能容纳未来，因此，它们与迫使莫里斯重新发现乌托邦或科幻小说形式——一个经验的现在对于再现旨在改变现在的社会主义力量的不充足性——的环境是一致的。

[11] Georg Lukács，*The Theory of the Novel*，trans. A. Bostock，Cambridge：MIT Press，1971，pp. 65－66.

[12] Ibid，pp. 97－111.

[13] 见本书第三章，注释 12。

[14] Friedrich Nietzsche，*The Geneaology of Morals*，I，10.

[15] 见本书第一章，注释 63。

[16]“几乎不顾他自身，[作家] 谦虚地提供给读者的那面镜子是魔幻的：它使人着迷又使人妥协。尽管所做的一切都是为了仅仅为他们提供一个谄媚的和洋洋得意的形象……审美距离把它置于遥不可及的地方。不可能对它感到高兴，从中得到任何舒适的温暖，任何不连续的放纵……自发的行为，在向沉思状态的过渡中，失去了它的天真和直接的借口：它必须被假定或被改变。”J. -P. Sartre，*What Is Literature*?，trans. Bernard Frechtman，New York：Harper & Row，1965，pp. 89－90.

[17] Barthes，“Writing and Silence，”*Writing Zero Degree*.

五、传奇与物化：约瑟夫·康拉德小说中的情节建构和意识形态的封闭

与高度自然主义风平浪静的封闭性格格不入的莫过于约瑟 206
夫·康拉德的作品。也许正是由于这个原因，甚至在 80 年之后，他的地位仍然是不稳定的，悬而未决的，而他的作品则是不可分类的，溢出严肃文学而进入轻松读物和传奇，以最咄咄逼人的风格和文体（ecriture）重申消遣和娱乐的伟大区域，在普鲁斯特和罗伯特·路易斯·斯蒂文森（Robert Louis Stevenson）之间不定地漂泊。的确，在当代叙事的兴起中，康拉德标志着策略上的断层，20 世纪文学和文化**制度**的结构，不可能存在于巴尔扎克记载的异质性中，甚至不可能存在于为吉辛逐渐统一的叙事机制提供素材的范式断裂中，在这里变得清晰可见了。在康拉德的作品中，我们能感觉到的不仅是即将到来的当代现代主义的出现（它本身现已成为文学制度），还有仍然明显地与其相并置的、既可以称作通俗文化又可以称作大众文化的东西的出现，在晚期资本主义中，其商业文化话语往往被描述成一个媒体社会。这种出现被最富戏剧性地置于大多数读者都认为是一次明显“突破”的
《吉姆爷》的叙事之中[1]，一次质的转换和叙事强度的弱化，当 207
我们从帕特纳的故事和对弃船丑闻的“实情”进行的复杂的原文本探讨，读到对吉姆后来在帕图散的生涯的更加线性的叙事时，名副其实的传奇范式便作为表现大众文化的各种“堕落的”亚文类原型（如冒险故事、哥特小说、科幻小说、畅销书、侦探故事等等）而出现在我们面前。但是，这种制度的异质性——不纯粹

是两种叙事范式之间的一次转换，甚至不是两种叙事或叙事构思之间的一种差异，而是两种不同文化空间的转换，即“高雅”文化和大众文化——并不是《吉姆爷》表征地暴露的唯一裂隙或断裂。实际上，我们将有机会把这部作品的风格实践作为实际上自治的“实例”分离出来，与该书的不同叙事实例或层面形成张力或矛盾——正如我们将坚持作品和历史以及原型政治冲突的世界的被压抑的空间一样，在这方面，我们可以把这个世界看作旧现实主义内容的踪迹和残余，现在被刚出现的现代主义话语所取代和有效地边缘化了。因此，现在必须事先假定的形式历史范式显然比从巴尔扎克的现实主义到我们前述的高度现实主义的运动框架更加复杂。从图式上看，可以将其描述为旧现实主义的结构崩溃，从中产生的不仅是现代主义，还有两种文学和文化结构，它们辩证地相互关联，为进行任何充分分析而必然地互为条件：现在，这些已经不知不觉地被置于严肃文学制度和法兰克福学派方便地称为“文化工业”的不同而一般互不相容的空间之中，即生产“通俗”或大众文化的机制。[2] 最后这个词是个新术语，这可
208 以用巴尔扎克的情况加以戏剧性的说明，如果愿意，我们可以把他说成是一位“最佳畅销书”作者，但是，对他来说，这个命名是不合时宜的，因为在他所处的时代，在最佳畅销书的生产与后来被认为是“严肃”文学的生产之间还不存有任何矛盾。

所有这些不同但却尚未加以充分区别的文化“空间”在康拉德作品中的共存，标志着他的作品既是对狭义的文学形式也是对广义的文化形式进行历史分析的独特实例。这也为本书所从事的这种研究提供了同样独特的机会，即“元评论”（metacommentary），或对相互冲突的阐释方法进行历史或辩证的重新评价。[3] 由于康拉德叙事中客观呈现的那些断裂，如在为数不多的其他几位现代作家那里一样，投射出令人眼花缭乱的众多相互竞争和不

相适应的阐释选择，这正是我们以下所要评价的。我们已经隐然地接触到其中两项，即对康拉德的“传奇”或大众文化的阅读，视其为冒险故事、航海叙事和通俗故事的作者；和对康拉德的风格分析，视其为我们不久将称为对风格的适当的“印象”意志的实践者。[4]然而，与所有这些相伴共生而又不直接明显地与之相关联的，还有一些其他的颇有影响的解读方式：比如，神话批评的，这种批评方法把《诺斯特罗摩》（*Nostromo*）看作寻觅宝藏的原型表达[5]；弗洛伊德的，这种解读方式认为，康拉德的两个儿子主人公（吉姆和诺斯特罗摩）被其精神之父施以可怕的行刑仪式，体现了俄狄浦斯解决的失败[6]；伦理的，这种解读方式认为康拉德文本就是直接意义上提出了英雄主义和勇敢、荣誉和胆 209
怯等“问题”的书[7]；自我心理学的，这种解读方式把吉姆的故事解作对身份或精神统一的寻觅[8]；存在主义的，这种解读方式突出人类生存的无意义和荒诞性等无处不在的主题，将其作为作品传达的“信息”和“世界观”而突出出来[9]；最后，比上述任何解读都强大的，尼采式解读把康拉德的政治视角看成与愤懑的斗争，结构主义的文本解读视康拉德的形式为对不可能的叙事开端的内在戏剧化和对线性叙事本身不断增进的自反性和问题化。[10]

这些不同阐释之间的竞争性主张和冲突构成了解读《吉姆爷》和《诺斯特罗摩》的主题网络，现在我们可以用对形式层面逐渐重构的形式将其呈现出来。这里，而非在本书的其他地方，元评论的双重焦点必然清晰地显露出来：我们试图为其自身的缘故而建构康拉德文本的模式，将其作为本书内在意趣的前提；而同时，从另一个角度看，这个模式又将是对其他批评方法加以评论的借口。然而，把我们的解读建立在已经获得的契机之上，这是合适的做法；我们应该从一开始就回归到前几章中提出的叙事 210

总体性和框架手段或遏制策略等问题上来，可以想见，这在康拉德的作品中将呈现新的有创意的形式。

I

康拉德作品中遏制策略的特别场所是大海；然而，大海的事实也允许我们衡量和欣赏我们将在这些文本中看到的“新生的现代主义”与比较圆满地实现和制度化了的各种现代主义之间在结构上的相对差异。由于大海既是遏制策略，又是真正从事商业的地方：它是边界和装饰性界限，但也是一条高速公路，既远离世界，同时又在世界之中，工作的压抑以及工作地点的缺席——乡下人在周末读的那种英国古典小说中，人类关系是以其全部理想的纯洁形式表现的，这恰恰是因为具体的内容已经被归于其他的工作日了。

所以，大海是吉姆可以沉思世界的枯燥乏味的地方，这种枯燥乏味就是被称作资本主义的一般工厂的日常生活：

> 他的位置在前桅平台上，他常常从那里望下去，带着临危不惧之人的蔑视，望着被褐色浪头冲为两半的无数安宁的房顶。而在周围平原的外围，零散的工厂烟囱垂直升起，直顶着肮脏的天空，每一只都像铅笔那样纤细，像火山一样喷出烟来。(5 页)[11]

吉姆在这个世界之外，他与这个世界保持着绝对结构上的距离，这可以用我们不久就将谈到的一个过程来衡量，即康拉德的句子要把这种现实改造成印象的冲动。那些遥远的工厂塔尖对于吉姆，以及对于从事这部小说写作的康拉德来说，与普鲁斯特瞥见

的马丁威尔上方的座座教堂尖塔毫无二致（唯一美中不足的是，211
后者已经是纯粹的印象了，既不需要审美改造，也不需要什么阿基米德点来表示结构上的外在性，普鲁斯特风格的全部能量现在都被投入到对客体本身的沉思之中）。

首先我们要对这种地缘遏制策略进行两点评述，然后再对其历史性含混给予公正的评价。首先，在某种意义上，吉姆试图颠倒马克思的经典意识形态模式（即在纯粹思考中对具体社会环境的重复），并在言语和思想上把父亲象征性地取得的成就重现于现实。他的父亲是典型的英国阶级制度下的一个空想家（一位英国国教牧师），他的使命在上述引文的前一段中得到了细腻刻画：

> 吉姆的父亲拥有为平房里的人们的正义而创造的某种不可知的知识，而同时又不打搅一贯正确的上帝使之安居大宅的那些人的静谧。（4 页）

从我们的观点看，从这段话在康拉德文本中插入的逻辑来看，宗教的意识形态功能也可以依据遏制和总体性来理解；平房、大宅和“小教堂”（使其相互协调的意识形态产地）的地理景观要求任何一种阶级立场都不能聚焦于——实际上是不能看到——另一种。吉姆对这种由于意识形态的盲目而与之和谐的地理体验的方法是不同寻常的：他选择的使命使他可以完全走出所有这三个阶级领域，远距离地平等视之，就仿佛观看大地景色一样。

然而，如果说吉姆选择大海作为空间和使命是通过展现和颠倒而无意识地放弃了意识形态，那么同样可以说它的实现取决于意识形态生产的相当不同的一个层面，即审美的意识形态生产。正如康拉德在这些预备性文字中所做的一样，我们也必须认真地强调吉姆的包法利性格，即他的工作与第一次向他建议这种工作

212 的“轻松假日文学课”之间的关系：

> 在底层甲板上，在两百种嘈杂的声音当中，他会忘记自己，事先在心中体验着轻松文学所描写的海洋生活。他看到自己在拯救沉船的人们，在飓风中砍断桅杆，靠一根绳索游过一个浪头；或成了孤独的遇难者，赤着脚，半裸着身体，走在毫无遮掩的礁石上，寻找贝壳充饥。在热带的海岸上他遇到了野人，在公海上他看到了被镇压的兵变，而在大海的一叶小舟里禁闭着绝望的人们的心灵——永远是忠于职守的榜样，仿佛书中的英雄那样无所畏惧。(5 页)

康拉德作品中体现的福楼拜特点莫过于这样的段落，在低层次的语言强度上再造了福楼拜抒情幻想的伟大节奏，如爱玛（Emma）年轻时的浪漫梦想，甚或费利西泰（Félicité）对外部世界的冥想。当康拉德对我们说他对福楼拜的唯一兴趣就是后者的风格时，我们确实应该相信这一点。[12]然而，恰恰是在这里，我们不仅看到从现实主义对外部世界的天真命名向意象表现的过渡，一种向现代主义和印象主义的过渡，而这本身又取决于意象和感知的意识形态以及关于精神和感觉作用的整个实证主义准科学神话；同时我们还对叙事素材预先进行选择，从而使思想完全通过意象体现出来，也就是说，拒绝概念的东西，而推崇白日梦和幻觉这两大自然主义的精神和叙事文本。康拉德标志为“进步”的
213 地方——如果那是关于这一历史进程的准确术语的话——正是他被这种意象和这种白日梦所催眠的地方。《包法利夫人》发明了印象主义白日梦的一个记载，以便明确地将自身“现实主义的”语言与另一种语言严格区别开来，把第一种记载用作第二种记载非神秘化的对象，创造没有外部对象而只出现在体系内部的解码

机制——它已不再是纯粹抽象的此在，以巴尔扎克式或司汤达式主人公的“幻想”和理想为形式的此在，而是风格和分子的，与个别句子的文本和生活完全融为一体的此在。福楼拜的感染力就在于意象的这种非实现性——而这种非实现性最鲜明地表现在这些时刻：《圣安东尼的诱惑》的结尾和《三故事》中的故事，而向宗教意识形态的回归似乎允许我们假定充实的言语（parole pleine）或完全神秘和幻想的体验。但是，我们希望就《吉姆爷》提出的论点是，在小说的第二部分中，康拉德继续描写的恰恰是由他本人，或含蓄地通过风格戏仿而由他的伟大先驱讽刺的那种传奇。

所以，大海这个非地点（non-place）也是传奇和白日梦、叙事商品和“轻松文学”纯粹娱乐的堕落语言的空间。然而，这不过是故事的一半，含混性的一极，我们现在必须公正对待这种含混性的客观张力。大海是工作和生活的具体地点之间的空旷空间；但它本身也无疑是一个工作地点，也是帝国资本主义借以将其分散的立足点和前哨聚集在一起的因素，通过这些立足点和前哨，它能慢慢地实现有时狂暴有时安静而恶毒的向地球上前资本主义外围地带的渗透。大海不仅是商业交易的场所，它也是劳动的场所。显然，如果我们忽视了对海上生活的“现实主义”描写的话——所有这些叙事都使我们从特定角度瞥见这种生活——我们对于《“白水仙号”上的黑鬼》、《台风》和《走投无路》的作者将说不出什么重要结论。然而，遏制策略并非唯一的排除方式，也可以采取压抑的形式，在某种更严格的黑格尔哲学的意义上，旧的被压抑的内容仍然在后来形式化了的表面之下持存不去。实际上，我曾在别处论证过这种垂直压抑和层积或积淀乃是 214
经典现代主义文本的主导结构。[13]在这方面，作为这种策略的纯粹显现时刻，康拉德也能向我们展示一些具有启示意义和象征意义的东西，下面这段极具艺术自觉性的文字可引以为证，句中福楼拜式的三重性实际上喻指文本中显意和隐意的层面：

> 在那熟睡的人群上方时时飘来一声微弱的压抑已久的叹息，一场噩梦的抒发；短暂的金属碰击声突然从船底爆发出来，铁锹利落的刮擦声，猛关炉门的砰砰声，都猛烈地爆发出来，仿佛下面处理神秘事物的人们都已义愤填膺。而与此同时，蒸汽船又高又细的船体在前方平稳地行进着，光秃秃的桅杆没有一丝摇晃，在无法接近的宁静的天空下不停地穿越那片巨大寂静的海水。(12 页)

意识形态、生产、风格：一方面，《吉姆爷》内容的显意层面——“熟睡的人群”的道德问题——使我们相信该书的“主题”是勇敢和胆怯，对此我们要依据伦理和存在主义的术语加以解释；另一方面，最后可消费的语言商品——船的景象——把所有这些现实改造成风格和我们将称为现代主义的印象主义策略的作品，它的作用就是抵制内容的实现，在某个纯粹审美的层面上使其成为可供消费的东西。而在这二者之间，从驱动船体的锅炉房里传来的短暂碰击声，标志着生产和再生产这个世界本身的那种劳动意识形态和表象之下的存在，正如柏克莱唯心主义中上帝的注意力一样，那种劳动不断维持着现实的整个结构，使之持存，正如马克思在《德意志意识形态》的一篇最富戏剧性的讲演中提醒费尔巴哈的：

> 这样一来，打个比方说，费尔巴哈在曼彻斯特只看见一些工厂和机器，而一百年以前在那里却只能看见脚踏纺车和织布机；或者他在罗马的康帕尼亚只发现一些牧场和沼泽，

> 而奥古斯都时代在那里却只能发现到处都是罗马资本家的茂密的葡萄园和讲究的别墅。费尔巴哈特别谈到自然科学的直 215
> 观，提到一些只有物理学家和化学家的眼睛才能识破的秘密，但是如果没有工业和商业，哪里有自然科学？甚至这个“纯粹的”自然科学也只是由于商业和工业，由于人们的感性活动才达到自己的目的和获得材料的。这种活动、这种连续不断的感性劳动和创造、这种生产，是整个现存感性世界的非常深刻的基础，哪怕它只停顿一年，费尔巴哈就会看到，不仅在自然界将发生巨大的变化，而且整个人类世界以及他（费尔巴哈）的直观能力，甚至他本身的存在也就没有了。[14]

这样，这种关于物质生产潜在的反对意见在现代主义文本新的形式结构的掩盖下仍在继续，的确，这种意见只能继续，然而却容易被窒息和间断，容易被忽视（或依据美学、感知，如在这里你宁愿不加以概念化的现实声音和震耳的献辞而加以重写），它的永久性最终只能用政治无意识和形式意识形态精密的解释计数器来探测。

当然，这种生产现实与间或可见的大海的经济功能是一致的，与康拉德对帝国主义渗透的本质和动力的无可置疑的敏锐感觉是一致的。我们不久就将看到，甚至对后者的历史和经济类型的感知也是在文本内部受到“控制”的。至于人类与自然的生产关系，我将论证，康拉德对社会现实的这种终极建筑材料的意识（以及对资本主义制度下的阶级内容——被窒息的“狂怒”声音——的意识），以两种不同的方式被系统地取代了。第一种方式是根据我们在前章中勾勒的关于**愤懑**的整个意识形态神话而对劳动过程的人类这一端重新编码。的确，《“白水仙号”上的黑

鬼》的叙事，以其驱动力和意识形态激情，在这方面可以看作对
216 **愤懑**的冗长抨击；小说以对反角邓肯（Donkin）的改造结束，使他由人类愤懑的缩影变成了一位劳工组织者（他“无疑通过关于劳动以求生存的权利的肮脏讨论而谋生”[15]）。这个劳动过程的另一端，即作为其物质客体和亚层次的自然，是围绕当时重要的概念遏制策略而巧妙地得到重新组织的，我们曾把这种策略叫作存在主义，它已经成为新的形而上学——关于在恶意的自然面前生活的“意义”和人类生存的荒诞性的新神话——得以生产的借口。这两种策略——**愤懑**和存在主义化的形而上学——使康拉德能够重新控制他的叙事，现又在他笔下恶棍与英雄的善恶次系统中以情节剧的形式将其重写。所以，吉姆第一次经历大海的狂暴后便即刻为我们编制了存在主义的符码，这也不是什么稀奇的了。大海，盲目暴行之源，成为人类的敌人，恰如加缪（Camus）笔下的荒诞把实际上非人的自然重写成拟人的人物，一个复仇的上帝（“第一个杀手，因为他把我们造成必死的人”）：

> 那整个时间里只有一次他又在大海的愤怒中瞥见了真诚。真理并不像人们认为的那样经常显露出来。危险的冒险和狂风暗藏着许多忧患，但只在偶尔阴险狂暴的意图才浮于事实的表面——那个不可名状的东西把它强加给人的精神和心灵，而这些复杂的事件或这些由衷的愤怒，都以无法控制的力量、放纵的残酷，恶意地向他涌来，为的是剥去他的希望和恐惧，他的疲乏的痛苦和对休息的渴望：这意味着打碎、破坏、根除他所看到的、知道的、爱的、喜欢的或恨的一切；一切都是无价的和必然的——阳光、记忆、未来——这意味着通过夺去他的生命这一简单而吓人的举动而把这整个宝贵的世界从他的视野中清扫出去。(7 页)

但是，如果你相信文本的这种表达，康拉德为了封闭文本过程而采取的这个特殊的重写策略，那么，其余的便接踵而至了，《吉姆爷》就真的成了它不断告诉我们它所是的书，即关于勇敢和胆怯的故事，一个道德故事，以及在建构存在的英雄的艰难困苦中 217
经历的一次客观教训。我将论证小说的这个表面或显意“主题”不再是它的表面价值，而是那种梦者醒来对梦的意思的直接认识。然而，由于这是一个复杂的讨论，最终只能通过本章的其余部分加以证实，在此，我只是建议，我们作为读者和文化批评家的任务就是以布莱希特的方式“间离”这个公开的主题，并自问，在资本主义潮流中，我们何以应该设想，关于一种非常不同的生产方式的社会价值——封建的荣誉观——有问题的审美叙事不需要任何辩护，而应该对我们富有意趣。这个主题一定意味着**别的什么**，而且，即便我们决定把它的幸存解作“不平衡发展”，解作康拉德自身价值和经历（封建的波兰，资本主义的英国）的非共时性重叠，也仍然意味着别的什么。

无论如何，由于存在主义的问题性以及与恶意荒诞的自然的英勇对抗，我们显然与我们开始时论述的那种生产过程还相距甚远，这个新策略要取代不尽如人意的现实的能力已经显见。我们以后再来讨论**愤懑**意识形态的策略功能，就眼下来说，关于劳动与那个非地点之间的矛盾关系问题已经有所思考，那些策略性的叙事遏制的地方（如大海）对于法兰克福学派所说的大众文化的“堕落”是至关重要的（即把以前的现实主义素材改造成对主流制度毫无特殊危险和抵制的不断重复的消遣）。其矛盾之处就在于大海这个特别令人不愉快的叙事原材料——不仅是向元素的纯粹身体投入和暴露，还有孤立、性匮乏等等——与公众的白日梦幻想之间的关系。对公众来说，这种消遣是命中注定的。这种悖论在美学理论中并不鲜见（比如，悲剧的审美快感这个经典问题，就是对死亡和粉碎人类生命的东西的最完全的沉思)，但在消费者文化中，它们却具有强化了的意义。比如，我想到了那种相对晚近的大众文化文类——“空间歌剧”；我们能够对大众文
218 化机制和这个特定叙事形式的意识形态操作有相当的了解，如果我们能掌握那种纯粹想象的兴奋和冒险感的动力的话，那是读者从对人类所能被投入的最严酷的物理环境的沉思中得出来的——如果我们能够感觉到阅读这些文本时力必多满足的体验与想象不到的贫乏的荒芜感之间有紧密联系的话，这种贫乏的荒芜感就是空间飞行经验的内容和“经历过的真实”。无论如何，星际宇宙飞船是康拉德商业器械的化身，被抛入了一个久已被重新组织成毫无空隙的资本主义制度的世界。

于是，类似的问题出现了，不管我们决定在哪里表达《吉姆爷》文本中的文类断裂：我们是否把风格的现代主义看作对比较总体化的现实主义的抑制，在整个叙事体系中这是既被表达又被抑制或控制的现实主义；或相反，从《帕特纳》这段插曲相当不同的高雅文化或文本话语中，我们可以看到堕落传奇的一种新生大众文化话语的出现。如本书第二章中对文类的讨论所示，如果我们把这些范畴看作线性历时性的练习，在这种练习中它们似乎就这种或那种“突破”、这种或那种“出现”的年代序列提出通常无法回答的问题，那也的确是件棘手的事——只有在我们理解了这些范畴是在利用线性虚构或历时构造，其目的仅仅是为了建构共存、非共时发展、时间重叠的共时模式，即在具体文本结构内部的同时存在，雷蒙德·威廉斯所说的“残余的”或“刚刚出现的”或预见的话语之后[16]，这种解读中所用的分期化范畴才是有意义的。

然而，对《吉姆爷》的文本进行这种解构和重构的合理性说到底不是内在问题，而源于它与姊妹文本《诺斯特罗摩》更加充

分地达到的各种可能性的并置：相比之下，正是这第二部小说新
的集体框架，明确的社会经济叙事视角，以及更重要的，从大海 219
及其封闭器械仍然狭隘的物理遏制策略向后来小说中民族和政治地理的遏制策略的转换，如我们将看到的，使我们能够更具体地表述早期叙事实验的结构局限性。

Ⅱ

我们可以用一个案例来解读康拉德，不是将其作为早期现代派，而是看作对后来那种相当不同的东西的预示，我们已经开始用不同的名称称呼之，如文本性、写作、后现代主义或精神分裂式写作。当然，《吉姆爷》的前半部分是我们的文学不得不展示的连续文本生产的最激动人心的练习之一，自我生成的句子序列，对这个序列来说，叙事和叙事者不过是借口，是近乎随意的叙事的自由联合机制的实现，其中，新细节和新轶事材料从旧材料中偶然的、看上去无法控制的、无法证实的生成——一直填充着这种展示，以致最终像任何再现美学那样全面展现叙事的内容——则遵循着它自身的逻辑，虽然在这个文本中尚不能被自身所认同，而就我们自己时代出现的文本美学的事后观点来看，我们又能清楚地视其为完全成熟的文本性。按照这种观点，康拉德就是如此过时、如此倒退和守旧，而与此同时又是后现代的，比他的任何同时代人都更加现代。显然，从詹姆斯叙事观点的重要范畴向小说作家旧的虚构故事和故事环境的回归，是为了表达对印刷书籍的对象及其愈加强化的异化的不耐烦，那些装订成册的可携带的小说，“它们一旦写成……被那些可能看懂也可能看不懂的人们乱堆一气，不知道应该回答谁的问题，或不应该回答谁的问题。而且，如果它们受到虐待或滥用，它们得不到父母的保

护，也不能够自己保护自己或自卫。”[17]围绕马洛（Marlow）的
220 故事环境的再现性虚构标志着任何要回归旧文学制度的统一性的
努力都是徒劳的，即要回归到旧的具体的社会环境，叙事转换不
过是这个环境的一部分，公众和吟游诗人或故事家都是这个环境
的（尽管不必是显见或直接出现的）内在因素。这种文学制度，
曾一度是社会关系真正的或具体的形式，很久以来已被市场关系
的腐蚀性影响所摧毁，而且，如许多其他传统的、有机的、前资
本主义的制度一样，这种文学制度也在典型的资本主义重组过程中
系统地破碎了，这个过程被韦伯称为理性化（rationalization）。[18]
古老沿袭的做事方式已经破碎，成为各个组成因素，又根据方法
和目的的工具论辩证法为求得更大效益而重新组合，这个过程事
实上已把目的本身排除或悬置了起来，从而打开了世界完全工具
化的无限视野：文化制度几乎无望抵制这个普遍存在的过程，这
个过程把主体与客体割裂开来，在结构上为它们开拓各自独立的
领地，据其技术应用而产生功能的等级制（于是，精神量化的
“理性的”组成因素将得到发展，实际上是过度发展，而比较古
老的功能——各种感觉或某些种类的思维——则在精神的死水里
自由蔓延）。

就这样，书籍或印刷文本便被从它发挥功能的社会和交流环
境的具体位置上拉了下来，变成自由漂浮的物体，如柏拉图所
说，这个物体“具有生命的态度，然而，如果你问它一个问题，
它却保持严肃的沉默……你可以想象［这种印刷文本］具有理
智，但是，如果你想要了解什么，向它们提出问题，说话者总是
给你一个亘古不变的回答”[19]。福楼拜的作品是这种发展的特权
场所，这也是物化这个术语所表达的最严格的意义；而文本的非
221 人格化，作者介入的清洗，还有现代主义无法找到的公众——即
读者从其视野的消失，所有这些都是促进物化过程的因素，它们

以福楼拜的美学使命作为实现的工具和模式。

在这样一种情况下，极其清楚的是，詹姆斯发明的观点（或确切地说，是亨利·詹姆斯对这个已经存在的技巧的整理，他把这个技巧改造成了最根本的叙事范畴，以及围绕它而发展起来的整个美学）是真正的历史行为。主体由于社会发展的逻辑而被从文本客体中剥除出来，后者的建构现在必须要在自身之内代替前者的位置：叙事现在发出树断时的咔嚓声，甚至在森林已经空空如也时那声音也仍然回荡在耳边，因为它的主体之杆，它的接受组织，都是建在其中的。詹姆斯美学甚至在今天仍然不太为人们所理解的地方，也许就是他的观点在多大程度上也可以成为整个意识形态的主要部分。现行关于自我心理学（ego psychology）的论战，形形色色的主体哲学，与精神分裂式文本的反美学相等值的精神破碎性的兴起，所有这些迹象都意味着，在建构美学话语的层面上，可以把詹姆斯的操作方法解作 19 世纪后期遭受物化后果的资产阶级所采取的普遍遏制策略的一部分。关于个别主体的虚构——所谓资产阶级个人主义——当然一直是资产阶级文化革命的一个关键的功能因素，把个人重新编入纯粹市场等价物的“自由”和平等的程序。随着这种虚构越来越难以持存（或用法兰克福学派多少有些神秘的术语说，随着资产阶级主体在分化和拜物化［fetishization］的影响下逐渐失去“自治性”），自我的更加绝望的神话便被生产出来了，其中许多在今天仍然存在。詹姆斯的观点是作为对物化的抗议和申辩而出现的，结果为愈加主体化和心理化的世界的永久存在提供了一件有力的意识形态工具，这个世界的社会视觉是共存单子彻底的相对性，其时代精神 222
特质是反讽、新弗洛伊德投射论和适应现实疗法。这就是亨利·詹姆斯从一个 19 世纪的小文人到 20 世纪 50 年代最受欢迎、最伟大的美国小说家的惊人转变的语境。

现在，康拉德在这个发展中的历史地位何以至今未定的问题也许更加清楚了：甚至在文本**内部**将旧的作者介入作为怀旧的表现而非维多利亚时代的风尚而复兴，就等于提出一个不可行的办法，其促成条件是商业服务的含混环境和航海职业。同时，康拉德细腻的叙事阐释——实际发生了什么？谁了解全部情况？只掌握这部分或那部分问题的人有什么印象？——都趋于强化和提供有力的叙事，以表明上述个别单子的相对意识形态（事实上，如在《命运》中，康拉德对"主流"主体进行了尝试，结果是对詹姆斯的平凡的模仿，正如康拉德笔下的妇女都似乎是詹姆斯笔下"女性阉人"的令人不满意的再造，而缺乏后者叙事话语中更加绚烂的强度）。

于是便有了现代派的康拉德，他比福特（Ford）要容易读得多，也许可以重写成二流的亨利·詹姆斯。但是，在发达资本主义的伟大叙事和审美困境中也有其他未朝詹姆斯方向发展的客观倾向。事实上，观点几乎不像人们所认为的那样稳定地成为福楼拜叙事实践的组成部分，甚至福楼拜作品中古典观点的应用有时也与我们在詹姆斯作品中看到的观点大相径庭。我特别想到让·卢塞（Jean Rousset）把福楼拜的艺术作为许多过渡艺术之一的评论[20]：这里存在着一种根本的替代，对文本生产至关重要的并不是像在詹姆斯作品中那样是人们可以专注一时的核心的可观察的心理视角的建构，而是截然不同的事情，如转调、半音过渡、电影的淡出或蒙太奇等的发明，这些能使我们从一个观点滑向另
223 一个观点。把福楼拜叙事的这种倾向用摄影的方法加以放大，使其纹理清晰可见，这样，全新的叙事组织便出现了，而你看到的新表面就是《吉姆爷》的前半部分，即接近叙事显现和轶事中心的写作，在否定这种可能的显现的同时，又使我们溢入进一步的句子生产和进一步遭受挫折的被证实与被否定的显现。然而，这

种组织也不是后现代的，因为这种自由组织的句子在意识形态层面上投射的内容，如我们将看到的，是更加传统的存在主义的内容：寻找叙事充足性，叙事显现，从本质上说就是寻求行为的统一，或对其提出分析式质疑。

这个文本化的特殊过程的机制（还有许多其他种类）也许最好根据偶然和意外的叙事逻辑加以描述，至少在这方面，康拉德与布鲁姆兹伯里（Bloomsbury）团体，甚至与乔伊斯是一致的。原材料最初的破碎保证了它的自由组织，从而促成了前景和背景之间的相对独立性，促成了所论叙事时刻的相当不同的，甚至存有根本差异的材料的共存。当所有这些突然以这种方式得以重新安排以使其处于相互文本生产的关系之中时，便出现了类似阿尔都塞的多元决定（ovcrdctcrmination）给人的惊奇：于是，先于吉姆自己的听证会而接受审判的村落家庭成员便与他的困境没有任何关系了，而他们的狗却成为与马洛会面的叙事桥梁（吉姆认为“看看那条落水狗”这句话是说他的，43 页）。在这种结构调整中，在一个时刻次要和非本质的东西在下一个时刻就变成了核心的和主导的，即突出的形象。人们都知道布鲁姆兹伯里团体的作家们，尤其是福斯特（Forster）和伍尔芙，是如何把这一艰深的审美原则——艰深是因为它有意与那种一次性使用的东西不同，细节必须首先不仅看上去而且实际上完全无足轻重——变成了全然的伤感效果，甚或成了一种伦理的效果：次要人物实际上是叙事的主人公，明显的主要人物突然死去了，如此等等。然而，在康拉德的作品中，这个原则不仅比较公开地成为生产原则（因此，马洛本人这个中心人物在吉姆对法庭的凝视中显现，20 页）[21]；而且也通过使用不同的情态而在语言上多样化，如我们 224
以后将在《诺斯特罗摩》中看到的，该书不仅有细节的次要布局，而且尤其突出的是，它的情态——作为例子的、祈使的、条件的或随便什么——操纵着决定文本逆转的最初的“偶然化”(accidentalization)。

然而，从语言的视角看，文本的这种自我生成把自身转变成许多过渡中心沸腾的出现和消失，现在作为语言之源已不再是观点了：每一新的细节，看待轶事的每一新的视角，作为旋涡的中心，都促成另一个新的说话者的诞生，他本身此时成了叙事兴趣的转换中心，而这种叙事兴趣很快又会将他扫地出门。于是，康拉德作品中古旧的东西能够跳过现已成古典的詹姆斯时代而成为后现代的，其原因就更加清楚了。如果把康拉德作品中的多元叙事转换看作教科书中的观点练习，那么，我们就必须附加点什么以改变这一切：它们被看作与言语、与语言的物质性不可分割的观点。[22]在这种历史和辩证的逆转中，康拉德的故事编撰变成了思维的缩影，这种思维发现了象征；另一方面，如果说詹姆斯和其他现代主义作家一道，展示了一种象征和语言发明的颇有说服力的实践的话，他在理论上也仍然闭锁在非象征的、本质上属于“表达的”范畴之中。对他来说，观点仍然是心理问题、意识问题；但是，在最宽泛的意义上，对象征的发现（从索绪尔到符号学，或从维特根斯坦一方面到沃尔夫［Whorf］，另一方面到德里达）则恰恰是对“意识”和“心理”等概念最纯粹的拒斥。

Ⅲ

然而，康拉德也是 19 世纪后期的一位小说家，而且在这方面是与我们迄今的探讨相当不同的。这个特殊的康拉德与其说与
225 亨利·詹姆斯有联系，毋宁说与普鲁斯特关系更密切，而从这个视角来看，福楼拜对他的影响也同样减少了，现在相关的文本是那些实践那种幻觉意象的文本，于中预示并确认了发展中的

(avant la lettre) 实证主义的知觉理论。这里必须强调的是，在关于感觉数据的正统实证主义观念与伴随而来的“意识”观念之间存在着紧密的辩证关系——一种科学的或准科学的理论变成了意识形态，以至于投射出整个关于主客关系的观念，对“人性”的整个看法，而这也只能是整个政治学和历史哲学——同时也存在着通常认为与其相反的一场美学运动（实际上具有深刻的反实证主义精神），这就是印象主义。我将论证，一方面，作为意识形态生产的实证主义和作为审美生产的印象主义都首先应该根据它们所响应的具体环境来理解，这就是 19 世纪末资本主义的理性化和物化；另一方面，我想要表明，如果我们要把康拉德的风格实践解作绘画的印象主义手法在文学和文本方面的等价物（从而看到他与最伟大的文学印象主义者普鲁斯特的渊源），那就最好给他以历史地定位。但是，只有当我们认清印象主义手法虽然是经典现代主义的主导策略，但在结构上也仅仅是现代主义者们所能用的许多手法之一（相对极为少见的表现主义是另一种），所有这些断言才是有用的。这样理解风格的生产就等于把我们自己从现代主义本身的意识形态投射出的形式单调的历史中解放出来（每一种新风格都是对旧风格的突破，风格历史不过是所有那些激进的变化和翻新的总汇），取而代之的是把特定风格解作投射出来的、在审美或想象层面上解决日常社会生活中具体世界的真正矛盾情境的方法的可能性。

把康拉德的“风格意志”解作这种社会的象征性行为涉及中介（mediation）实践，这是我们已经（在第一章中）描述过的一种操作，即发明一种分析的术语或符码，并将其平等地应用于两种或更多种结构不同的客体或存在部分。如我们所论证的，这些分析大可不必是同构的，也就是说，所论的每一个客体都在做相同的事情，具有相同的结构，或发出相同的信息。最关键的是， 226

由于能够使用同一种语言来描述这些相当不同的客体或一个客体的不同层面，我们至少能在方法上恢复社会生活已经失去的统一性，并表明社会总体性中相距遥远的各种因素最终都是同一个全球历史进程的组成部分。

在当前的例子中，这意味着对康拉德风格实践（以及印象主义绘画实践）的一种描述的发明，这种实践本身是自足的，并公正地对待美学语言的自治性或半自治性，但与此同时，通过清晰地表达一种相当不同的现实的描述——说到底是工业资本主义的帝国主义鼎盛时期的日常生活经验和组织——我们便能够以有意义的方式共同思考这两种不同的现实（因果律，长期以来作为把人们从这种社会中介吓走的稻草人，不过是许多可能意义中的一种，不过是可以在这些不同术语之间获得的许多关系当中的一种）。

毫无疑问，读者已经清楚的是，我发现这里最有用处的中介符码是韦伯所称的理性化和卢卡契所称的物化。然而，同样必须提醒读者的是，马克思主义也包括一些其他类似的中介符码，最明显的是社会阶级、生产方式、劳动异化、商品化、关于他性（性别或种族）的不同意识形态和政治统治。把物化作为阅读和阐释康拉德风格符码的策略选择并不就是选择一种马克思主义（比如说，卢卡契的马克思主义），而抛弃其他马克思主义，相反，它对所有明智的马克思主义都是开放的，并且是马克思体系本身丰富性的组成部分。

仍然需要说明的是物化和理性化的语言——它对于资本主义日常生活日益标准化的适用性我们已经有所论述——如何能被用于描述文学或绘画风格。我们的确必须立即在我们自己对这个概念的用法与卢卡契后来对现代主义的不同描述之间设置一段距
227 离[23]，在卢卡契的用法中，物化这个术语不过是表示价值判断和

通过各种现代风格的关联实现的摈弃的速写代码。然而，卢卡契把现代主义与日常生活的物化相互关联起来并没有错，他的错误在于非历史地进行这种关联，在于把他的分析用于伦理判断而非历史认识。如我们不久就将看到的，甚至判断的术语——无论是进步的还是反动的——也不是错误的，只要它们能导致更深刻地理解复杂辩证的历史矛盾，而非导致教条的简化。

我们已经指出过，首先应把理性化过程描写为对各种传统或“自然的”（naturwüchsige）统一体（社会团体、机关、人类关系、权威形式、文化、思想，以及生产活动）进行分析式解析，将其变成“泰勒化”（Taylorization）意义上的组成因素，就是说，将其重新组织成更有效的体系，并依据工具或二元的方式/目的逻辑发挥作用。我们也谈到了这个过程所造成的固有损失，即始于资本主义心脏的传统制度和社会关系的整体瓦解（关于圈地运动参见托马斯·莫尔［Thomas More］），最终波及地球上表面看来最微不足道的穷乡僻壤的前资本主义社会关系的最后残余——我们的第一个文本把它称作帕图散村，而后一部小说则因此而根据考斯塔瓜纳（Costaguana）的整个地区来考虑这一进程。应该强调的是，资本主义的破坏性影响，对旧的社会形式既是不可改变的又是致命的，它并不是由于商人的特别计划造成的，商人就个人来说既不是邪恶的，也不是自觉的效率专家，至少在这个过程的最初阶段是如此。相反，这个过程是客观的，而且是非人格地由金钱经济的渗透和继而依现金交易重组当地制度的需要来完成的，或至少是如此启动的（这个过程的这个特征在巴尔扎克对受市场关系破坏的乡村贵族的描写中突出出来，既表达了怀旧情感又具有进步意义）。

然而，我们还没有指出的，也是对于我们想要从事的物化与风格之间的关系的中介分析至关重要的，是第三个术语的存在：

228 这既不是旧制度或组织（Gemeinschaft）[24]，也不是取代旧制度的新的机械和工具体制，而是由转换过程中被扔掉的副产品和次级形成所构成的。的确，化学的类比意味着几乎没有不伴随着这种或那种次级废料的分子转化。破碎的术语意味着另一种形成，其中，对旧统一体的系统分析和分割伴随着逐渐增加的新出现的构成因素的自治化，或至少是半自治化。因此，要继续我们前面描写的劳动分工的心理作用（亚当·斯密［Adam Smith］和席勒［Schiller］无疑是这一历史事件的最早的大理论家），精神的“理性”量化作用便受到优待，以至于在结构上优越于旧的作用。于是，新型的不平等的发展便保持下来，其中，以前的“技术发展”（如特殊种类的科学精神的再生产和发展）与未得到系统发展的古老的精神力（在工业化的美国是审美力的被压抑，以及与此相关的对烹饪味觉的压抑，即在英国和美国明显存在的美食力必多）携手并进。我们现在必须强调的是，这些精神领域是如何各行其是，变成半自治的，又是如何遵循其自身历史发展的。因此，量化作用的自治性促成了新形式生产的一个巨大飞跃，并且是迄今难以想象的抽象层面出现的先决条件。在眼下的语境中更为重要的是，这对我们一直描述的精神的非工具的或古老的作用
229 也是正确的，最明显的是各种感觉本身，尤其是视觉。

感觉也有其历史，这一人所共知的思想，如马克思所说，是我们自身历史性的一个里程碑。[25]除了我们关于历史的各种思想之外，如果我们仍然感到希腊人——或更准确地说——原始人与我们自身非常相像，特别是他们以相同的方式体验他们的身体和他们的感觉，那么，就历史思考来说，我们就没有取得多大的进步。就视觉的情况看，应该能够理解的是，对科学的非感性化认识（deperceptualization）——比如，对炼金术这种伪科学感知的突破，笛卡尔对主要感觉和次要感觉的区别，以及用理想的量取

代了物理上可见的研究客体的对一般科学的几何学解释——如何伴随着感知力的释放。感性认识活动在用科学处理理想的量的世界里是无路可走的，而在计算、度量、利润等占主导的金钱交易中则几乎没有任何交换价值。感性认识这种未应用的剩余能力只能自行重组成新的半自治性活动，生产自己特定的客体，即本身即是抽象和物化过程之结果的新客体，致使旧的具体的统一体一方面分割成可衡量的维度，另一方面变成纯粹的颜色（或对纯粹抽象颜色的体验）。阿尔都塞的术语**多元决定**可用来恰当地描写这个过程，因为所谓外部世界的客观破碎与强化其效果的精神破碎结伴同行。新的半自治性客体和活动的这种破碎、物化，还有生产，显然是风景画这种样式得以出现的客观先决条件，其中，对一种否则（或至少在传统意义上）便毫无意义的客体——没有人的自然——的观照，似乎是一种自我开脱的活动。一个更加相关的例子是印象主义这种风格，它甚至抛弃构成自然世界的客体中的某种利益攸关的操作性虚构，并把感知练习和感觉数据的感 230
知综合作为自身的目的。

这就是我把康拉德的风格生产描述成**审美化策略**（aestheticizing strategy）的理由：“审美化策略”这个术语并不是指道德或政治苛评，而应从字面上理解，它指一种策略，这种策略出于某种原因试图作为半自治性的活动根据感知对世界及其数据加以重新编码或重写。我们已经在一个关键的地方目睹了这个过程的进行，即在表达船和文本的基础结构的句子中——那个锅炉房——在听觉的语言中，据此秘密地弄清了基础结构的名称，将其融入了那个由三部分组成的段落的最后一个术语，融入了意象领域，据此将其改变成一种艺术商品，人们依据它自身的动力，即通过将其作为意象和感觉数据来“感知”它而消费这种艺术商品。

其最强烈的地方，事实上，我们将称为康拉德的感觉系统（sensorium）的东西在再造它的客体，通过单一感觉的，以及那种感觉的单一“亮度”或色度的总体化媒介将这些客体折射出来。这种感觉抽象的可能性当然首先是给予客体的——大海的超凡脱俗——但而后便回归到那个客体之上，将其再造成在天上或地下都未曾梦想过的新事物。无论何人在这些极度紧张的时刻怀疑康拉德风格的乌托邦使命，只需要重读一下下面《台风》中描写即将到来的暴风雨这样的段落：

> 快要落山时太阳的直径变小了，一道奄奄一息的褐色昏暗的光线，仿佛从早晨把它带到接近终点之时起，数百万个世纪已经过去了。北方出现了一道浓浓的云堤，它带有一种不祥的黑橄榄色彩，低低地一动不动地压在大海上，仿佛在船的航道上设置了一道坚固的屏障。她跌跌撞撞地向它驶去，仿佛筋疲力尽的动物被迫走向死亡。……船前方远处那一片黑就像透过满是星光的大地之夜看到的另一个夜——超越这个被创造的宇宙的那片无垠之境的漫无星光的夜，那微光摇曳的领域透过一道低低的缝隙在其骇人的寂静中揭示出它的核心，那就是大地。[26]

231 这样的段落实际上从纯粹色彩中塑造了新的空间和新的视角，新的深度感，这也许不像西方的印象主义，却能在斯拉夫作品中找到对等物，尤其是在乌克兰画家库因芝（Kuindzhi）的作品中。从19世纪末开始，实证主义或熵的威尔斯形而上学（缩小的太阳，宇宙迫近的终端，超越大地之夜的宇宙之夜）等重要主题的操作性出现，由于叙事与意识形态之间传统关系的被颠倒而变成非意识形态的了。在这种“比较纯洁的”描写中，文学再现的功能不是强调和维持意识形态体系；相反，后者被引用以准许和加强新的再现空间。然后，这种颠倒把意识形态像手套一样翻个里朝外，唤醒超越它的一个陌生空间，在其反卷的衬里上建立一个新的和陌生的天地。在意识形态与再现之间进行的这场秘密斗争中，双方都试图秘密使用和占用对方，使之服务于自己的计划和目的，船象征着走向死亡的文明世界，这个意识形态寓言遭到陌生的感觉系统的破坏，它就像夜空里的一颗新星，向我们暗示力必多满足的感觉和形式就像拥有额外的感觉，或者像波谱仪上超自然颜色的显现一样难以想象。

的确，这种审美化策略恰恰运作于康拉德似乎与詹姆斯所共有的那种观点的建构；然而，它的运作是要破坏詹姆斯美学的典型策略，而这些在许多方面是迄今为止我们认为能使我们衡量这两种文本之间历史距离的最佳策略。组织詹姆斯观点的第二个模式是隐喻和戏剧再现的理想。正如视角的发展所示（它本身就是戏剧隐喻的终极产品），观众观点在结构上的必然结果是戏剧空间和戏剧场景的组织统一；因此，19 世纪小说中对诸如“场面”、“观众”和“场景”等戏剧术语的偏执般的重复，就叙事内容方面来说，把戏剧观众的位置强加给了读者。这种术语在康拉德的作品中也屡屡出现，然而，它们被重新用于康拉德风格的感知使命，破坏了戏剧隐喻的统一，这无疑就像一个聋子或外国人或精神分裂症患者来看戏一样，他的目光只能注意到这种或那种戏剧 232
生产的色彩组合。康拉德通过把戏剧隐喻改造成感觉认知，改造成名副其实的电影经验而取代了戏剧隐喻：“所有这些都是在来不及讲述的时间里发生的，因为我努力要为你把视觉感知的瞬间效果译成缓慢的言语”（《吉姆爷》，30 页）。然而，这是福楼拜以前的小说家充其量偶尔随便尝试一下的一种雄心，即使在那时也必然有瞬间场景的戏剧范畴作为中介，小说家就是以此不时地给人物以“新奇感”的。然而，《“白水仙号”上的黑鬼》的前言（“我的任务，我现在努力要完成的任务，就是用书写的力量使你听到，使你感觉到——而更重要的是让你**看到**。只此而别无其他，这就是一切”），不是对戏剧的辩护，甚至不是詹姆斯式的“表达”，而是这种意象的独立宣言。[27]

迄今为止，我们一直有意把我们所论的主体与理性化的客体区分开来，据此暗示人们可以将一方面的视觉的自治化、意象的新意识形态，与另一方面的外部世界或知觉的客体的客观破碎区别开来。但是，这两种现象却是严格地同一的：为了被读作或看作意象，被解作意象生产的一种象征性行为，或按照萨特的说
233 法，是去现实化（derealization）[28]，把世界改造成意象的这些做法必须总是作为原本混乱的或破碎的数据的再联合的标志。行为的这两个条件，最初的原材料和最后的光洁、统一和感知的产品，都必须在意象之内呈现：

> 我向前走着，那清晰的阳光，那太热烈以致不能给人以任何安慰的光芒，大街上到处都是杂乱碎小的色块，像打破了的万花筒：黄的，绿的，蓝的，刺眼的白色，未遮掩的肩膀的赤裸的褐色，带有红色伞盖的牛车，无生气的身体，黑色脑袋、穿着满是尘土的系着带子的靴子行进着的一连当地步兵，身穿瘦小的灰暗制服、腰系漆皮腰带的一位当地警察。（96 页）

在一种意义上，这个“打破了的万花筒”的意象是对情节层面上更大的文本生产过程的缩影（miniaturization）；或从另一方面说，可以把后者看作在个别句子层面上这种分子的微观风格生产在情节层面上的投射。所要强调的重点是，这两个层面之间的关

系并不是纯粹静止的同构；相反，应该把它们看作同一普遍过程的两个独立分支。事件的更大的破碎和重构将是本章后几节要讨论的内容；至于目前的讨论——这仿佛意义和思想与直觉和感觉的分化一样——尼采无疑是第一个有深切体会的人，巴特将此概括为现代典型经历的主导特征：

> 对“真实”的纯粹简单的“再现”，对“是什么”（或“一直是什么”）的如实叙事，证明是抵制意义的。这种抵制再一次证实了经验（vécu）［经验的或经历过的］（或活着的）与理智之间伟大的虚构的对立。我们只需回想一下，在我们时代的意识形态中，（在我们修辞上所要求的人文学科、文学和社会实践中）对“具体”事物偏执狂式的唤启，总是作为抵制意义的侵略性武器而得到展现，仿佛凭借某种合法的排除，活着的东西在结构上不可能携带意义一样——反之亦然。[29]

对这种描写提出的问题与我们对晚期卢卡契提出的问题是相同 234
的：事实上，每一种“诊断”都是另一种的逆转和辩证镜像。的确，二者都把意象的文化经验（或当代审美话语中感觉数据和意义的分化所采取的任何形式）解读作对现代“基础结构”现实的纯粹反映；只是在巴特—尼采的立场强调当代作家经历并与这种特殊环境达到一致的清晰度的地方（他们是否从历史的角度看待清晰度，如卢卡契在《小说理论》中对生活与本质［Leben and Wesen］之间的分裂所做的类比，或从存在的角度将其解作生存的基石，现在还不清楚），写出论现实主义论文的卢卡契才把这种现代美学话语抨击为对据此表现的经验的强化（物化），并提出，对一种美学话语的自愿替代（进步或批判现实主义）的优点也许在于这样一个事实，即它并不反映或表现资本主义制度下的日常生活现象。

显然，不可能要求艺术作品本身去改变世界或把自身转化为政治实践，另一方面，更敏锐地认识被松散地称为反映或表现的那个过程的复杂性和含混性似乎是可取的。对这样一个过程进行辩证的思考意味着发明一种“超越善恶”的思想，但并不是通过废除善恶的标准或判断，而是通过理解善恶的相互关系。简单地说，我们可以建议，如尼采所教导我们的，伦理思维的判断习惯，把一切都归于善与恶的对立范畴（或其他二元范畴）的判断习惯，不仅是一个错误，而且客观地植根于每一个别意识或个别主体不可避免的和无法逃避的中心性（centeredness）：好的属于我，坏的属于他者（或关于这个非辩证对立的任何辩证的变体，比如，尼采表明基督教的博爱——善与他者相关——就是第一种对立的简单的结构变体）。对个别主体的这种结构伦理习惯的尼采式解决方法——永恒的回归——对我们大多数人来说都是无法容忍的，这是因为它在拼命实现不可能实现的事情时严酷和令人
235 难以置信的巧妙手法。人们尚未完全理解的是，辩证法也面对着同一个问题，并提供相当不同的姿态以超越纯粹伦理方法的双重束缚（这次是在主体之外超个人的［transindividual］，即历史的）。关于现代主义的争论是表明这种辩证思维的任务及其创新性的极好机会，它就是以这种创新性对伦理范畴即个别主体的范畴加以历史化的。

显然，“进步”和“倒退”等观念不过是投射到政治和历史现象上来的伦理范畴[30]：在经典马克思主义中（以及黑格尔的著作中），这些范畴得以保存下来，却融入了关于历史必然性的全新思想。于是，在《共产党宣言》中，马克思指出，资产阶级在历史上起到的革命作用（“在它的不到一百年的阶级统治中所创

造的生产力，比过去一切世代创造的全部生产力还要多，还要大。”[31]）是与整个破坏范畴分不开的，从对旧的社会形式的摧毁，到个人价值和活动的贬值，及其向纯粹交换价值的转变。辩证地思考就等于发明一个空间，由此来同时思考这两个同一而又对立的特征：如此看来，辩证思维与悲剧思想相关，更准确地说，这是后者集体的和“喜剧”的逆转。

在目前的文化分析语境中，我提出把某一特定现象的否定和肯定这两个特征——在政治力量领域内，马克思主义传统上称其为“反动”和“进步”的力量——用“意识形态”和“乌托邦”这两个术语统一起来。不言而喻，“意识形态”一词在这里是用其最狭义的贬义（它也可有其他意义），“乌托邦”则以恩斯特· 236
布洛赫的方式表指马克思主义的未来视角，而不是在前马克思时代恩格斯和马克思所抛弃的所谓乌托邦社会主义。[32]

现代主义本身就是资本主义意识形态的表现，尤其是后者对日常生活物化的表现，这种说法也许有其局部的合理性。我们至少可以表明，康拉德的现代主义的客观先决条件可见于理性化了的外部世界和殖民化了的精神世界的愈加破碎。当然，人们感到对资本主义日常生活潜在逻辑的这种忠实“表现”把我们编入了适应它的程序，帮助我们——曾一度是来自另一社会结构的游客——越来越适应，否则便是一种令人不安的异化现实。如是观之，现代主义就可看作资产阶级文化革命的后期，是那个巨大上层建筑转化过程的最后的极其特殊化了的阶段，旧社会结构的居民就是据此而在文化上和心理上重新得到训练以适应市场体制的生活的。

然而，现代主义同时又可以看作对物化所带来的一切的乌托邦补偿。我们强调各种破碎感的半自治性，及其后续抽象客体如颜色和纯粹声音的新的自治性和内在逻辑；但是，恰恰是这种新的半自治性和资本主义理性化的这些废品的存在，打开了生活的空间，于中，我们至少可以在想象上经历这种理性化的反面和否定。因此，视觉艺术的愈加抽象化证明不仅表现日常生活的抽象，预示破碎和物化；它也为资本主义发展过程中所损失的一切构成了一种乌托邦的补偿——这些损失包括：在逐渐量化的世界上质的位置，在市场体制的世俗化过程中古代和感觉的位置，在
237 可计量的广度和几何抽象的暗淡色彩内纯粹色彩和强度的位置。在这个意义上，感知就是历史的新经验，它在旧式社会生活中没有等同物。同时，感觉的任务，把愈加枯竭和压抑的现实加以力必多改造的乌托邦使命，在 20 世纪 60 年代的反文化运动中经历了最后一次政治嬗变（此时这种冲动的含混性也更加明显地表现出来，伴随而来的感觉的“意识形态”价值也作为对精神破碎的表现而又一次迎合了政治的需要）。我们目前所关心的是要重视康拉德印象主义的含混价值，他由衷地赋予风格的那种含混性自己就使其成为复杂的富有意趣的历史行为，使它在文化博物馆之外仍然保有生命力。同时既看作意识形态又看作乌托邦，康拉德的风格实践可以解作象征性行为，它在其全部物化了的抵制中捕捉到真实，与此同时又投射出它自身独特的感觉系统，起历史决定作用的无疑是一种力必多的共鸣，然而其终极含混性却在于它要超越历史的努力。

在论证康拉德风格的这种特殊历史和历史化解读的过程中，我们也许暗示了他本人并没有意识到其语言实践的社会象征价值。倘若如此，那么，这就是我们现在必须要纠正的一个错误，因为可以肯定——不管传记的康拉德想到什么和意识到什么——这个象征性过程本质的反映性和自觉性都已被刻写在文本内部，尤其是刻写在《吉姆爷》中。这实际上就是斯坦（Stein）这个人物的意义，作为吉姆的一系列父亲式人物中的一个，他被策略地

插在帕特纳故事所展开的英勇壮举与后来在帕图散的浪漫冒险之间，他在帕图散既有影响又有利益，能够安置被侮辱的吉姆，因此给予他最后一次与命运搏斗的机会。

因此，从叙事的观点看，斯坦是一个关键人物；但是，我将论证，这种特殊的情节功能本身不过是一种相当不同的价值的象征，是让斯坦这个人物于瞬间向我们表现次要的或象征价值的一种塑造方法。实际上，斯坦的故事是资本主义扩张的英雄时代正在逝去的故事，它标志着一个时代的结束。在这个时代里，个人 238
企业家就是巨人，世界范围内的资本主义业已进入垄断时期。康拉德将再次讲述这个特殊故事，事实上，我不久就将试图表明，这也是《诺斯特罗摩》的核心意义所在。然而，就目前来看，仅仅提到个人主义和英雄主义这样典型的19世纪晚期的术语就足以明白康拉德何以会对这种情境着迷了（他把自身特定历史的“不平衡发展”和作为波兰人和俄国属民的背景带入了对大不列颠商业帝国的探讨之中）。

然而，令我们感兴趣的不仅是斯坦生涯的表征性突破——英雄殖民主义的高度冒险，继而是兴旺发达的商人的严肃使命——而且特别是伴随着这种生活变化的补偿性结构。斯坦成了一位蝴蝶收藏家，也就是说，他本质上是位肖像收藏家；而这位收藏家沉着忧郁的激情在这里无疑是同一种摈弃之举，是同一种从生活中的撤退和对世界的摈弃。在《隐藏的上帝》中，吕西安·戈尔德曼通过17世纪穿袍贵族的整个阶级分支表明了这是詹森主义这个发明的象征意义：

> 我敬重他看着蝴蝶时那种强烈几乎是热烈的专注，仿佛在这些脆弱翅膀的青铜色光泽上，在白色的花纹间，在那些绚丽的标记中，他能看到其他的事物，一种像这些脆弱和无

> 生命的组织一样将死的然而又蔑视毁灭的意象，展示了一种未被死亡污染的辉煌。（126 页）

然而，对我们来说，“死亡”主题和关于必死性的修辞在这里不过是个掩示，它所掩盖的是被历史排除后所感到的剧烈痛苦，正如我们必须把对蝴蝶收藏的热情解作对意象意识形态的寓言和讽喻，解作康拉德本人对印象主义的热烈追求——要捕捉活的生活的原材料的使命，将其从历史环境中挖掘出来，因为只有在历史环境中它的变化才富有意义，最后将其保存在超越时间的想象之中。

然而，在我看来，康拉德的文本如果写的不是传记性的康拉
239 德本人，那它最终也意识到了这一点，即它自身风格热情的根源。为了在论述《吉姆爷》的叙事层面之前暗示这种意识并结束我们关于这一特殊主题的讨论，我们将预先涉及那部后期作品，于中，早期那部小说的历史内容和叙事框架都被确定无疑地扩大了。事实上，印象主义的问题是恰当地领会《诺斯特罗摩》中的修改甚或决定性的变革，即我们所说的康拉德的感觉系统的唯一语境。我们迄今已经谈到了把现实变成意象的感觉媒介，这是一个量化了的世界的破碎数据和物化碎片向力必多符码转换和向乌托邦形象变化的条件。现在，感觉第一次自身作为主题而被置于前景，作为内容而非形式。而在《诺斯特罗摩》中——这是把一个马洛式人物的基础即故事的基础结构（infrastructure）偶然抽取出去的一个文本——先前对视觉的执迷（“最重要的是让你**看到**”）已经让位于“所有感觉中最抽象的感觉”，即阿多诺称为听觉的东西（the auditory），这也不是偶然的。

《诺斯特罗摩》是记录一种特别纯粹的听觉认知的文本机制。于是，我们看到英国铁路执行官来得“太晚，以致没有听到落日

在塞拉山的群峰中唱出的庄严而无法听到的曲调”：

> 在高山上透明的空气中，一切都显得格外近，一切都沉浸在清晰的仿佛无重量的液体的静寂之中。他竖起的耳朵，时刻准备捕捉深孚众望的总工程师发出的第一声响，他坐在粗糙的石棚的门旁，注视着巨大的山坡上那变化着的色彩，想到在这样的景色中，就仿佛在一曲被灵感激发的音乐中，可以同时找到那最最微弱的隐蔽的表达和一种令人赞叹的壮观的效果。（45 页）

如果这种修辞努力对于毫无激情的读者似乎难以接受的话，那么，这几乎不能说是康拉德的才能的问题，而恰恰可直接归咎于这个句子的内在戏剧性。其中，一种纯粹视觉印象主义的已经充分发展了的、现已被被动继承了的机制，受到了听觉形象新的理想的挑战和破坏，这个听觉形象毁掉了风格上的对手，而本身（“一曲被灵感激发的音乐”）却仍然是一个未实现的死的字母。 240

给人印象更深的是这个风格层面在文本叙事高潮时刻的介入。比如，我现在想到查尔斯·古尔德（Charles Gould）在古典的托斯卡纳风景画中，在接到父亲死讯时的求婚：

> 然后他们停了下来。到处都是长长的影子，在山上，在路上，在圈起的橄榄树园中，那是杨树的影子，大栗树的影子，农场房屋的影子，石头墙的影子。在半空中，微弱却警觉的一声铃响，就仿佛落日余晖的抽搐的脉动。（63 页）

对于未来的古尔德太太（康拉德笔下唯一一位有趣的女性人物），求婚——在考斯塔瓜纳新的非常不同的生活预期——打开了时间中的一个洞，现实中心的一处空白，我们不久就将看到这一直是《吉姆爷》分析焦点的核心：然而，把她与这个瞬间消失的世界联系起来的最后一条线索，就仿佛使德库德（Decoud）维持在孤岛上的生存的那条终极线索一样（“白天他能看到静寂就像一条沉静的索伸向爆破点，而他的生命，他的徒劳的生命，像一个重物悬挂在那条索上”，410 页），则是听觉的线索：

> 他现在想要知道的唯一一件事，他说，就是她是否全心地爱他——她是否有勇气与他走那么远？……她爱他。她会有勇气的。顷刻间苏拉克所有欧洲人未来的女主人实际经历了她脚下土地的消失。甚至在铃声响起的时刻就完全消失了。当她的双脚再次着地时，那铃声仍然在山谷中回荡。她双手抱着头，急速地呼吸，上下打量着那条石胡同。那里空无一人，她放下心来。与此同时，查尔斯一脚踏入干燥多尘的沟渠，捡起那把打开的洋伞，它曾带着一种行军的鼓乐声跳跃着离开过他们。(64 页)

然而，这样的段落充其量证明了康拉德主题的变化。当我们领略到在这部作品中整个感觉机制都被置于最显著的位置，感觉经验
241 本身得到强化直到它接触到自身的外部局限并使其外部边缘不知不觉地出现在我们面前时，这些段落就不是决定性的了。[33] 这个契机的某种东西在上述段落中已经显见，其中，沉默和声音变成了听觉认知的练习，而不是简单的感觉失败，不是对外部世界的纯粹充耳不闻或视而不见，不是感官的不作用也不是对其他事物纯粹非感觉的关注（那么关注什么呢？抽象思维吗？认真思考吗?）——所有这些匮乏形式无一能充分地构成那个与感觉相反的东西的形象，只有以这个形象为背景感觉才能是生动的，也只

有在这个背景之上感觉才能刻写它的强度。非感觉领域必定是感觉自身的强化形式，一个强化然而却是空白强度的领域：

> 伊莎贝尔（Isabel）一家似乎就在附近。"在你正面左手，先生"，诺斯特罗摩突然说。他的话音一落，那死一样的静寂，没有光亮也没有响动，似乎像一种有力的药物对德库德的感官发生了作用。他有时甚至不知道他是在睡着还是已经醒来。就像陷入昏睡中一样，他什么也听不到，什么也看不到。甚至他那只举在眼前的手对于他的眼睛也不存在。离开那焦虑的变化，那些激情和危险，离开海岸上那些景象和声音，如此彻底以致如果不是他的思想仍在的话那就与死亡没什么两样。在事先体验的这种永恒的和平中，他的那些思想生动地轻轻漂流，就仿佛世俗事物的神圣清晰的梦，萦绕着被死亡从遗憾和希望的大雾中解救出来的灵魂。德库德抖了抖身子，打了个寒战，尽管从身边飘过的空气是温暖的。他有一种最莫名其妙的感觉，仿佛他的灵魂从周围的漆黑中回到了他的身体，大地、海洋、天空、山脉和岩石，仿佛都未曾存在过。（220 页）

大雾弥漫的普拉西多海湾打开了超越世界本身的一个空间，而描写这个海湾的这些魔幻般的文字则标志着康拉德印象主义的成就达到其自身外部的极致，辩证的感性表达达到了使外部极限自动消失的程度。因为审美感知所体验的也就是我们迄今所论的框架 242
和总体性的内在动力，这种动力只与叙事现实主义和叙事现代主义的建构或遏制策略相关：感官必须相互协调，它们本身就是它们运动于其中的那个因素，不是物质存在的维度，而是结构的转瞬即逝的海市蜃楼，一种逐渐消失的效果，一种同时必须抑制自身的遏制策略，从而发挥把阅读注意力转向那个意象的意识形态功能。在《诺斯特罗摩》这部伟大历史剧的这段插曲中，我们又接触到前期小说的主要地理框架或界限，那个在地点之外的独特地点赋予那些小说以一种不由自主的总体化现实主义，亦即大海，这也不是偶然的。但在前期小说中，大海是一种启动装置，促成了同时既是现实主义又是现代主义的东西的出现，这里正是界限这个术语宣布了康拉德印象主义的结束和成就，开创了记录历史本身的机会。

Ⅳ

然而，我们还没有到达《诺斯特罗摩》的时刻，现在必须耐心地顺着原路回到先前那个文本，以便重建《吉姆爷》的另一面，即叙事本身的层面（与句子生产的分子层面是不一致的），及其基本范畴，即所有那些难以避免的虚假问题，如被称作人物、事件、情节、叙事意义等的问题。根据叶尔姆斯列夫的分类[34]，在检验了形式的内容之后——康拉德作为象征性行为和意识形态的风格——我们现在必须转向内容的形式。

然而，最初的印象产生阐释的诱惑，尤其是在文本本身的激励下，认为这部小说基本上是“关于”英雄主义的问题的这种看法，事实上，在我们还未走得如此之远时，是关于这部小说“有”一位英雄、是“关于”吉姆本人的这种看法。前章关于叙事“人物”范畴的意识形态性质的论述可能为我们提供了抵制这
243 些诱惑的方法。的确，在前章中我们不知道考虑下列可能性是否是可取的，即文学“人物”与拉康的自我都不是独立存在的，应将其看作“系统的结果”，而非自身独立圆满再现的身份。这就是说要探讨各种系统，前意识野性思维的网络，特定“人物”就

是据此而具有意义的，不管那种意义采取二律背反的形式，如这里康拉德的例子所示，还是如在巴尔扎克的作品中，作为比较稳定的准寓言内容的承载者：关于一个人物系统的假设预先决定了另一个系统，即在意识直觉中主体没有意义，但是，当一个特定主体被赋予了意义时（如当它成为另一个主体的再现或当另一个主体成为我们私下幻想的人物的组成部分时），那个特殊意义就能追溯到产生这个意义的系统，对此，我们已经采用格雷马斯的语义或符号矩形作为最有用的象征之一。

在当前的例子中，要把吉姆这个人物的似真性消解成更大的指意系统的纯粹效果或极端，会即刻使英雄主义、个人罪咎感和我们已经抱怨过的赎罪等全部主题名誉扫地，随便被划归进批评的浅薄之中。另一方面，一部完全围绕单个个人命运构思的书，一种独一无二然而也具有更广泛影响和社会意义的生活经验（“他是我们当中的一个”），似乎要冒着被其自身的组织条件拒绝的风险。

人们如何着手重写和重读这个叙事从而使“吉姆”成为系统中一个空位的名字，使之远不只是一个“活生生的”人物而证明是叙事的缺场的中心？这个过程往往便捷地从类型学开始，只要能在适当的时刻避免它的话。反复重申的却像谜一样的“我们中的一个”意味着吉姆系统中的二元对立也许不能到马洛与其听众的方向去找，而恰恰在别处，比如，事故后吉姆被迫待在港口无 244
所事事时他自己对各种人和各种职业的反思：

> 在等待期间，他自然地接触到一些同行。他们共分两类。有些过着神秘的生活，保留着未被损坏的精力、冒险家的气魄和梦想家的眼睛，这种人为数不多，少见但能在那里见到。他们似乎生活在计划、希望、危险、事业的浓雾之

> 中，在文明的前头，在大海的黑暗之处，而死亡是他们的奇幻生活中似乎唯一具有合理确实的成就感的事件。大多数人都像他自己一样偶然来到那里，从此便充当国船上的官员。他们现在对为国服务怀有恐惧，那艰苦的工作条件，严格的职责观，还有海洋的不测风暴。他们已经习惯了东方天空中和大海上的永恒的和平。他们喜欢短途旅行、上好的甲板躺椅、大个子土著船员和作为白人的独特性……在他们的全部表达中——在他们的行动中、在他们的眼神里、在他们的人格上——能够窥见那软弱的部位、那腐烂的地方和要悠闲安度一生的决心。(8～9页)

吉姆必须首先看看自己是否适合这两种人，而哪一种都不足以容纳他，这说明这个人物系统——如果有一个人物系统在这里起作用的话——绝不是完整的，缺乏某些主要特征。吉姆可能不是甲板躺椅上的船长中的一员，从另一个角度来说，他们是非叙事条件，是没有身世、没有命运的"人物"；但是，即便他完全可能像第一种人那样，有一双梦想家的眼睛，至少在这个阶段，这些欧洲人的特性仍然太具滑稽讽刺意义，因此不适于他，而最终在瓜诺帝国的插曲中实现了第一次类的完成（"突然间，在那张空白纸上，就在笔端之下，切斯特（Chester）和他的老搭档这两个身影，非常清晰圆满，迈着大步、打着手势躲躲闪闪地进入眼帘，仿佛是在某种光学玩具的场所中的再造。我会望着他们。不！他们是那样幽幻和超常而不可能进入任何人的命运。"106页）。然而，这些梦想家在小说的后半部分却以更加阴险的伪装再度出现。

但是，半页之后，吉姆有了新的职位（帕特纳号上的大副），而又过了半页，在未来的旅行者中他遇到了一种新的人类和一种新的人生：

> 他们潮水般涌向三个舷梯，他们被信念和对乐园的向往 245
> 驱使着潮水般涌上船来，他们潮水般涌上船来，接连不断地发出赤脚的砰砰声和沙沙声，没有语声，没有怨声，甚至没有回首。离开了甲板四周的围栏，流向船头和船尾，充溢而流入张着大口的舱口，填满了船内的隐蔽处——就像填满了水箱的水，就像填满了裂口和隙缝的水，就像与边沿沉默地一起上升的水。八百名男人和女人带着信心和希望，带着情感和记忆，他们聚集在那里，来自南方和北方，来自东部郊区，穿过丛林小路，漂过江河湖海，在快速帆船里沿海岸行驶，在小独木舟上穿过一岛又一岛，经历了痛苦，遇到过奇怪的景象，曾被奇怪的恐怖所包围，而由一个欲望所支撑。他们来自荒野中孤独的草棚，来自人口众多的小村庄，来自海边的村镇。听从一个思想的呼唤，他们离开了他们的森林，他们的开阔地，他们的统治者的保护，他们的繁荣，他们的贫穷，他们青少年时期的环境，和他们父辈的坟墓……
>
> “你看这些牛……”德国船长对新上任的大副说。（9～10 页）

这种原生的反讽突出了使这些朝圣者区别于在前一页剖析的欧洲人的最明显特征：他们缺乏“个人主义”。甚至在最浅的层面上，一种不同人物系统最初的萌芽在起作用。我们从这些无名的大众再回到前一页描述的同样无名的“甲板躺椅上的船长们”，他们各自都极度缺乏个性，但却毫无区别地在孤立的资产阶级舒适生活中一个挨一个地生存，而不是像这里的人们那样集体地生活。

同时，“一种思想的呼唤”这种指示的表达不仅在主要特征上提醒人们欧洲海员的另一个范畴，过着神秘生活和长着“梦想家的眼睛”的那些人，也意味着，从我们现在所处的20世纪末消费者社会的远距离视点来看，我们需要对这些术语本身进行语义重建——诸如“思想”和后来《诺斯特罗摩》中的“伤感主义”等术语——这些术语本身承载太多而并非不带有整个历史的意识形态，必须将其密集充溢的意义提取出来加以解释，才能认为文本已经被解读了。康拉德的话语——蕴含着丰富的精神分析学意义的术语与意识形态的大众口号的一种重叠——必须看作我
246 们不得不学习的一种外语，我们不能借助字典和语法，而要自己重构它的句法，综合对其词汇中这个或那个词的意义的假设，而我们本身又没有这些词的当代同义语。

然而，在试图重构这个关键段落的语义之前，我们还必须论证一些别的事情：纯粹是叙事手段或借口的东西（吉姆的危机要求他把一些人置于生命危险之中，但至于是谁的生命这几乎无关紧要；这些去麦加的朝圣者可以毫不费力地由去往南非的印度移民来取代，或者由一些海外华人家庭来取代）具有自身独立的实际意义，对文本起构成作用。在我看来，这正是阿尔都塞的“多元决定”观念可以派上用场的那种环境：我们不能根据它在情节机制中的必然性来论证这些朝圣者特殊的启发作用的重要性，但我们可以提出次级决定线索，这样，哪怕是作为叙事借口，这种内容也会强加于人，使人无法逃避。换言之，它的必然性不在叙事建构的层面上，而在外部，在内容的客观逻辑中，在任何其他“阐释”填充这个特殊空位的不可行性中。所以，把欧洲血统的乘客从我们罗列的其他可能性中排除出去是重要的（一个理由是，在官员们弃船时欧洲人不会保持安静）；选择其他亚洲人的可能性也不适当，因为这两种亚洲人体现商业和生意动机，而不是这里所描述的宗教朝拜，这本身又由非朝圣的马来领航员的态

度所强化（如果愿意，可以再次使用“多元决定”这个术语），这些领航员坚守岗位，继续为弃船导航，只是出于纯粹的**信仰**（“他从来没有想到那些白人由于害怕死亡就要弃船了。他现在根本不相信。可能有见不得人的原因。”61 页）。[35]也是在这里，在这个次要情节链中，对建构吉姆核心的苦难历程同样必要的—— 247
但是，瓦莱里（Valéry）（不是看到艺术上必要的地方正是糟糕的写作存有缺点和疲软的地方吗？——盲目信仰这个明显次要的内容是作为“手段动机”安排的，是要重新利用情节机制，使之服务于相当不同的主题和语义系统。

于是，我们终于不知不觉地对宗教和宗教信仰这个显然次要和边缘的现象提出质疑，仿佛这是这部航海和冒险故事的根本关怀。我们一般情况下并不把康拉德与19世纪宗教美学的意识形态联系起来。其发展的关键时刻可以迅速地勾勒出来，如《基督教的天才》（1802）中这种故事的发明者夏多布里昂（Chateaubriand）的那些时刻一样，福楼拜对已死宗教的考古热情，他为了唤起宗教幻想而对上述提到的感知、感觉数据和幻觉的整个意识形态的重新利用，如《圣安东尼的诱惑》（1874）或《三故事》（1877）所示——自不必说同时出现的对实证主义信仰的执迷，尤其是勒南（Renan）——最后是晚期的变体，如马尔罗（Malraux）二战后关于绘画和雕塑的著作，在这些著作中，从马克思主义的退却和向戴高乐民族主义的转化似乎通过对所有已死宗教的沉思而强加了一种认识的推延，这些宗教体现了对人类过去绝对精神的探究。在现在对我们来说已相对陌生的一种意识形态执迷的谱系中（而且应该注意到，19世纪末的宗教复兴，尤其是像新天主教复兴这种现象，与从外部对宗教进行这种审美审视完全不同），我们必须肯定地插入宗教研究在知识上最具阐释力和生产力的丰碑：实际上是康拉德的同代人马克斯·韦伯关于宗 248

教动力和功能的研究，不仅在《新教伦理与资本主义精神》中，更重要的是在阐述详尽、于死后发表的《宗教社会学》中。的确，韦伯颇具幽默感地把自己描写成“宗教音乐盲”，这可以作为所有这些非信徒的奇怪的知识立场的名言，他们把宗教上同路的不可知论诱惑与信仰无能之人的秘密渴望结合起来。在英国传统中，英国国教的制度地位和达尔文主义对英国国教不公开的挑战引起的历史性震惊，赋予宗教主题以似乎不同于它们在欧陆资产阶级城市生活的旋涡中所具有的象征和政治意义；然而，康拉德并不是真正的英国人，权且把他置于与他通常所处语境完全不同的一个语境中可能会是有用的间离（他通常被认为属于福特/加奈特［Garnett］式的英国知识分子，浪漫的波兰知识精英和航海商界）。

韦伯的名字表明，我们不可能开始理解宗教唯美主义真正的意识形态功能，除非我们将其置于那个更大的知识和意识形态关怀之中，即对价值的研究和质疑，而这不仅与韦伯的名字，而且更紧密地与他的宗师尼采的名字联系在一起。[36]由此观之，尼采“对所有价值的重新评价”与韦伯被错误命名和误解的对“价值无涉的科学”的理想，都可被看作要开辟一块知识空间的尝试，在这个空间里，人们可以研究这种内在的世俗价值，即世俗社会的全体公民为继续开展他们自己的活动而抱有的各种混乱的理由和动机。这些理想或含蓄或公开地回避马克思主义极具说服力的立场，后者认为知识活动是有其历史环境和阶级基础的：马克思的异议清楚地表明，研究价值的使命不能仅体现另一个内在的世俗价值（对知识的渴求？对纯粹无利害冲突的科学的追求？）而同时本身又不成为意识形态，或用尼采的话说，是权力意志的另一种体现。那么，以这些条件为框架，这个问题（后来在马克
249 斯·舍勒［Max Scheler］和卡尔·曼海姆［Karl Mannheim］那

里自行展平而变成传统上标记为“知识社会学”的“分科”）便是不能解决的；但是，对我们颇有意趣的是它的前提条件，即客观的历史发展，没有客观的历史发展，这个“问题”就根本不可能提出。

显然，这些首先是资本主义制度下生活的世俗化和对旧的以传统为指向的等级和职业承传制度的突破（或用时髦的委婉语说是“现代化”），这是法国革命和市场体制普及的综合结果。现在，价值领域的确第一次出现了普遍和不可挽回的问题，结果是，它第一次作为自身独立的领域而分离出来，成为分立的研究客体。说价值已成为半自治的客体就等于观察人们（但主要是男人）如何第一次在新的中产阶级文化中衡量各种不同的活动并选择他们的职业。我们所说的私人生活或个人主义新的主观性在客观上说不过是使他们能够对他们的职业活动进行审视的这段距离；因此，在小说领域，就有司汤达的“选择什么职业?”的创新，他的作品探讨不同职业的原子价值和作为可选择的生活形式的政治制度。

在韦伯的物品系统中，所有社会制度都描述了从传统到理性化的一条命中注定的发展轨迹，中经关键的过渡阶段——正在消失的中介——所谓的领袖崇拜阶段。旧社会的活动大部分是承袭的（铁匠的儿子会打铁），而关于价值的问题——关于以这种或那种方式追求这种或那种生活目标的理由——被所有传统社会的古典答案所规避了：因为事情总是那样做的，因为我们一直是那样生活的。因此，价值问题不可能在这种环境中产生，换言之，在传统村落的世界上，甚或在部落文化中，每一种活动都具有独特的象征意义，所以，对各种活动进行相互比较的抽象层面从来没有达到：没有可用的最小公分母来比较铁的焊接或编篮业的马
钱子准备或面包与坛罐的制造。用马克思主义的术语说，在这些 250

社会里，我们只能思考无法比较的性质各不相同的具体工作或生产活动的形式，因为所有这些活动形式的公分母——等价劳动力——并未由在社会内部起作用的客观抽象过程变得明朗化。

在韦伯看来，领袖崇拜阶段促成了意义的神话，关于这种或那种活动的价值的神话，这是短暂地由通常是一位先知的领袖人物的个人威信和权力所维持的。但这个阶段往往要即刻让位于一种体制，在这种体制下，一切活动都按照我们已经描述的形式被无情地理性化和重构了。那么，理性化阶段就是韦伯所用的马克思等价劳动力的普遍化，或所有劳动商品化的观念的同义语；然而，如果我们把后者隐蔽的基础构造过程看作前者在生产关系中和贯穿上层建筑的发展的客观条件的话，那么，在这两种叙事之间就不必有什么特殊矛盾。

我们在这里所要强调的是价值观念本身的矛盾性，它只有在不再作为抽象和视网膜上奇怪的余像存在之时才是作为抽象和视网膜上奇怪的余像而可见的。理性化的典型形式事实上是根据方法和目的的二元系统而对操作进行的重新组织。事实上，方法/目的的对立，尽管似乎保留了这个术语并为价值留出一个特殊位置，但其客观结果却是废除了价值，把“目的”排除出来或把它抽回到纯粹方法的系统，使之变成仅仅是为实现这些特殊方法的空洞的目的。这种明显的方法/目的对立的秘密的单一维度，在法兰克福学派的另一种系统描述中发挥了作用，这就是工具化概念[37]，这个概念清楚地表明，理性化就是要把一切改造成纯粹的方法（马克思主义人道主义的传统公式，即资本主义是整个被理
251 性化了的、实际上是理性的、为非理性的目的服务的方法系统）。[38]

因此，价值研究，价值的思想本身，是在它自身消失和工具化的普遍过程实际上抹除了一切价值之时诞生的：这就等于

说——又如在尼采的象征案例中——价值研究与虚无主义或对其缺场的经验是一回事。这样一种经验的自相矛盾之处显然在于，它共存于人类历史上最活跃的时期，共存于维多利亚后期城市生活的全部机械活力，共存于新的生存条件和商业与工业的急剧发展中固有的烟雾和运输，共存于实证科学实验的胜利和它对大学体系的征服，共存于新的中产阶级政权繁忙的国会和官僚活动、新闻传播、文化水准的提高与大众文化的兴起，以及愈加以消费者为指向的文明的新的批量生产商品的唾手可得。我们必须考虑异常情况，只有在最全面人性化了的环境里，即人类劳动、生产和改造的完整明显的最终产品的环境里，生活才变得毫无意义，生存的绝望才首先显现，它与自然的灭绝、与非人性或反人性成正比，与威胁人类生活的一切急剧回转和对外部宇宙几乎毫无限制的控制前景成正比。这个时期里最富意趣的艺术家和思想家是那些固守无意义的经验本身有如固守终极现实、固守他们不愿意被幻觉或"仿佛的哲学"所欺骗的终极生存基石的那些人："宁 252
愿人还是那种没有欲求的人，"尼采喊道，"啊，不要欲求。"宁要虚无，也不要无聊；宁要管弦乐队的悲观主义和对宇宙熵的形而上学幻想，也不要资本主义社会组织的新的逻辑系统性地排除"价值"的那种太严酷和不愉快的感觉。

这些显然是康拉德自己私下的悲观主义与之具有"亲人般相似"的绝对因素（尽管在下一节里，我们将发现有必要把作为形而上的原型存在主义［proto-existentialism］——悲观主义、虚无主义、生存的毫无疑义、荒诞——与作为一种技术哲学的存在主义对行为和事件的严格分析消解区别开来）。这也是掌握审美宗教的意识形态意义的视角：无信仰的忧郁，19 世纪知识分子对不再可能的信仰"完整性"的怀念，这本身就是意识形态寓言，旨在把事实上的集体体制和社会形式之间的关系变成个人生存的问题。宗教无疑具有完整性的象征价值，但这是旧的有机社会或团体（Gesellschaft）的完整性，而非完全统一了的单子——无论如何都当然是幻景。宗教，对今后市场体制的“宗教音乐盲”主体来说，是从外部感知的旧的社会生活的统一，因此，它与这种意象和幻觉有结构相近性。宗教是生产方式的上层建筑的投射，是后者在语言和视觉艺术、思想体系、神话和叙事中留下的唯一的残存痕迹，看起来仿佛与我们自己的意识所熟悉的那些形式相关，然而又严格地把它封闭起来。因为我们不可能再从内部思考那些神圣意象，我们就把它们的外形改造成审美客体，但还有纪念碑、金字塔、圣坛，人们认为它们有内在的东西，然而所容纳的力量对于我们却永远都是个谜。[39]

253 所以，在这个特殊的意义上，宗教置身于意识形态主题和术语的复合体中，19 世纪正是试图用这些主题和术语探讨普遍工具化的新世界，表达对这个世界所排除的东西何以与它所包容的东西一样多的困惑的。其他主题，其中有些出现在上述朝圣者的启示中，包括能使人超越难以容忍的方法和目的的双重束缚的“思想”或“理想”（一般指艺术或爱）；有些低等但比较公开的“慈善”的社会概念，如我们在前章中所论的——这是不仅出于纯粹“利益”的社会行动概念，或换句话说，将超越纯粹工具的反价值；最后，康拉德的术语“伤感主义”用指不能还原到有利害关系动机的行动，因而将其归于非商业性和古怪的并非严肃的贪婪（纪德的“无偿行为”将是这种仍然是有闲阶级属性的最后的、比较勇敢的化身）。

现在，我们可以再为《吉姆爷》的语言赋予颇似原生意识形态和语义内容的东西，努力消解生成我们已开始表达的人物类型的那个“系统”，赋予这种叙事以终极目标和动力。我认为，根据刚才概述的二难问题的主要主题，尤其是活动与价值之间的对立，才能更好地理解这个体制。这种对立并非不像作为卢卡契《小说理论》之基础的那种对立，在卢卡契的著作中，它采取生活（Leben）——纯粹偶然的、内心世界的经验——与本质（Wesen）——语义、内在完整性——分离的形式。[40]这种对立的内在动力产生于它们的不相容性，它们作为评价两种不相容现象的标准的离心性（ec-centricity）：一方面，是真正堕落但却存在的内心世界的经验；另一方面，是纯粹理想、怀旧、想象出来的完整性，只有作为梦幻产物才成为现存真实世界的一部分，并被这个特殊的真实世界投射出来，但没有其他内容。然而，如我们已经看到的，在康拉德的作品中，由于资本主义和前资本主义社会形式在帝国主义边缘的共存，术语价值仍能具有真正的社 254
会和历史内容；它标志着群体和生活方式在另一个历史时期仍然还会存在，还没有被还原到宗教唯美主义主流的偶像和忧郁意象。

然而，这种二元对立的关键并不是它作为思想的逻辑准确性——只关注比较可比较的实体，只反对适当范畴的术语——相反，它作为表征而存在。活动与价值之间的对立与其说是逻辑矛盾，毋宁说是精神的二律背反，一个两难问题，一种二难选择（aporia），它本身就以意识形态封闭的形式表达具体的社会矛盾。[41]那么，它作为被曲解的思想，作为双重束缚和概念丑闻的存在，就是对这个系统的动荡生活的说明，它竭尽全力做不可能实现的事，于自身生产新的术语以便最终“解决”它所面对的困境。因此，格雷马斯的语义矩形可以使我们采取第一个步骤，让每一个术语产生其逻辑的否定或“矛盾”，这样，我们的意识形态系统的内核便包含着关于活动和价值、非活动（not-activity）和非价值（not-value）这四个术语，以下图表示。

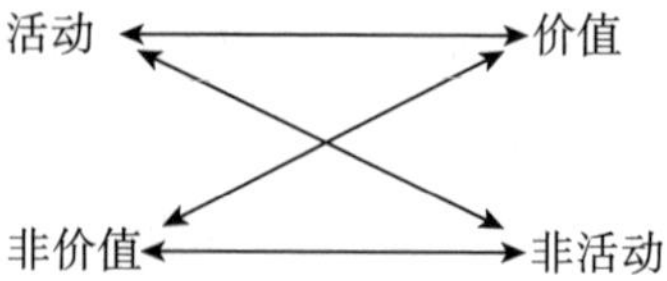

至目前为止，这些显然都是主要特征或概念特征，不是任何意义上叙事人物的位置或其他叙事范畴。人物以及人物系统的位置，只有在精神通过投射出这些不同概念特征的综合而寻求从其意识形态封闭的进一步解脱时，才能开放出来。因此，要完成各种可能的综合就等于具体地想象能够体现和表现这些矛盾的各种生活形式，或人物类型，否则这些矛盾就仍然是抽象的和被压抑的。这样，让我们顺时针从右手开始跟踪这个矩形，说价值和非活动
255 的综合只能通过朝圣者来体现似乎并不特别牵强，他们是有血有肉的存在，并不在任何特定的活动、行为、斗争、“以目标为指向的行为”中外化自身，甚至朝圣也不过是他们存在的流溢，如一种元素一样，从马来西亚的无数地下水源渗出的水，“甚至与边沿一起沉默地上升”。

我们再来看看下面水平的对立，非活动与非价值的对立——在格雷马斯关于这个模式的表达中被颇具暗示意义地表指为中性术语的综合——我们看到这些判断的术语实际上在康拉德关于“甲板躺椅上的水手”的轻蔑描述中清楚地表达出来，他们没有理想，而只有他们自己的舒适，他们的精力，就他们仅有的一些精力而言，都完全用于尽可能地避免活动。这些无疑是康拉德宇宙中的“中立者”，在这种无个性无特征的反照之下，情感便能够与其自身特性相认同了。

至于下一个可能的综合，即把活动与非价值联系起来，尼采的启示——在我们阅读的这个阶段——对我们来说也许比康拉德的文本所准许的更熟悉：“有些人宁愿选择虚无，也不愿一无所

求。”这里所指的显然不仅仅是南海港口“土著人”的怪异形象（吉姆本人也曾一度是“土著”），而且更重要的是虚无主义本身，精力与完全没有顾虑的渴求虚无的那种可怕综合。要检验我们的假设就等于期待这个文本最终生成这样的形象，它的确在吉姆的复仇女神身上体现出来，即绅士布朗这个人物（我们在后面的一节里将详细描述这个人物）。

最后，我们来到格雷马斯所说的“复合术语”，两个主要矛盾术语的理想综合以及后者不可想象的、无法实现的分解和扬弃（Aufhebung）。活动与价值的联合，西方资本主义力量与前资本主义社会宗教的有机内在性的联合，只能把吉姆本人的位置排除在外。但不是存在的吉姆，小说前半部分中的那位反主角，而是理想的吉姆，小说后半部分即愿望达成的传奇中的那位“吉姆爷”，这部分恰恰由于它声称“解决”了矛盾和产生了不可能的主人公而标志着它是堕落的叙事，而这位不可能的主人公在该书的帕特纳部分仍然是有问题的，正如《小说理论》的作者卢卡契告诉我们的，真正小说的主人公必须行动，现在有必要引出我们 256
那个正在堕落的现实原则，从而确认这部传奇的最后爆发。[42]

因此，完整的人物系统可以图示如下：

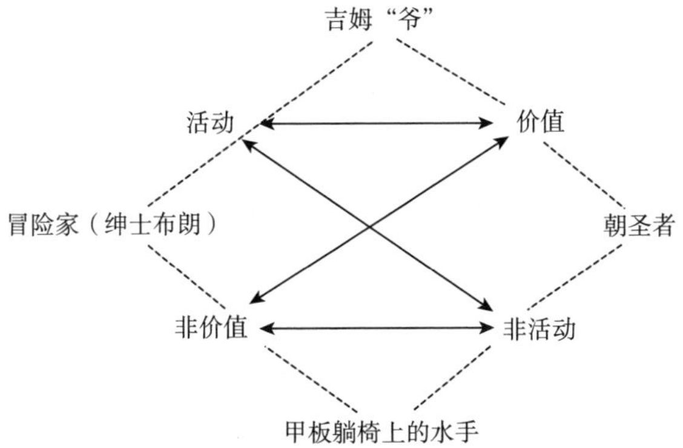

这个图示不仅表达了人物的生成，因为它再现了将要“解决”的矛盾，或将被抹除或克服的二律背反；而且还意味着这个叙事生产最终所要履行的意识形态服务——换言之，这个特殊的决定性矛盾的消解——或更确切地说，按照列维-施特劳斯开创性的神话叙事描写，是这个特殊的决定性的真实矛盾的想象解决。这样的模式——有时松散地与语言学的“深层结构”和表层表现构成类比——在表现叙事文本的基本问题过程中能发挥适当作用——即用这种模式想象地解决二律背反或意识形态封闭——同时也用于评价叙事的解决方法，或评价为此目的而提出的一系列权宜方法。然而，作为对事件的感知生成和消解，这种模式却不太能够
257 弥合叙事文本的意识形态深层结构与逐字逐句的生活之间的裂隙，我们现在必须为这种生成和消解过程提供不同的透视镜。

V

然而，《吉姆爷》在这方面却是一部得天独厚的文本——自反或元文本（meta-text）——其原因就在于它的叙事把“事件”解作对普通日常的朴素事件的分析和消解。《吉姆爷》中的“事件”是对事件的分析和消解。文本的创新性远远超过了情节和寓言（亚里士多德）、言说（discours）和故事（histoire）（本维尼斯特［Benveniste］）的传统叠合，超越了对叙事事件和那些作为纯粹数据、原材料、轶事式先决条件的事件的说明与“表现”之间的传统差别。当然，帕特纳的“真实故事”缓慢展开了一部侦探小说所应有的全部刺激性，那种形式的特别专门化和叠加的结构也不少见。但是，我们对这种叙事几乎一无所知，除非我们已经意识到甚至“真实故事”本身对于康拉德也是空洞乏义的，而且在这部作品中，事件和行为的核心有一处空白，远远超越了

简单的轶事神秘化。

比如，考虑一下下面帕图散叙事中描述的危机时刻：一到帕图散，吉姆就发现他实际上被斯坦的老对手及其同盟非正式地监禁了。他在封闭的院子里挨度时日，以修理酋长的破钟自娱。突然，他第一次惶恐地意识到他所处的困境和迫在眉睫的危险，便爬上栅栏，跑过低洼的沼地，自由了。我们所感兴趣的是这个事件的内在结构，这在吉姆这方面来说无疑是一次行动：

> 坚实的高地在他前面大约只有六英尺了……他伸出手去，拼命地抓着，结果只把一堆可怕、冰冷、闪光的黏泥搂到了胸前——直到他的下颚。他似乎在活埋自己。然后，他发狂地挣扎着，用双拳打烂那泥土。泥土落到他的头上、他的脸上，迷住了眼睛，进入了嘴巴。他对我说，他突然想起了那个院子，就好像记起多年前你曾愉快地住过的地方。他盼望着——他是这么说的——再回到那里，修理那口钟。修理那口钟——那就是当时的想法。他鼓足了劲儿，惊人的极度的喘着粗气的努力，似乎要把他的眼球从眼窝里鼓胀出来 258
> 使他眼瞎，最后他使出超凡无上的力气在黑暗中要把大地撕裂，把它抛离他的四肢——然后他感到自己无力地爬上了岸边。他伸展着躺在坚实的地上，看到了光亮、天空。然后，似乎是一种快乐的念头，他想他要睡上一觉。他将要睡一觉，事实上他的确睡着了。他睡了——也许只有一分钟，或者二十秒，或者仅仅一秒，但他清楚地记得那狂暴猛烈的惊醒。(155～156 页) [此时，吉姆又立定脚跟，继续逃跑，飞快地穿过村庄，到了安全地带。]

这段文字可以看作心理好奇，正如它的同代人也无疑会持相同见解一样。我们几乎可以听到他们在啧啧称赞关于“人类心灵”的这种知识，关于错综复杂的人类反应的这种探讨。我们已经提到了限制詹姆斯式观点的心理框架。现在，我们必须进一步深入，把“心理学”作为包括在自身之内的特殊的认识素（episteme），以及正常精神机制的适当原型，和对反常心理病理数据的热衷，其中包括陀思妥耶夫斯基和克拉夫特-埃宾格（Krafft-Ebing），为此，康拉德的这种特殊“标志”——伴随着睡意的危机之下的极度紧张——对这个心理档案来说已成为一种“洞见”和颇有价值的注释。

但是，对这段文字也可以进行完全不同的解读，而现在该是找出康拉德作品与萨特存在主义某些主题特别相近的地方的时候了，其中对叛国和背叛的执迷和对折磨的热衷（比较《诺斯特罗摩》描写摩尼格海姆［Monygham］的部分与《死无葬身之地》［*Morts sans sépulture*］中的类似序列）不过是最肤浅的相似之处。[43]这些主题显然可在尼采虚无主义的共有遗产中找到源头，这两种情况都可看作相当有影响的想象，即如果上帝死了，究竟会有何事发生。这两种否则便完全不同的作品之间的结构相近性
259 最终要到它们所表达的具体社会环境的本质中去寻找。然而，康拉德的作品与存在主义的并置需要进行进一步的基本澄清：事实上，我已经含蓄地指出，有必要把本身为存在主义的“形而上学”——换言之，关于“生活的意义”，甚至宣布生活的意义是“荒诞的”的一系列命题——与更正统的存在分析区别开来，后者主要见于海德格尔和萨特的著作中，作为某种现象学探讨的分支和发展，他们的著作对生存时间、行动、选择、情感等进行了全面解析。前者即形而上学，乃是意识形态；后者可以为意识形态所用，但本身大可不必是意识形态。二者的区别就在于一个对投射的核心从来没有任何不能还原的时间的此在或在场的证明，

另一个通过演示表明行动本身是空洞和不真实的。这两种“存在主义”都见于康拉德的作品，但我们在本章所要讨论的是后者，即存在分析。

应该清楚的是，我既不是在暗示康拉德对萨特的影响，也不是反过来把康拉德说成萨特在这方面或那方面的先驱。我们至多可以说形成特殊思想体系或主题学说是有客观先决条件的，而来自近代欧洲不同时空的两种非常不同的作品之间的表面相似性，首先应把我们的注意力指向社会环境和历史条件的相似性，这样，作品作为象征性姿态才是有意义的。因此，我们应该采取的第一步就是试图理解进行存在分析的可能性的历史条件——这个项目，不管它能向我们揭示出关于康拉德的何种意义，都将是迄今为止对萨特作品进行更加具体的历史重建的端倪（见卢卡契论存在主义的著作，其笨拙的中介是说明不怎样从事这种特殊工作的实际教训）。[44]但是，对技术哲学进行征候学或社会学重建的方法论抵制，比在文化和意识形态领域里的类似操作遇到的要大得多；技术哲学有其历史先决条件的说法是对哲学历史所持的一种观点，从来没有得以充分地发展，实际上这是粗糙的马克思主义 260
（如刚刚提及的卢卡契马克思主义）所一直加以诋毁的。

然而，似乎清楚的是，我们已经能够建构历史和社会的亚文本（subtext），能够使否则便是独特经验的行动时刻中性化或看上去更加合理，如吉姆从院子里逃跑的行动，它本身突然断裂，于核心处显露出一片空白，这与主体临时死亡没什么区别。（试比较《诺斯特罗摩》中古尔德太太在求婚情节中临时失去知觉的情景，与德库德写信后的无意识状态：“仿佛像挨了一颗子弹一样，他摔倒在桌子上”，210 页；更不必说他的自杀了：“僵硬的手指松开了，安东尼亚·阿维拉诺［Antonia Avellano］的情人滚出船外，没有听到那沉默的绳索‘啪’地一声打破了普拉西多海湾的静寂，他那下落的尸体仍然没有打搅那闪光的海面”，411 页。）

在这段中我们亲眼目睹了曾一度霸权、现在已经作古的现代主义瞬间经验的实际出现：要对这种再现的可能性的客观条件提出质疑，就等于问时间经验中社会和历史的先决条件是什么，这种经验把时间视作“延伸到爆破点的一根安静的导火索”，在这种经验中，“自然的”或质朴的（naturwüchsige）瞬间性首先作为纯粹形式的“统觉”（康德［Kant］）而被限定，然后，在把将来和过去绑缚于现在的瞻前顾后的投射中仿佛通过某种不可名状的肌肉松弛（muscular relaxation），突然像玻璃一样破碎成无数任意的瞬间。要建构萨特和海德格尔对时间的专业化质疑的亚文本（前者主要思考时间投射和选择的主动形式，后者主要思考时间作为遭遇死亡的有限性的被动范畴），我们必须辨识和重新确立瞬间性活动的具体经验的中介——这种或那种技术哲学研究的发展所要求的特定先决条件——它本身可能被作为自身独立的社会和历史现象而得到研究。因此，问题并不在于哲学描述的“真实”——我们被判定的自由，时间的断裂，最终甚至自然或有机生活和存在本身的荒诞，如果愿意的话——对此，每一个现
261 代的个人都无疑准备要接受的，恰恰是这种环境突然使那块面纱被从这块难以忍受的本体论基石上揭去，将其作为终极的明晰而强加在意识之上（“我想要看看我究竟能承受多少”，韦伯在论述同样令人不愉快的真理的使命时这样写道）。至于马克思主义与这种描述的关系，当然可取的做法是不要用教化布道来代替这些描述：说生活没有意义并不是必然与马克思主义背道而驰的一种命题，与此不同的是，马克思主义断言历史是有意义的，不管有机生活碰巧多么荒诞。真正的问题并不是存在主义的论点，而是其情感负荷：在未来社会中，人们仍将生老病死，但是，马克思

主义的帕斯卡式赌注却在别的地方，即在于这样一种思想，死亡在破碎的和个性化的社会里远比在真正的社群里更可怕也更充满焦虑。在真正的社群里，死亡更强烈地作用于群体而非个人。此处的假设是：在未来的公共社会生活中，时间不过是结构上的空架子，或用时髦的话说，此在将仅仅是结构的和本体的幻觉，而这种特殊的“对生存的虚无的根本揭示”将失去它的锐气和痛苦，从而变得不那么重要了。

无论如何，瞬间性这种抽象结构在旧的传统活动、投射、仪式垮台之前显然是不可能出现的，时间就是在这些传统活动、投射和仪式中被经验的，并与之不可区分。我们是在讨论一个抽象过程，在由这个过程而产生的许多事物中，一种至高无上的抽象形式缓慢地产生出来，叫作时间本身的抽象，它提供关于自身纯粹直觉经验的幻景。但是，如康德所示（而在不同的意义上还有康德之前的休谟［Hume］），这种瞬间性并不是经验客体，而仅仅是纯粹的形式，所以，未能用某种丰富的经验——伯格森完整的或经验过的时间的幻景——来取代其作为抽象的本质——伯格森的物理或时钟时间的现实——的失败，就没什么可大惊小怪的了，尽管这可能对个别主体产生灾难性的影响。

我的论点就是，吉姆对自我认识的明显追求——是否是个胆小鬼，为什么是个胆小鬼，以及与此相关的萨特式问题，怯懦是否因此而成为他存在的某种特征，或是否在某种类似环境下可以 262
做相反的选择——这些转变了自由本质的伦理问题，事实上，（如在《存在与虚无》中）是对何为真正的行为、何为真正的暂时瞬间等问题进行相当不同的检验的结构前提：这涉及行为何时发生？需做多少准备？在它突然“摄取”（take）、变得不可挽回之前你需走多远？然后，它是否像跑道上的冲刺距离或芝诺的箭一样可以无限地分化？如果不是，那么（芝诺悖论的另一面），那个单一的坚硬的最终不可分化的原子，作为行动瞬间，如何首先得以诞生？

我们还没有充分地认识到，对吉姆来说被象征性地赋予意义和特权的那个环境——跳入救生艇、逃离沉船帕特纳号——就其空洞形式来说，是他已经敏锐地感觉到的环境。因此，这个情节并不是道德教育的例子，即乔尔斯（Jolles）称为案例（casum）[45] 的那种“简单形式”或分子式文类，一种对我们这里视为转移而非无关的所有那些伦理问题进行争论和运作的工具。相反，吉姆的创伤从直义上说正是如此，而且是建立在原初的**重复**基础上的。先前的一个情节的确包含着这个情节中的各个因素：救生艇，遇难的人，在瞬间即可进入深渊和一跳即可走向自由之际的犹豫。问题在于，在先前的情节中，吉姆**没有**跳：

> 吉姆感到肩膀被紧紧地抓住了。“太晚了，年轻人。”船长把一只钳子般的大手放在那孩子身上，他好像正要纵身跳下似的，吉姆抬起头来，目光里带着那种自觉失败的痛苦。船长同情地笑了：“下次祝你好运。这可以让你聪明起来。”（6 页）

于是救生艇带着幸存者回来了，上面没有吉姆，一个他我（alter ego）赢得了颂扬自身英雄主义的光荣和满足（“吉姆认为这是可怜的虚荣心的展示”）。难怪在帕特纳危机的决定性高潮时
263 刻——救生艇摇摇晃晃准备下落，人们危在旦夕，吉姆则悬在上方，“仿佛我一直在塔尖上”（68 页）——吉姆“本能地”纠正了之前的错误，这次“做对了”。对赢得第二次机会的渴望，为了让那能证明你自己的环境再次出现，这次成功了，在帕特纳事件和对他的审判过后，这种渴望自觉显现在吉姆的极度痛苦之中，

证明仅仅是对一次重复的重复。真正的第二次机会，最终是唯一的一次，是帕特纳危机本身。在这次危机中，吉姆抓住了这次始料未及的机会来完成他那久已悬置的行为，登上了许多年来他一直准备着的救生艇。

现在，这当然确实无疑是个错误的决定；然而，我的论点是，这个“反讽”，如果我们必须这样称呼的话，既与讽刺和喜剧的各种“稳定反讽”不相容，也不与詹姆斯或福楼拜式观点的其他令人烦恼的“不稳定的”反讽相容。[46]如果我们谈论的是反讽的话，那么，就必须把这些反讽区别开来，它们仍然被闭锁在个别主体的范畴之内（或是比较主观的伦理判断，或是单子内部比较唯我的“心理”经验），而这个反讽是超个体的，具有比较正统的历史性，但由于某种意识形态的误解而又被投回到个体经验上来。这种反讽是“历史教训”的那种反讽，据说人们要从这个教训中学习，比如它们并不给予什么教训；人要更好地重新装备自己以进行以前的战争，而人对此又如此悲哀地毫无准备，结果，人又同样毫无准备地却以新的方式进行下一次战争，这是一个反讽。这种反讽，如果你愿意，乃是黑格尔“理性策略”的否定表达，而且这种形式的反讽是相对周期性的，没有内容（后者只有当我们在决定性的历史环境中询问法国参谋部为何如此深刻地接受了1870年的教训，以致在1914年便不必再去接受这个教训了，如此等等，才开始出现）。然而，《诺斯特罗摩》的价值对我们来说在于它将再次提出这个问题的尝试，而这次具有具体内容，是为把这整个空洞行为的问题性提高到集体经验的水平而进行的卓越的和形式改观的一次尝试。如我们不久就将看到的，如《吉姆爷》一样，《诺斯特罗摩》探讨的是时间中的一个洞 264
(hole)，其内在瞬间逐渐消失的一种行为——因此证明这既是不可挽回的又是不可能的，既是丑闻的起源又是值得思考的一种两难选择。但是，对《诺斯特罗摩》的思考就是对历史的思考。

对《吉姆爷》的思考仍然顽固地折射到个别行为的问题框架上来，并一次又一次地向自身提出不可能解决的问题。对吉姆的高潮情节进行的分析式质疑的确表明那里什么都没有："'我跳下去了'……他掉转目光，察看自己的身体……'好像是，'他又说。"（68页）对这个行动的描写没有现在时态，我们总是在它之前或之后，在过去或未来，在计划阶段或结果阶段。生存探讨一直在严格地进行，但其结果既不是真理，也不是形而上学，而是哲学悖论。

至少对吉姆本人是如此。在个人层面上无论行为问题多么不可能，明显的是，社会层面即刻把它冲刷，将其彻底改变。这里，关于存在问题的焦点变化了，或者说显然总是存在着两种问题性：技术哲学的问题性，即我们所称的存在分析——在《恶心》（*La Nausee*）中罗昆丁（Roquentin）对存在的"发现"，以及对他自身作为个别主体所有那些不可避免的结果——以及那个相当不同的问题，即社会制度——布维尔的资产阶级——与这个粉碎性的发现和非社会个体丑闻的合法结构之间的关系。康拉德假装讲述个人如何与自身的勇气和恐惧斗争的故事，但他非常清楚真正的问题并不在这里，而在于吉姆不得不树立的社会样板，以及吉姆在意识形态神话中发现萨特式自由而产生的非道德化结果，正是这些意识形态神话使统治阶级发挥作用并断言其统一性和合法性的。于是，布里厄利（Brierly），吉姆的法官，他的自杀变成了一种社会姿态和阶级摈弃，而不是人们所经常阐释的对虚无的存在主义发现：

> 我们不是许多人的组织化团体，使我们走到一起的唯一原因仅仅是为那种体面的名声。这种事情毁掉了人的信心。

一个人几乎度过了他的整个海洋生活而没有机会表现他的勇 265
敢。但当机会来临时……（42 页）

对马洛的解读也没什么不同，在一个复杂句子的不显眼的转折处，他冲口说出对自身兴趣的惊奇发现，这样“一次事件对于我来说只不过像对于模糊的人群中的一员一样，他们是由于社会的低贱劳作和对某种行为准则的忠诚而聚集在一起的”（31 页）。但是，这些人是由于不可能不受到质疑的阶级价值的意识形态凝聚力而形成团体的，因此，这个团体并不纯粹是海上兄弟会，它是大英帝国的统治阶级，是帝国主义资本主义的英雄贵族，它把次要但有时却更加英勇的商船队官员贵族作为自身的象征。[47]这里，比福楼拜的语言美学实践更恰到好处的是，康拉德的作品最终贴近福特在《游行的终点》中对英国官僚贵族的细腻表现和自我质疑，运用几乎相同的社会**丑闻**的轶事形式揭示否则用肉眼不可能看见的社会制度。因此，在这两部作品中，生存的“极端环境”（帕特纳的舱壁，第一次世界大战）与其说是旨在揭露行为和瞬间内在表达的实验，毋宁说是揭示意识形态结构的先决条件。

Ⅵ

但是，如果这就是《吉姆爷》的全部真正关怀，那么，剩下的只需问一问为什么没有人这样认为，而最不这样认为的竟又是康拉德本人；还需提出最后一个但却极其棘手的关于表面现实的
形式，即同时既是错误又是客观现实的误读的结构来源。我们对 266
这部小说的解读一直基于——也许一直意在证实——一种现代主义模式，后者就是据此而被理解为被取消的现实主义，被理解为对“现实主义内容”的一种否定的，就如同黑格尔的“扬弃”一

样，它在自身之内同时既被取消又被升华，却又继续承载着那个内容。简言之，如卢卡契有时所做的，认为现代主义是某种纯粹意识形态的转移，是系统地把读者的注意力从历史和社会转向纯粹形式、形而上学和个别单子的经验，这显然是错误的；它是所有这些事物，但是，这些事物并非像人们所认为的那样容易获得。用诺曼·霍兰德现成的说法[48]，现代主义事业可以比较充分地解作“控制”历史和社会的、深切的政治冲动的意图，就是说，缓和这些冲动，准备用来替代它们的可使人满意的东西，如此等等。但是，我们还必须追加一句，这些冲动在被唤起之前是不能被控制的，这是现代主义事业的微妙之处，为了在另一个时刻抑制它所唤起的那种现实主义，它就必须是现实主义的。

我们阅读《吉姆爷》的任务是要恢复19世纪末理性化和物化的整个社会的具体亚文本，这部小说在许多不同的形式层面上是这种理性化和物化颇具说服力的表现和乌托邦补偿。现在，我们必须转向确保这种内容的结构替代，并提供内嵌的替代性阐释系统的各种机制，借助这种内嵌的阐释系统，读者可以以一种更加不冒犯人的方式重写文本，如果他们有这种愿望的话——我们的确都有这种愿望，避免了解历史！为此目的而建构的两种遏制策略显然在某些层面上属于意识形态，它们也完全可以作为意识形态而得到检验。然而，在当前的例子中，它们是意识形态的叙事投射，是叙事策略，其共同目标是要重写一个叙事，否则这个叙事的内在动力会避开伦理的和个别主体的各种范畴。然而，如我们已经看到的，《吉姆爷》的内容本身是异质的，取自表面上
267 互不相关的微观范畴（物化时间，世俗化行动）和宏观范畴（历史和实践）。因此，为了控制丑闻和意识形态挑战的这两个不同来源而采取两种不同的遏制策略而不是一种，就是适当的。

这样，所论的两种策略将采取我们分别称为形而上学和情节

剧的形式，它们旨在通过指定“负责任者”和各负其咎来抑制吉姆叙事中事件的内容。我们的确已经讨论过这些策略中的第一种，即形而上学的策略，通过筛选出自然，尤其是大海而投射出一种原存在的形而上学，大海是碾碎人类生命的终极反面人物，吉姆必须与之进行拟人的战斗以证明他自己。在这种人格化的意义上，自然是根本，如果吉姆追求的也是勇敢和恐惧的问题，而非我们在前节中所表明的那个非常不同的东西的话。这并不是说，人们不会溺水而死，也不是说大海并不可怕，而是说任何真正的存在主义都会自行解疑，而如果自然真的毫无意义，那么，为了合乎自身的逻辑，真正的存在主义就必须不遗余力地取消所有那些拟人印象，“事物的可怕面孔后面的真正恐怖”，“某种看不见的东西，居于内里的一种万劫不复的指导精神，仿佛可憎的身体里的一颗恶毒的灵魂”（19 页）。

但是，吉姆并未在海上被毁灭，在这个意义上，要证实自己似乎总是要求有一个人类对手（见《走投无路》和《台风》中从自然到人类行为者的类似回置）。因此，如果小说的后半部分是要回溯或在意识形态上“解决”前半部分以两难问题的形式所无情地展开的东西，那么，我们就必须诉诸情节剧这个相当不同的策略，这里，自然的恶毒的行为者被人的恶毒的行为者所取代，这就是绅士布朗。

问题在于这种手法的“动机”：如何想象或让读者相信在吉姆成功的时刻对他进行这种残酷追逐的动机？但是，如我们在第四章中表明的，这种动机在 19 世纪意识形态中是随处可见的，起初作为对民众造反的心理解释，但也可用来解释不满意的知识分子的革命事业，然后，便更广泛地用于表现普通日常生活，尤其用来诋毁政治冲动：这当然是**愤懑**的概念，在这方面，康拉德堪称一位史诗诗人。他的作品中没有一部（尽管这里《诺斯特罗 268

摩》也是得天独厚，几乎是个例外）这种典型的、无缘无故地产生这种病态情感的恶棍不在等待着毫无思想准备的无辜之人。[49]事实上，伟大的政治小说《在西方目光下》和《秘密使者》——正如陀思妥耶夫斯基或奥威尔的杰作一样以其自己的方式成为有力的反革命小册子——如此执迷地发出**愤懑**的信息（以及它作为一切革命事业之源的作用），以至于背叛了自己的内在动力：如我在前面所讲到的，**愤懑**概念本身就是所论这种感觉的产物。

这不是说绅士布朗不是一个感人的形象，尽管即便他那专一的虚无主义感染力也依赖于相当复杂的人物系统，据此，一个不太重要的**愤懑**之人科尼利厄斯（Cornelius）摆脱了关于这种自身情感的一切荒唐的东西，从而给吉姆更杰出、更绝对的对手留下了更纯粹的邪恶和力量的幻觉：

> 其他人不过是庸俗和贪婪的野兽，但是他似乎被某种复杂的意图所感动。他抢劫一个人似乎仅仅是要表明他对这个家伙的可怜看法。（214～215页）那个人断断续续的、愤怒的话语在我面前揭示出当死神之手已经搭在他的喉咙上时他的思想，一种毫不掩饰的残酷目的，对他自己过去的一种奇怪的复仇态度，以及对他与全人类作对的正义性的一种盲目信念，那种感觉中似乎有什么东西能够诱使一伙流浪杀手的头儿自豪地自称为上帝的鞭子。（225页）我不得不忍耐他那双带鱼尾纹的凶狠的眼睛里发出的阴沉的光……反映了有些
> 269 罪恶与疯狂多么相近，源于强烈的个人主义，由于抵制而加剧，把灵魂撕得粉碎，并给身体以虚假的精力。（209页）

在这种颇具感染力的修辞中，我们可以感觉到必须对叙事及其行为者进行彻底的取代以便产生我们可以称为情节剧的效果，并唤

起反角的神秘感觉——如此古老、历史上如此丑恶的一种感觉，其祖上可追溯到远古的私刑和大屠杀，对替罪羊和仪式诅咒的驱逐。把布莱希特描写日本恶魔面具的伟大诗句与这种自我永存的邪恶幻想相并置，将是一种精神净化，那恶魔鼓胀的血管和阴险的鬼脸

全都预示着它认作邪恶的一种精疲力竭的努力。

Ⅶ

如我们已经暗示的，《诺斯特罗摩》是对《吉姆爷》叙事机制的辩证强化和改造，而在结论中，由于已经表明了康拉德不愿意看到的一切事物，因而可以展示他在社会和历史想象的咄咄逼人和雄心勃勃的努力中能够看到什么。问题与其说是康拉德于1900—1904年的个人发展，毋宁说是结构变化的表现，以及相似的材料被从个别主体的领域和范畴中挖掘出来而转向集体命运的领域和范畴的新视角时被彻底变形的方式。

至于基本的掩盖手法，即基本的“遏制策略”——《诺斯特罗摩》中的遏制在康拉德的其他小说中起到大海的作用，为封闭这个叙事模式所能涉及的一切社会总体性的界限提供了动机，并使之合法化——在说英语或至少是突出外国人物而与拉丁美洲“本质”（用黑格尔的术语）的不确定性背景相对照的环境中，水平地而非垂直地探讨这个建构机制，似乎是合情合理的。今天，当第三世界，尤其是拉丁美洲，发出自身的文学和政治声音时，对于康拉德再现的考斯塔瓜纳政治和人民的一切冒犯和讽刺的描 270
述，我们还是抱以欣赏的态度为好。[50] 事实上，意识形态的介入

在这里是三重的和分层次的。在最普通的层次上，我们有古典的“盎格鲁人”对拉丁“种族”的描绘——懒惰、无能等等，对这些人，政治秩序和经济进步必须从外部“引进”。这种态度比简单的种族主义要复杂得多，因为它包含着相当多的幻想诱惑，并在为田园诗的实践提供素材（比如劳伦斯［Lawrence］的《长羽毛的蛇》）的同时，又承认了工业化的西方对自身的好印象。然而，不管这种视角有多大的含混性，都无疑是“他者”的思想，而且很难想象拉丁美洲小说家在不具有黑格尔的“忧患意识”的情况下会如此聚焦于他的素材，即便事实和轶事都是相同的。

在第二个层次上，当然有康拉德自己的政治反思和态度，他能够使读者忽视他把当地的正面人物——所谓的布兰克（Blanco）们——与贵族党相认同，而把邪恶的蒙特罗们与混血儿相认同。关于蒙特罗政治最清楚的表述是其定义：“恺撒主义，基于直接民众选票的帝国统治”（335 页）。但是，《诺斯特罗摩》并不是一部政治小说，在这种情况下，它将让这两种政治理想自行一决雌雄（如黑格尔所表明的，这种政治艺术的终极模式仍然是《安提戈涅》）；相反，康拉德自己的政治态度是预先设定的，而伦理和情节剧的标识则进一步强化了它的修辞效果（布兰克派为善，蒙特罗派为恶）。

因此，这些标识将预见性地把我们引向第三个和最深层的意识形态层次，这也不外乎**愤懑**理论；对蒙特罗兄弟的描述，以及对其动机的解释，都是 19 世纪那些著名的反革命历史学家的老
271 生常谈。但是，这个主题在《诺斯特罗摩》中的反响却非常不同于它对《吉姆爷》结构的影响，在《吉姆爷》中，它把一部现代主义文本转换成了大众文化文本的先驱（一种畅销的亚文类）。无论如何，我们认为**愤懑**理论和视域将必然构成康拉德任何政治或历史反思的外部界限，如果这样，那么，《诺斯特罗摩》在结

构上的组织就是要使其效果最小化，因为在这里，愤懑本身受到了抑制，被抛入到文本本身的框架或界限之内。其结果是，康拉德主要和最受瞩目的叙事——所有主要（欧洲或北美的）人物的故事，与这个特定的香蕉共和国的背景或前文本形成对照——可以自行展开和生产，而无须利用我们所说的情节剧策略。我们现在要补充说明的是，形而上学策略，令人悲哀的自然的原型生存启示，也是缺失的，这时，我们就完全可以预计康拉德对阐释意识形态与生产形式之间决定性关系的极大兴趣会发生叙事形式的转变。

为了使差异更加显见和惊人，我们必须强调与《吉姆爷》的叙事结构的类似性。我们感到《吉姆爷》前半部分的文本化（textualization）并不十分明显，因为所描写的人（hommes-récits）或故事焦点在这部作品中是隐蔽的，文本必须以第三者的声音发挥作用，但这不过是旧与新之间令人不安的调和。康拉德在这里是前现代的，因为他还未能发现超个人观点，如乔伊斯的叙事，甚或福楼拜的叙事。然而，文本从细节到细节的联想式、机遇式运动，其复杂缠结绝不逊色于《吉姆爷》；而且，如我们所说，遵循的是同一条基本原则，即围绕那个核心行为进行的缓慢的分析循环，我们也许担心会对这个核心行为质疑过紧，就像在《奥义书》里象征存在的洋葱一样，一层一层地被仔细剥落，最后证明其核心是无。

这种事件首先被读者（以及文本之类）看作蒙特罗派的革命。经典的文本化替代首先把不幸的独裁者布兰克的驴背逃亡作为次要的细节，"讲述"而非"展示"出来，并在谈话中作为与此毫无关系的话题的顺带的例子而提及（23 页）——只在几百页 272
之后才再度提及这同一事件，而且是作为缺场的感觉数据，亦是大批观众看不见的远处奇异客体的隐在的原因（192 页）。对传统在场观的固持，无论是物质的还是叙事的，都会引导我们假定，只有在小说第二阶段，所论的事件才最后“真正”发生。然而，在那个意义上它根本从未发生，指出这一点当然是比较合适的，因为最初对其离题的指涉——不是作为场面，而是作为事实或背景——免去了康拉德后来必须“提出”其全部经历的在场的义务。因此，这个核心事件是最经典的德里达意义上的在场/缺场，只是在其最初的缺场中在场，而在被认为应最明显在场时缺场。

然而，叙事中心的这个洞本身不过是一个更大的洞的外在象征，这个更大的洞就仿佛一个看不见的中轴，小说庞大的事件系统就是围绕这个中轴运转的。换言之，《诺斯特罗摩》并非真正是一部关于政治动荡的小说，后者本身不过是所有事件中那个最根本事件的借口：德库德和诺斯特罗摩到大伊莎贝尔岛的远征和对宝藏的拯救，这与分离主义者的西苏拉克共和国的建立是同一回事。在这个层面上，情节的全面调节并没有什么神秘的（那些调节中没有我们在《吉姆爷》中发现的那种结构变化）：这部小说实际上是对结构主义宣言的教科书式的检验，即所有叙事都要经过从自然到文化的变迁。实际上，开篇几页使人想起海湾的风景，没有人烟的风景；而结尾（诺斯特罗摩的死除外）则歌颂了这个新共和国实现的社会。在《吉姆爷》中，对个别行为的质疑和行动的各种可能性构成了“传奇式”英雄主义的一种堕落形象；而在这部作品中，恰恰相反，类似的质疑似乎能够自行升华到集体的水平，并生成社会本身的叙事生产。

似乎清楚的是，这并非是由单个人的行动所达到的，而是由两个人的行动达到的：单独行动仅就其复杂的历史效果来说只能是两位英雄的共同行动的结果，或更准确地说，是他们综合成新的集体行为者的结果。则我们从一开始就可以假定一个义符系统
273 （semic system）的存在，这种综合和合成就是从这个系统中汲取

叙事意义的。显然，在最明显的层面上，在神话批评最容易恢复的层面上，由诺斯特罗摩和德库德联合构成的这个新的双重行为者不过是肉体和精神的联合，行动之人和知识分子的联合，个人的准肉体虚荣的追逐者和热爱理想之人的联合（在这个意义上，德库德具有一种高于一切的不变理想——独立的共和国——而这是由他对安东尼亚的爱所"激发"的）。但是，即便承认诺斯特罗摩和德库德的对立/综合中富有这种内容，仅就其主要特征来说，也很难看到肉体和精神的这种神秘联合是如何足以建立社会的。这充其量能产生新的、统一的、变了形的个人行动，这样，其附带的"历史操作性"就仍然有待于探究。

我认为，我们可以通过观察德库德和诺斯特罗摩这两个人物如何从两种不同的、不平等的和大体上不相关的人物和命运组合中产生出来来探究，这两种人物和命运是文本的运动缓慢地呈现给我们的。德库德的法国文化背景和教养使他与纯粹的"土著"人物保持着一定的距离（如他的名字所示），因此逐渐从围绕古尔德和矿山并通过古尔德太太的沙龙恰当地组织起来的那群人物中突显出来；另一方面，诺斯特罗摩则来自以老威奥拉（Viola）和他的阿尔波格为中心的小得多的群体。从情节和组织必要性的观点来看，老威奥拉的故事严格说来是多余的，因此大概必须遵循更深切的必然性，这种观察强化了我们对这种渊源关系的符号学重要性的感觉。

然而，如此对比之后，该书人物组合的这两条重大线索，即分别从矿主查尔斯·古尔德和从意大利移民及噶拉巴尔迪诺·威奥拉传下来的两条线索，自动分化成了直接可辨的对立阵营：他们与19世纪历史的两股重要力量相对应——扩展到帝国主义阶段的工业资本主义和古典的1848年类型的"民众"革命（在严格意义上，既不是农民革命也不是无产阶级革命），噶里巴尔迪

这个英雄人物既是列宁又是格瓦拉，而且是建立了一个独立国家
274 的一次成功革命的唯一领袖。关于噶里巴尔迪应该负责建立一个独立的苏拉克的那种有限的描写，显然为这部小说的政治思考打开了一个基本空间，因为苏拉克既不是 1848 年革命理想的实现，也不是意大利的皮埃蒙特的统一。而对于噶里巴尔迪对威奥拉的传奇式保护，霍尔罗伊德（Holroyd），即查尔斯·古尔德的更加神秘的旧金山赞助人和资本家担保人，则构成了结构上的对立面和平衡物。

康拉德在政治上对这种民族主义—民粹主义的同情描写可谓登峰造极；同时，必须说明他把他的新历史视角的这一端包括在作品中，并予以细腻描写，基本上把真正的拉丁（但却是**欧洲**的）革命冲动——在这里为奇异陌生的意大利革命——与当地的蒙特里斯塔革命区别开来。这种现象近似于弗洛伊德的划分，我们将看到这种划分实际作用于这种兴起的人物系统的全部条件，既使其复杂化又对其加以限定。换言之，对正面人物威奥拉/噶里巴尔迪的限定只能以分离出坏的一面为代价，即蒙特罗兄弟及其“恺撒主义”，这本身又成为噶里巴尔迪民粹主义领导的糟糕的镜像。同时，这种至高无上的政治价值与身体、虚荣、傲慢、力量、个人行动等诺斯特罗摩主题的关联，暗示了在我们论及这个对立的另一端之时将显现的东西，即对康拉德来说，民粹主义是意指内在性的一个术语——即生活（Leben）与本质（Wesen）、偶然性与意义的实际同一性——已经达到了他自己的叙事机制无法表达的那种程度。

当我们理解了在何种程度上康拉德把资本主义解作超验性之后，这一点就更加清楚了。把资本主义与建立秩序相关联的传统修辞——顺便提及，这是对资本主义的非常古老的论证[51]——与下面这种感觉同时共生，即像苏拉克这样的国家并不是自然产生

的，而就其人工制造的程度来说，它必然体现人们强加给它的或仍然作为道德规范的一种思想和理想，类似于“慈善”主题的最终体现。那个不断重复的时代用语“伤感主义”——那些纯粹出 275
于知识或哲学或“利他主义”的理由做事的人们不可名状的贪得无厌——回应了这个主题，这在对银行家霍尔罗伊德的“想象力”的歌颂中达到了高潮：

> 做一个百万富翁，像霍尔罗伊德这样的百万富翁，就仿佛永远年轻一样。青年人的胆识以为凭借它可以支配无限的时间；但是百万富翁拥有无限的手段——这更有利。一个人在世上的时间是一个不稳定的量，但毫无疑问千百万人会活得很久。把基督教的纯洁形式介绍到这片大陆上来是一位年轻狂热者的梦想，而我一直努力向你解释霍尔罗伊德为什么在58岁时还像一个刚刚开始生活的人，而且更有活力。他不是传教士，但是，圣托姆矿对于他正好是传教的地方。相信我，事实上，几年前他在与约翰伯爵的一次严肃的关于考斯塔瓜纳的金融的商业会晤中就无法排除这一点。约翰伯爵在回家途中于旧金山给我写的一封信中惊奇地谈到此事。我发誓，医生，事物就其本身存在来看似乎一文不值。我开始相信事物的唯一实在的东西就是每个人在自己的活动形式中发现的精神价值。(265～266页)

因此，威奥拉墙上的噶里巴尔迪肖像与作为脱离肉体的理想和抽象的霍尔罗伊德形成对应——如我们看到的，这是一种不可能的风格内在性的缩影。因此，叙事的历史力量在其超验的一端终究会以具体人物来体现自身，即被固定的思想和政治幻想所驱使的德库德其人，这是合乎逻辑的。

现在，从为叙事编码的终极对立转向其在文本人物和局部事件的具体表达，我们可以开始重建一个与在《吉姆爷》中起作用的系统相类似但却更加复杂的系统。我们将用图式表明，德库德与诺斯特罗摩的对立可以用主要特征表指为理想与自我之间的对立（自我用来表指个人身体或人民的不可能存在的内在性）。这样，结果将表明，我们的其他术语将标识颇似反理想或犬儒主义，以及无私或奉献的位置：

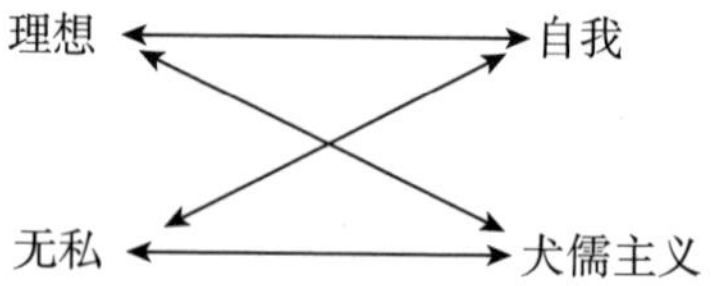

276 但是，这些新的术语已经被用来表指适当的人物了，因为女人们——安东尼亚作为德库德的政治寓言和缪斯（“安东尼亚，像一尊寓言的雕像那样高大可爱，以蔑视的眼光看着他的软弱”，409 页），在她背后还有德库德太太——都显然被赋予了相对令人讨厌的对男性行为者无私奉献的功能；而由新术语犬儒主义的系统生成的人物则有助于说明否则便不可解释的一个新人物的出现——于德库德—诺斯特罗摩远征后出现的摩尼格海姆医生，以及这个明显的叙事的事后思考是如何主导小说的最后部分的，这种比例失调在提倡组织和叙事统一的纯粹主义者那里必被视为一个缺点。摩尼格海姆差不多完全是由这个文本生成的，并作为对文本系统新的变体被生产和突显出来。不啻如此，他的犬儒智慧和对女人们无私奉献的经历的综合——两种矛盾的联合，在前一部小说中由马洛承担的功能——产生出的那个中性术语恰恰是目击者的位置：从这个非行动的位置，跨越这个系统，可以在叙事上观察到理想的行动或复杂的术语——理想与自我的联合，德库德和诺斯特罗摩的联合。（“划分”过程在这个术语中明显可见，

至少可以看到犬儒主义坏的或否定的形式不过是粗心大意，是由另一个重要但却是纯粹形式上的历史见证人——米歇尔［Mitchell］船长所填充的空白。）

现在我们可以开始厘清这部小说的其他方面了。首先，真实历史——考斯塔瓜纳的堕落史，我们迄今一直称之为拉丁美洲的“本质”，在盎格鲁人眼中被外化为他性——被寓于自我和犬儒主义的联合中，作为一系列偶然事件冗长无阻的愚钝连续而成为“历史的梦魇”。另一组主要特征的综合，即理想与无私的综合，德库德与安东尼亚的理想联合，由古尔德和古尔德太太的联合所控制，只能是婚姻的想象的幻景，作为终极的私人领域，与堕落 277
历史的公共领域相对峙，其主要特征的价值可能趋近于解释康拉德笔下妇女的非现实性和纯粹的象征功能。

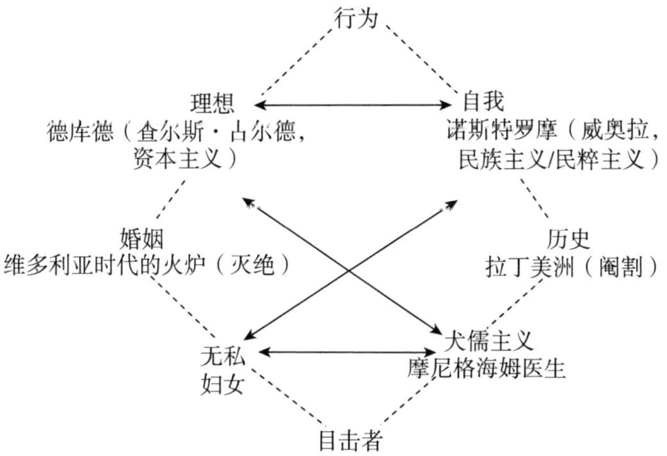

这种图式似乎也至少能提供对这个作家进行精神分析阐释的一个起点，因为历史这个术语本身包含着被父亲般的人物（诺斯特罗摩）杀死的儿子，和受尽折磨、留下跛脚的男人（摩尼格海姆医生）。因此，这个主要特征的空间显然是阉割的空间，而其

结构上的对等物，包括德库德和古尔德太太，代表爱、婚姻或性经验的地方，则由相当不同的昏厥或灭绝的情感经验所控制。然而，这种图式唯独不能解释本质的东西，即理想行为本身的动力，不可能的综合或复杂术语的动力，将使我们摆脱堕落历史社会的基础或新开端（也许融入了关于维多利亚时代婚姻的理想）。

至于《吉姆爷》，这与其说是填补这个空洞行为的空缺的问题，毋宁说是首先能否想象这个行为的问题。然而，《吉姆爷》中的浪漫故事假定这种想象努力是不成问题的，因此丧失了它们作为文学文本的地位；《诺斯特罗摩》将忠实于这种不可能性，始终如一地坚持导致真正历史变革的那个行为的一切问题。事实上，该书结尾提出的两大口号以自己的方式坚持构想这种变革的
278 不可能性，坚持真正历史的本性，即标志着从一种事物状态（堕落的性质）向另一种事物状态（真正的社会）的决定性转化的历史事件，不是作为可以被叙事的事件，而是作为叙事必须围绕它转化、从未将其完全融入自身结构的二难选择。这显然是诺斯特罗摩自我警示的意义："慢慢地发家致富！"这样的口号提供了历时思维的全部悖论和困惑：在时间的哪一点上，硬币逐渐增加像水龙头缓慢的水滴一样一块一块地增高，然后一夜间变成了富翁呢？在这个可衡量的世界上，时间何以最终成为可能？事物如何出现，它们何以能够"发生"？

但是，使古尔德太太担心的那句话对于精神来说仍然是丑闻和矛盾，尽管这个特定的二难选择恰恰是共时的二难选择，即能用"物质利益"表现的东西进入精神的不可能性。这个对仗句子集中表达了价值和抽象的全部戏剧意义，其中，资本主义动力理想的伤感主义突然而残酷地被非神秘化了。如果这是"物质的"，那么，它就内在于我们先前的感觉之中，就与纯粹自私和自我主义是同一回事；如果它可以作为"利益"而分离出来，即可抽取

的价值，那么，它就不再是先前那种意义上的物质的，而是超验的了。但是，能够设想资本主义的特殊性就等于同时在你的精神中、在单一不可能的思想的统一体中抓住了这两种不能相约和无法调和的事物，其毫无意义的名称正是古尔德太太不知不觉地反复唠叨的东西。

于是这个行为发生了——资本主义来到了苏拉克——尽管这是不可能的。再没有什么能比历史运动与其个别主体的实施之间的断裂更生动了，而这种断裂正是《诺斯特罗摩》的终极叙事内容。因为甚至在这个层面上，它也证明那个行为，那个事件，从未发生过：但却是以与《吉姆爷》的存在分析框架非常不同的一种方式。这里的核心行为，即德库德和诺斯特罗摩的英勇远征，应该奠定他们作为英雄、作为终极的传奇式个别主体的地位，却被集体历史所利用，它虽然存在于这个集体历史之中，但却是以非常不同的方式，即作为制度的建立。我们可以用萨特的经典语言说，德库德和诺斯特罗摩的历史行为，甚至在他们完成这个行为之前就已经从他们身上异化和被偷取出来了；或用比较地道的 279
黑格尔术语说，他们的行动可以被描述为在结构上昙花一现的中介行动。实际上，他们处于韦伯所说的“正在消失的中介者”的位置，先知或英雄崇拜的个别名称的位置，其历史的但却是超个人的功能，根据“历史策略”，只不过促成了新的集体性在他死后的出现。德库德和诺斯特罗摩时代是个别主体行动的时代，但同时也是为它有必要建立的各种制度的稳定性和超个体性所重新吸收的时代。历史把他们的个人情感和价值用作建造新的制度空间的无意识的工具，在这个空间里，他们未能识别出自身或自身的行动，他们只能缓慢地或猛烈地被从那里抹掉，成为另一个时代的残余——这次不是起源神话或巨人的黄金时代，而是向另一种社会形式中介过渡的时代，一种堕落的、超个人的、非叙事性的，尽管以其自身相当不同的方式，但却是先于自身而存在的形式。于是，这部伟大的历史小说最终通过展开自身的表达方式而达到目的，通过彻底展示叙事难以想象的集体现实的不可能性来“表现”历史，通过系统地破坏故事叙事的个人范畴来超越它必须继续讲述的故事而投射超越讲述过程的概念。

我认为，这就是爱德华·萨义德（Edward Said）在解读《诺斯特罗摩》时表明的行动与记载之间辩证关系的具体历史内容：与近似于阿尔都塞/德里达对他们“总是已经开始了的”地位的实现相抵触的对事件及其根源的探究，突然觉得偏离了自身轨道而进入自动指涉性（autoreferentiality），开始把这种对文本和再现的探究作为过程而突出出来：“《诺斯特罗摩》不是模仿地创造新世界，而是将其作为一部小说而回归到它的起始，回归到对现实虚构的、幻觉的假想：在如是推翻小说正常建构的信仰大厦的过程中，《诺斯特罗摩》证明自己不过是小说的自我反思的**记**
280 **录**。”[52]但是，与后来的现代主义大不相同的是，自动指涉性的这种运动在康拉德作品中既不是无缘无故的，也不是自鸣得意的。他的书的反响产生于文本动力与其特定历史内容之间的未经计划的和谐：资本主义的出现恰恰是这种总是已经开始了的动力，是共时系统的至高无上的绝对秘密，这个系统一旦被置于适当的位置，就会怀疑“线性历史”的企图或历时精神要构想其起始的习惯。如此看来，如果你同意的话，《诺斯特罗摩》最终就不再是政治或历史小说，不再是对历史的现实主义再现。然而，就在它压抑这种内容、试图表明这种再现的不可能性的过程中，通过奇异的辩证转换，历史“客体”本身便被刻写在它的形式上了。

在康拉德独特的异质性创作之后，现代主义高潮业已来临，这不是本书所要考虑的对象。现代主义主流完善的诗歌机制成功地抑制了历史，正如高度现实主义完善的叙事机制对尚未成为中心的主体的随意的异质性的压抑一样。然而，在那个阶段，政治在高度现代主义文本中正如在资产阶级日常生活的表象世界上一样不再明晰可见，并被累积的物化无情地赶入地下，最终变成了一种真正的无意识。

【注释】

[1]“书中第一部分对吉姆爷的描写，对探索和离弃帕特纳的讲述，与法国上尉的谈话——这些是优秀的康拉德。但是，接下来的传奇，尽管合情合理地作为对吉姆情况的继续展示，却没有那样的必然性，它也没有发展或丰富中心意趣——这个意趣提供了一部小说的实质——看上去无疑是薄弱的。”（F. R. Leavis，*The Great Tradition* [New York：New York University Press，1969]，p. 190）

[2] T. W. Adorno and Max Horkheimer，“The Culture Industry，” in *Dialectic of Enlightenment*，trans. J. Cumming，New York：Herder & Herder，1972，pp. 120－167；以及我的“Reification and Utopia in Mass Culture，” *Social Text*，No. 1，Winter，1979，pp. 130－148。

[3] See my “Metacommentary，” *PMLA*，86（1971），pp. 9－18.

[4] 例如 J. Hillis Miller，*Poets of Reality*，Cambridge：Harvard University Press，1965，pp. 24－29，46－51 中对“性质”的评论，以及 Norman Holland，*Dynamics*，pp. 226－237。当然，“印象主义”的争论大大地超越了康拉德的作品，关于批判性评价，参见 Ian Watt，*Conrad in the Nineteenth Century*，Berkeley：University of California Press，1980，pp. 169－200。

[5] Dorothy Van Ghent，“Introduction，” to Joseph Conrad，*Nostromo*，New York：Holt，Rinehart，& Winston，1961，pp. vii－xxv.

[6] Bernard Meyer，*Joseph Conrad*：*A Psychoanalytic Biography*，Princeton：Princeton University Press，1967 过分强调了康拉德作品的母性的一端，也许我们在此可以指出，古典的弗洛伊德家庭关系情结往往用作一种封闭的自由形式，毫无心理分析的内容（see Edward Said，*Beginnings*，

New York：Basic Books，1975，pp. 137－152)。结束《诺斯特罗摩》和《吉姆爷》的那些弗洛伊德行为因此可被看作把这两种叙事话语封闭起来的奇巧构思，而非真正的表征。

［7］Tony Tanner，*Conrad*：*Lord Jim*，London：Arnold，1963.

［8］以"秘密的分享者"为表征基础的经典解读是 Albert J. Guérard，*Conrad the Novelist*，Cambridge：Harvard University Press，1958；另参见 Dorothy Van Ghent，*The English Novel*，New York：Rinehart，1953，pp. 229－244："吉姆爷的故事是一次精神上丰富的经历，在一个混乱和匮乏的时代里给灵魂的自身意义以启示。" Van Ghent 将其与索福克勒斯进行了细腻的平行比较，这必然要以小说的第二部分为依据。

［9］See Murray Krieger，*The Tragic Vision*，New York：Holt，Rinehart，& Winston，1960.

［10］事实上，康拉德的作品曾为两个重要的特别是美国的后结构主义形式提供了关键的表达契机：《诺斯特罗摩》为 Said，*Beginnings*，pp. 100－137；《吉姆爷》为 J. Hillis Miller，"The Interpretation of *Lord Jim*，" in Morton W. Bloomfield，*The Interpretation of Narrative*，Cambridge：Harvard University Press，1970，pp. 211－228。

［11］文中所给页码依据下列版本：*Lord Jim*，ed. T. Moser，New York：Norton，1968；and *Nostromo*，Harmondsworth：Penguin，1963.

［12］"你说我一直受《包法利夫人》的构成性影响。事实上，我是在完成了《阿尔迈耶的蠢事》之后才读到这部书，以及福楼拜的所有其他作品的。不管怎么说，我的福楼拜是《圣安东尼的诱惑》和《伤感的教育》的福楼拜，而又只是从表现具体事务和视觉印象的角度，我认为他在那方面超凡卓群。我想我并未从他那里学到什么东西。他为我所做的就是开阔了我的眼界，引起了我的仿效。人们可以向巴尔扎克学习，但能从福楼拜那里学到什么呢？你不得不羡慕他——这是一位艺术家所能向另一位艺术家提供的最伟大的服务了。" Letter to H. Walpole，June 7，1918，in G. Jean-Aubry，*Joseph Conrad. Life and Letters*，New York：Doubleday，Page，1927，Ⅱ，206.

[13] "Modernism and Its Repressed: Robbe-Grillet as Anti-Colonialist," *Diacritics*, VI, No. 2 (Summer, 1976), pp. 7—14.

[14] Karl Marx and Friedrich Engels, *The German Ideology*, Moscow: Progress, 1976, p. 46.

[15] Joseph Conrad, The Nigger of the "Narcissus," *Typhoon and Other Stories*, Harmondsworth: Penguin, 1963, p. 143.

[16] Raymond Williams, *Marxism and Literature*, Oxford: Oxford University Press, 1977, pp. 121—127.

[17] Plato, *Phaedrus*, paragraph 275, trans. Benjamin Jowett, in *Dialogues*, New York: Random House, 1937. 关于这段话最有影响的当代解释是 Jacques Derrida, "La Pharmacie de Platon," in *La Dissémination*, Paris: Seuil, 1972, pp. 164—179。

[18] See Max Weber, *The Theory of Social and Economic Organization*, trans. A. M. Henderson and Talcott Parsons, New York: Free Press, 1947. 我们已经论述过这个概念与卢卡契的物化概念之间的关系，物化概念包括理性化概念（*History and Class Consciousness*, esp. pp. 83—110）。然而，对理性化现象的唯一恰当的唯物主义重建揭示了它与劳动过程的功能关系（see Braverman, *Labor and Monopoly Capital*）。

[19] Plato, *Phaedrus*, paragraph 275.

[20] Jean Rousset, *Forme et signification*, Paris: Corti, 1963, pp. 117—122.

[21] 加缪的《陌生人》中的审判情节为此提供了一个有趣的类比，其中，Meursault 的凝视在年轻的记者 Albert Camus 身上唤起了一个理想的证人。

[22] 关于康拉德作品中言语和书写的关系，参见 Edward Said, "Conrad: The Presentation of Narrative," *Novel*, 7 (Winter, 1974), 116—132。

[23] 比如，"Healthy or Sick Art?" and "Narrate or Describe?" in George Lukács, *Writer and Critic*, trans. A. D. Kahn, New York:

Grosset & Dunlap，1970，以及更审慎的*Realism in Our Time*。

［24］归于康拉德的意识形态，见 Avrom Fleischman，*Conrad's Politics*，Baltimore：Johns Hopkins University Press，1967，p. 48："对任何意识形态或阶级的唯一正确性表示怀疑，却慷慨地希望它们能在一个统一的整体——民族的有机体——中相互补充。"从马克思主义的视角来看，这的确是含混不清的。下文将解释清楚的是，我们也不能接受雷蒙德·威廉斯对《诺斯特罗摩》的类似的解读："所发生的是社会价值的消失"（Williams，*The English Novel from Dickens to Lawrence*，London：Chatto & Windus，1970，p. 150）。《诺斯特罗摩》的悖论在于，我们在还没有伊甸园的情况下目睹了一次堕落。

［25］见本书第一章，注释 41。

［26］Conrad，*Nigger*，pp. 168，171.

［27］关于这个前言的解释，见 Ian Watt，*Conrad in the Nineteenth Century*，pp. 76—88。

［28］"因此可以有一种想象的因果律。虚无，在不停止作为虚无的情况下，可以产生真实的效果。那样的话，为什么不推广那种抵制现实的态度呢？……［热奈］想要把真实画入想象中，并在那里淹没它。梦者必须用他的梦污染别人，他必须让他们堕入梦之中：如果他要对别人发生作用，那他就必须像病毒一样，像抵制现实的媒介一样……时间被倒转过来，锤子的击打并不是要开动旋转木马，而集市，主人正在计算的未来的收入，旋转木马，所有这些的存在都只是为了引起锤子的击打。未来和过去被置于同一时间以产生现在。热奈持续经历的这种倒退的时间和前进的时间突然介入了，热奈生活在永恒之中。同时，货摊、房屋、地面，所有这一切都变成了布景：一个户外剧院，演员一出现树就变成了纸板，天空变成了涂着颜色的画布。在被改造成姿势的过程中，表演突然间把巨大的存在随身拖入了非真实之中。"（J. -P. Sartre，*Saint Genet*，trans. Bernard Frechtman，New York：New American Library，1963，pp. 368—369，375—376）

［29］Roland Barthes，"L'Effet de réel，"*Communications*，No. 11（1968），p. 87.

[30] 至于把这部小说看作对帝国主义的批判的一个令人信服的尝试，见 Stephen Zelnick，"Conrad's *Lord Jim*：Meditations on the Other Hemisphere，" *Minnesota Review* No. 11（Fall，1978），pp. 73－89。我曾得益于泽尔尼克于 1977 年 7—8 月在明尼苏达圣克劳德马克思主义文学小组第一届夏季研讨会上宣读的论文，这篇论文激发了我在本章中的讨论。我将在结论中说明，为什么在我看来马克思主义批评要表达古典作品的"进步"内容——如泽尔尼克的文章所示——必须同时提醒人们实际上对它"反动"的东西，对康拉德的作品无疑也是如此。（作为更普遍的原则，这也适用于弗莱施曼［Fleishman］甚至雷蒙德·威廉斯的解释，见上文注释 24。）

[31] Marx and Engels，*Communist Manifesto*，in *On revolution*，ed. Padover，p. 83. 中译引自《马克思恩格斯选集》，1 版，第 1 卷，256 页，北京，人民出版社，1972。

[32] 见下文的"结论"部分。在此以及其他地方，我一直希望到如今，曼海姆关于这个公式的应用所造成的无意的和不适用的影响应该在大多数读者心中消失了。

[33] 希利斯·米勒早期对康拉德作品的存在主义解读把"黑暗"作为一种内心世界的现象（*Poets of Reality*，pp. 22ff），而非像本书这样，将其作为"世俗性"和感知的界限。

[34] Louis Hjelmslev，*Prolegomena to a Theory of Language*，trans. F. J. Whitfield，Madison：University of Wisconsin Press，1961，chap. 13.

[35] 显然，伊斯兰主题的选择并不是历史的偶然。颇具讽刺意义的是，被归于历史和文化他性的丰饶的幻景也应该是工具——"东方主义"——同一个他性就是由此而被系统地边缘化了的（see Edward W. Said，*Orientalism*，New York：Pantheon，1978）。值得注意的是，所论的段落在康拉德未来小说最早的提纲中就已经一字不差地存在了，参见"Tuan Jim，" in Conrad，*Lord Jim*，ed. Thomas Moser，New York：Norton，1968，283－291。对在帕特纳号相遇的两个"群体"中的一个（另一个，占主导地位的群体是英帝国主义贵族，我们稍后就将论述）进行的这种语义内容的解读并不排除其他类型内容向实际为一种讽喻系统的投入。尤其值得提出的

是，古斯塔夫·莫尔夫将帕特纳与波兰相认同，他还认为吉姆的负罪感象征着康拉德由于抛弃家庭、语言、祖国而产生的模糊感觉，这无疑构成了新近批评中更具戏剧性的阐释姿态（Gustav Morf，*The Polish Heritage of Joseph Conrad*，London：Sampson Low，Marston，1930，pp. 149—166）。

［36］See Eugène Fleischmann，"De Nietzsche à Weber，" *Archives européennes de sociologie*，5（1964），190—238.

［37］特别参见 Max Horkheimer，*Eclipse of Reason*，New York：Seabury，1947，chap. 1（"Means and Ends"），pp. 3—57；以及 Horkheimer and Adorno，*Dialectic of Enlightenment*，以及这些主题在阿多诺、哈贝马斯等人对实证主义批评中的延续（see *The Positivist Dispute in German Sociology*，trans. G. Adey and D. Frisby，New York：Harper & Row，1976）。

［38］这番描述可以用亚里士多德的四因说（质料因、动力因、形式因、目的因）提供的对实践进行的比较古典和细腻的剖析加以验证，它显然还维持着具体价值的地位。但是，亚里士多德系统本身就是一个过渡的概念，反映了现代生产发展过程中的一个过渡阶段，而这不仅仅像人们通常指出的那样，是因为它本质上把一种工艺或手工艺文化理论化了，而且还因为它系统地把整个活动领域（尤其是农业生产和战争）排除在它旨在控制的工作概念之外。因此，如古典希腊文化中的许多概念一样，它不能代表一种肯定的方法，或为我们展现一种具体的社会、政治或经济理想。但它仍然具有最敏锐的判断价值，可以作为衡量现代社会中非人性化的惊人速度和程度的标准。See Jean-Pierre Vernant，"Travail et nature dans la Grèce ancienne，" and "Aspects psychologiques du travail，" in *Mythe et pensée chez les grecs*，Paris：Maspéro，1965.

［39］这种内外之分——拉伯雷的塞利纳斯的盒子——如我们在前面几章中暗示的，正是现在对阐释和解释模式的经典攻击中主要被指责的东西（e. g. in Derrida，*Of Grammatology*，pp. 30—65）。

［40］Lukács，*Theory of the Novel*，esp. pp. 40—55.

［41］见本书第一章，46～49 页、82～83 页；以及本书第三章，166～

168 页。(此处指英文原书页码。——译者注)

[42] 关于《吉姆爷》的结局的“意义”曾有相当多的争论，尤其是关于能否认为吉姆通过他的死亡“拯救”了自己这个问题。结尾崇高的格调意味着一种肯定的答复，对此，对该叙事的比较冷静的阅读使其相当难以令人接受。当然，结尾的这种“不确定性”证实了目前的分析，并提供了对一种“真实矛盾的想象解决”的教科书式的解释。不言而喻，想象的解决并非真的解决。在结尾部分，康拉德的全部艺术性都集合成一种戏法，其目的首先是防止人们提出令人难堪的问题。

[43] 尤其是叛国的主题，往往表示知识分子对其“自由漂流”的地位，以及他们与一个又一个基本社会阶级之间缺乏有机联系的古典焦虑：这种反思的意义显见于萨特的著作中，但只隐含地见于康拉德或博尔赫斯等作家的作品中（关于叛国的意义的讨论，参见 Jean Franco，“Borges，” *Social Text*，No. 4 [Fall，1980]）。

[44] Georg Lukács，*Existentialisme ou marxisme*，Paris：Nagel，1948.

[45] André Jolles，*Einfache Formen*，Halle：Niemeyer，1929，pp. 171—199.

[46] 这是 Wayne Booth 做的区分，见 *The Rhetoric of Irony*，Chicago：University of Chicago Press，1974。

[47]“吉姆学会了一种符码，关于航海的一套法则，这些不仅仅是技术上的，而就其本质来说是道德上的——限定的义务和职责，既是明确的实践规则，又是一般的社会法律。他是一个等级制的一部分——船上的官员——对这些人来说，法律是明确的或应该是明确的。他的道德冲突并不是孤立的产物，不是缺乏社团和共同信仰的产物。这是先前那种冲突，在历史上更早些时候，那时，人的力量是在压力之下检验的；那时，别人打破公有的规则，而他就这样继续下去结果招致羞耻；那时，人们所真正关注的是行为，在一个公有的价值系统内部的行为。康拉德作品中的船就具有这种特殊性质，这不再是能为大多数小说家所利用的了。这是一个透明的可认识的群体。”(Williams，*The English Novel*，p. 141)

[48] Holland，*Dynamics*，pp. 289—301.

[49] 因此，我不得不认为弗莱施曼的断言——“在康拉德的全部作品中，事实上，唯一极端邪恶的例子就是《吉姆爷》中的绅士布朗和《胜利》中的命运三女神”（*Conrad's Politics*，p. 28）——是非常不准确的。另一方面，要识别愤懑这个令他执迷的主题显然要不可避免地把与之相伴随的“机体论”的意识形态置于一种新的不太尽人意的解释之中。

[50] See Jean Franco，“The Limits of the Liberal Imagination，” in *Point of contact/Punto di contacto* No. 1 (1979)，pp. 4—16. 关于康拉德作品中外国素材的使用，伊格尔顿曾说，这“使得外来经验从根本上质问文明的结构，而文明的结构反过来又从对抗文化中获得新的效力”（Terry Eagleton，*Exiles and Emigrés*，New York：Schocken，1970，p. 31），这番话在这里可做进一步引申。

[51] See Albert O. Hirschman，*The Passions and the Interests*，Princeton：Princeton University Press，1977.

[52] Said，*Beginnings*，p. 137.

六、结论：乌托邦和意识形态的辩证法

如在以前的全部历史中一样，作为胜利者而出现的人，无论是谁，都仍然加入到今天的统治者在其受害者匍匐的身体上行进的凯旋行列中。如习惯一样，战利品在那凯旋的游行队伍中被举得高高的。这些一般被称作文化遗产。后者在历史唯物主义者身上看到了一个保持相当距离的观察者。这些丰富的文化遗产，在他审视之时，无处不暴露出只能使他惊恐地思考的一种本原。它们的存在不仅多亏了那些生产了它们的伟大缔造者的劳作，也同样多亏了后者的同时代人无名的被迫劳动。从来没有一份文化文献不同时又是野蛮的文献的。 281

——瓦尔特·本雅明

《历史哲学论纲》，Ⅶ

前面各章中讨论的政治无意识的观念，在某些策略阶段，倾向于与那些难和解的论战和非神秘化程序保持距离，而传统上这些又是与马克思主义意识形态分析相关的。现在该是我们直接面对后者，更详细地说明这些限制的时候了。马克思最有影响的教诲——使他成为对当代文化和社会生活伟大的否定诊断家之一而与弗洛伊德和尼采齐名的那种教诲——当然是被正确地看作虚假意识、阶级偏见和意识形态编码的教诲，是特定社会阶级的价值和态度的结构局限的教诲，或另言之，是这种群体的实践与它们被概念化为价值或欲望并以文化的形式投射的东西之间的构成性 282

关系。

在一篇卓越的与马克思主义辩论的文章中，人类学家马歇尔·萨林斯（Marshall Sahlins）试图表明，马克思主义正是由于其哲学结构而被闭锁在文化研究的方法之中的，在最宽泛的意义上，这种方法必须因此而保持其功能性或工具性。[1] 考虑到马克思主义依据基础或生产关系来解读或非神秘化上层建筑的取向，甚至最复杂的对文化文本的马克思主义分析——根据萨林斯的观点——也总是必然预先假定关于文化的某种结构功能性：后者总是“最终”（即便不是即刻）自觉不自觉地被理解为统治阶级、立法和社会神秘化的工具。萨林斯并不为这个悖论而烦恼，因为马克思本人针对他所处时代的文化工具论所采取的经典形式——功利主义——保留了他最卓越的论战式抨击；萨林斯似乎也没有意识到他自己的目标——经济主义、技术决定论、生产力的首要地位——也是当代各种马克思主义所猛烈批判的目标，它们视其为对真正马克思主义精神的偏离。然而，毋庸置疑的是，他所称的文化的工具化是一切马克思主义内部的一种诱惑或倾向，而不产生任何必然的和致命的后果。

在提供使这个特殊问题成为虚假问题的视角之前，我们必须澄清这个问题内部个别主体的混乱立场。在开篇第一章中我们曾指出，大多数当代批评形式都趋于建立一种内在形式，并将其作为理想的形式。仅就我们这里所关心的理论层面而言，这就等于说，现象学的理想——意识或思想与经验或“客观”事实的理想的统一——即便在这种现象学已明显被拒斥的情况下也仍然是现
283 代思想的主导。[2] 甚至我们自己一直提议作为政治无意识本身之范例的弗洛伊德无意识模式，也无处不受到新弗洛伊德主义怀恋终极**治疗**的破坏，在这种治疗中，无意识本身的动力上升到白日之光和意识层面，并似乎“融入”关于我们自身的主动澄明和关

于我们的欲望和行为的决定中。但是，在那种意义上，治疗是一种神话，正如马克思关于意识形态分析的幻景一样，即对这样一个时刻的幻想，在这个时刻里，个别主体将完全意识到他或她的阶级决定，并能够借助纯粹澄明和思想摄取来实现不可能实现的意识形态制约。但是，在马克思的系统中，只有集体的统一——无论是某一特殊阶级如无产阶级的统一，还是“意识机关”即革命政党的统一——能够获得这种透明性；个别主体总是被置于社会总体之中（而这正是阿尔都塞所坚持的意识形态永久性的意义）。

内在性的这种不可能性实际上意味着，辩证逆转必定总是涉及个别主体意识的痛苦的“去中心”，它以必然外来的或外在于意识经验的（无论是弗洛伊德的还是政治无意识的）决定而面对主体。如果以为任何人真的学习接受这种意识形态的“哥白尼革 284
命”，正如精神分析中最清醒的主体真的达到澄明和自我认识的习惯一样，那就错了；接触真实至多是断断续续的，而从真实退到这种或那种智性的舒适则是永恒的。倘若如此，我们就必须把马克思的社会存在决定论的整个批判范畴包括进来，它产生于对这种令人不愉快的自反性的愤怒。应该特别强调的是，我们在第一章概述的总体化过程并未提供走出这种“消极劳动和痛苦”的途径，而如果这个过程真的要实现的话，那就必然伴随着这种劳动和痛苦。

然而，一旦不可避免地伴随这种辩证关系的经验得到承认，就可以更充分地提出关于文化的工具或功能理论的替代性阐释的理论问题了。保罗·利科（Paul Ricoeur）关于解释过程的双重性的开拓性反思表明了这些替代性阐释至少是可以被抽象地加以构思的：

> 在一端，解释学被解作以信息、声明或人们常常说的质

> 询向我展示或恢复的意义；在另一端，它被解作非神秘化，对幻想的还原……语言今天不知不觉地所处的这种环境包括这种双重可能性，这种双重的诱惑和迫切性：一方面，清除话语中多余的东西，消灭偶像，从麻醉走向清醒，一劳永逸地认识到我们的贫穷状态；另一方面，利用最“虚无的”、破坏性的、推翻偶像的运动，从而在意义更新之时、在意义最充分之时**表达**曾经**说过**的、每一次都**说过**的东西。在我看来，解释学就是由这种双重动机所促发的：愿意怀疑，愿意聆听；严苛的誓言，服从的誓言。在我们的时代，我们还没有消灭**偶像**，我们还几乎没有开始聆听**符号**。[3]

没有必要强调利科思想和比喻的明显来源，即宗教诠释和基督教
285 历史主义传统。然而，利科理论表述的局限性却不特别是神学上的，而可以归于固持不去的个别主体范畴，尤其是他把“肯定”的意义看作传道和质询的构想（在阿尔都塞的意识形态理论中得以保留[4]）是以个别主体之间的交流行为为模式的，因此，不能这样用来表达任何把意义作为集体过程的观点。

仅就利科论说的宗教框架而言，我已在本书通篇暗示了我在别处所明确表达的观点，即马克思主义与宗教的任何比较都是双向的，在比较中，前者大可不必由于与后者的联系而失去权威性。相反，这种比较也可用来重写某些宗教概念——尤其是基督教历史主义和天意的“概念”，以及原始魔法的前神学系统——作为前资本主义社会构形内部历史唯物主义的前兆，在那个社会里科学思维还不存在。马克思本人所谓小亚细亚生产方式（或“东方专制主义”）的观念就是对宗教范畴进行这种重新解释的场所，我们将在下文中看到这一点。

与此同时，马克思主义否定辩证法在历史上的原有形式——

不管其中的意识形态被解作纯粹的“虚假意识”，还是更综合地被解作结构局限性——都不应用来掩盖马克思传统中与利科意义理论或肯定解释学相等同的东西的存在。恩斯特·布洛赫理想的希望和乌托邦冲动；米哈伊尔·巴赫金把对话作为资产阶级叙述的单维文本的断裂，以及作为主导文化的霸权秩序的狂欢式传播的观念；法兰克福学派把强烈记忆作为满足和最直接地刻写于美学文本的幸福许诺的革命力量的痕迹的概念：所有这些系统表述都暗示了超越纯粹意识形态的、表达正统马克思主义意义观的众多选择。

然而，我们在第一章中讨论诺思罗普·弗莱的体系时也已指
出，即使在表面的宗教框架内，这些众多选择也可以用中世纪四 286
层面系统的标准加以衡量，这有助于我们把“道德”层面的反响——个人灵魂的、个人身体的力必多乌托邦的——与那个最终而逻辑上先在的、传统上称作“神秘解释”的层面区别开来，在这个层面上，即使这种个人幻想的乌托邦变形也依据集体和人类命运而得到重写。这种区别使我们能够表明基于社会阶级的“肯定解释学”在马克思主义传统内部的优越性，而其他解释则仍然局限于个别主体和个别经验的无政府范畴。因此，阶级概念正是检验马克思主义解释学关于意义、关于非工具性文化观的空间，特别是因为马克思主义“否定解释学”——关于意识形态的阶级性质和功能性等问题的解释学——的最强形式也是从这同一个社会阶级的概念中衍生出来的。

这种演示可以被置于本雅明的名言的反转之下，即“没有一种文明的文献不同时是野蛮的文献的”，并试图讨论这样的命题，即有效的意识形态同时也必然是乌托邦的。关于这一命题的逻辑悖论可以通过考虑强加于我们思想和语言之上的概念限制来理解，即使不是“解决”的话，我们在前面的章节里经常有机会对

那些强加这些限制的范畴加以揭示，如关于善恶的伦理符码，其中，甚至我们自己的术语如“肯定”和“否定”也不可避免地寓于樊笼之中。我们已经谈到，辩证法的使命就在于超越这种对立而趋于“超越善恶”的集体逻辑，同时也注意到辩证思想的经典语言在历史上未能克服这种对立，而只能借助超越这些范畴的反思活动而使其中性化。这也没什么可特别大惊小怪的，如果我们把辩证思想作为尚未问世的集体性逻辑的前兆的话。在这个意义上，强迫地要求人们接受这种思想——意识形态即乌托邦，乌托
287 邦即意识形态——就等于提出这样一个问题，它的唯一可以想象的答案就是集体辩证法。

然而，在文化分析较低的和较实际的层面上，这个命题就其结果来说也许并不那么自相矛盾，可以初步地根据文化的操纵理论加以论证。这种理论，在当代社会关于媒体和大众文化的研究领域是最强有力的，如果不这样加以论证就会作为这种操纵性操作所利用的惰性和被动的材料，依靠观照者的心理的特别没有说服力的观点。然而，无须多加反思就能看到，这里必然涉及一个补偿性交换的过程，其中，迄今一直被操纵的观照者由于他或她对被动性的赞同而得到了特别满意的回报。换言之，如果大众文化的意识形态功能被解作一个过程，据此，否则便是危险的原型政治和冲动变成了“被控制的”和解除危险的、重被引导和提供的虚假客体，那么，就必须对准备性步骤加以理论化，在这个过程中，这些相同的冲动——这个过程所利用的原材料——就在试图使其沉睡的文本中第一次苏醒过来。如果大众文化文本的功能同时也被看作虚假意识的生产和对这种或那种合理化策略的象征性证实，那么，甚至这个过程也不能被看作纯粹暴力（霸权理论显然区别于借助野蛮力量的控制），更不能被看作把适当的态度刻写在一块空石板上的过程，而必然涉及一套复杂的修辞策略，

其中，所提供的物质刺激成了意识形态的凝聚力。我们可以说，这些刺激物，以及被大众文化文本控制的那些冲动，在性质上必然是乌托邦的。恩斯特·布洛赫在那种最堕落的大众文化文本即广告口号中明确恢复了这些乌托邦冲动——对外部生活、变形的身体和异常的性满足的幻想——可以作为一个模式，用来分析最粗糙的操纵形式对人类最古老的乌托邦渴望的依赖。[5] 至于阿多诺—霍克海默（Horkheimer）颇有影响的对“文化工业”的抛弃，这同一种乌托邦解释学——在他们的体系中也含蓄可见——在《启蒙辩证法》中由于对高雅文化的全面奉献而变得模糊了； 288
然而，尚未被充分认识到的是，它已经被移置到那部著作后续的一章中了[6]，作者在那里进行了类似的然而却更困难的分析，其中，人类全部情绪中最丑恶的情绪，反犹太主义，被表明具有深刻的乌托邦性质，是一种文化嫉妒形式，同时又是对乌托邦冲动的被压抑的认识。

这种分析尽管在方法上具有启示意义，但与上述各条路线并不完全同归。它们尤其依赖于方法与目的之间的根本分离——乌托邦的满足与意识形态的操纵之间的分离——这完全可以用来证明已经论证的东西的反面，并用以否定文化文本的这两个范畴之间的深刻同一性。的确，这种分离可能客观地产生于大众文化文本本身的独特结构；而那种文化本身，即我们可以借以同样充分地理解古老社会的“有机”文化和当今“高雅”文化的那种文化本身[7]，也可能会以相当不同的形式体现这种同一性。

因此，我们必须回到这个问题“有力的”形式上来，回到我们开始时借以提出这个问题的阶级术语上来。这样，传统的马克思主义阐发就将有如下述：实现一种可证的意识形态功能的文化文本，何以能作为一部霸权主义作品，其形式范畴和内容保证了这种或那种形式的阶级统治的合法化——这样一种文本何以能体

现正当的乌托邦冲动，或与普遍价值形成共鸣？这种价值与阶级
特权的那些狭隘限制是不一致的，而又正是这些狭隘限制赋予其
更直接的意识形态使命以活力。当我们像刚才那样自行否定不同
289 功能相互共存的解决办法时，这种困境便愈加严重了。比如，有
人指出，一个特定作家的伟大性可以分离于他的可悲的见解，可
以通过无视甚或反对这些见解而获得。这种分离只对一种世界观
是可能的——即自由主义，在自由主义中，政治和意识形态纯粹
是次要的或对真正“私人”生活的内容的“公众的”附属物，而
只有这种生活才是可靠的、真实的。任何一种世界观——无论是
保守的还是激进的和革命的——都不可能认真对待政治。

因此，我认为，对如此提出的问题只能有一种符合逻辑的
“解决办法”：正是这个命题，即一切阶级意识——或换言之，一
切最鲜明有力的意识形态，包括统治阶级意识的最具排斥性的形
式，正如对立阶级或被压迫阶级的意识一样——都是乌托邦性质
的。这个命题依赖于对阶级意识的动力进行明确的分析，对此，
我们在这里只能进行简单的概括[8]，其有价值的思想把这种阶级
意识的出现（在黑格尔的语言中有时称作自为阶级的出现，以对
立于纯粹潜在的把某一社会组合置于经济结构之内的自在的阶
级）解作社会组合或阶级之间斗争的结果。根据这种分析，阶级
意识的前一个时期是被压迫阶级的时期（其构成的身份——无论
是农民、奴隶、被压迫者或真正的无产阶级——都显然源于生产
方式）。按照这种观点，那些必须工作而为别人生产剩余价值的
人将必然要在主导或统治阶级找到任何特殊的团结动机**之前**掌握
他们自己的团结——首先采取由共同的敌人激起的愤怒、无助、
受害和被压迫的形式。的确，正是由于瞥见了这种愠怒的反抗，
290 并感觉到劳动民众的这种潜在统一的新生的政治危险，统治集团
（或生产资料的占有者）才在内部生成阶级团结的镜像。用黑格

尔的另一个公式说，这意味着统治阶级意识的**真理**（即霸权意识形态和文化生产）将在工人阶级的意识中被找到。这甚至更加鲜明地意味着，一切阶级意识的指数不是存在于后者的“内容”或意识形态的动机之中，而是首先存在于与特定组合或阶级的其他成员团结一致的觉醒之中，且不论后者是否是与你同行的地主，即享受与你自身结构相关的结构特权的那些人，或相反，是工人同胞、生产者、奴隶、受压迫者或农民。只有一种伦理政治，即与我们在前几章中经常有机会批判和解构的那些伦理范畴相关的那种伦理政治，才感到有必要“证明”这些阶级意识形式中有一种是好的或肯定的，而另一种则是应受谴责的或邪恶的。其理由是，工人阶级意识实际上比统治阶级意识更普遍，或者说后者与暴力和压制有着本质的联系。没有必要论证这些相当正确的命题。意识形态承诺首先不是道德选择的问题，而是在斗争中采取何方立场的问题。在破碎的社会生活中——实际上是在所有阶级社会中——各团体之间相互斗争的政治推力永远不能是直接普遍的，而总是必然以阶级敌人为焦点。甚至在前阶级社会里（所谓的部落社会或地方社会，或马克思所称的原始共产主义社会），集体意识也同样是围绕着对威胁到群体生存的事物的感知而组织起来的。事实上，当代对“原始共产主义”最有力的想象，科林·特恩布尔（Colin Turnbull）所描写的侏儒社会（pygmy society）[9]，意味着前政治社会的文化是依据非人类的或自然的外部威胁组织起来的，它所采取的雨林形式被认为是这个世界的首要精神。

前面的分析使我们能够得出如下结论，即所有阶级意识，不管哪种类型，都是乌托邦的，因为它表达了集体性的统一。然 291
而，还必须附加说明的是，这个命题是个寓言。已经获得的集体性或有机群体，不管属于哪种——压迫者与被压迫者完全没有区别——并非本身是乌托邦的，而仅仅是由于所有这些集体性本身象征着已经达到的乌托邦或无阶级社会的终极具体的集体生活。现在，我们能够更好地理解为何甚至霸权的或统治阶级的文化和意识形态也是乌托邦的了，不只是因为它们不要保证和永久保持阶级特权和权力的功能，而恰恰是因为那种功能本身就证实了集体团结。

这种观点要求任何马克思主义的文化分析都必须采取放大了的视角，这种文化分析将不再满足于其去神秘化职能，即揭示和表明文化产品在使特定权力结构合法化，在永久保持和再生产后者，并生成虚假意识的特殊形式（或较狭隘的意义上的意识形态）的过程中，是如何完成特殊意识形态使命的。它不必停止实践这种本质上的否定解释功能（实际上，马克思主义是今天唯一具有这种功能的现行批评方式），而且还必须通过和超越这种对特定文化客体的工具性功能的说明而试图投射出与其相伴共生的乌托邦力量，以便象征性地证实集体统一的特殊历史和阶级形式。[10] 这是一个统一的视角，而非两种选择或替代性分析的并置：每一种选择本身都不是令人满意的。事实上，马克思的“否定解释学”，如果孤立地实践，将完全证实萨林斯所抱怨的某些马克思主义文化分析的“机械”或纯粹工具的性质；而乌托邦或
292 “肯定解释学”，如果同样孤立地实践，如弗莱关于艺术的集体起源的理论，则将轻松地变成宗教的或神学的、说教的或道德的阐释，如果不具有社会生活和文化生产的阶级动力意义的话。

对这个命题可以提出一些重要的反对意见。一方面，我们将看到这等于把涂尔干的宗教理论概括成了作为整体的文化生产；如果这种观察是正确的——而我认为是正确的——那就必须从马克思主义立场以及从我们不久就将看到的后结构主义立场出发，提出关于实际是资产阶级或保守社会哲学的“采纳”的严肃的保

留意见。

涂尔干的体系——其中汇聚了从卢梭到黑格尔和费尔巴哈的一些源流——把宗教看作对某一特定部落、集体甚或社会构形的统一体的象征性证实。[11]因此，在涂尔干的社会学中，宗教是对现代社会中社会分化和**异常现象**进行分析的古代或乌托邦对等物。产生于第三共和国的发展岁月，之后受到来自右翼和工人阶级骚动等世俗制度的威胁，涂尔干的理论显然是保守的。与其他形式的实证主义一样，它试图为资产阶级议会国家提供功能保护。实际上，把宗教作为延缓或克服社会分化的“永恒的”驱动力加以理论化，在阶级客观分化的社会里把宗教和仪式习惯作为证实社会统一的象征性方式，显然是一种意识形态的操作，通过诉诸更高级的（和想象的）集体和社会统一原则而驱散这些分化。然而，要强调这种统一的纯粹**象征**性质就等于把这种理论置于这样一种视角当中，即宗教习俗和文化生产——对集体和乌托邦的怀念——都被用于意识形态的目的。

但是，我们必须要问，是否甚至像涂尔干的理论，也可以说
规避了我们在本章开头所概述的马歇尔·萨林斯对文化的工具概 293
念的批判。换言之，似乎甚至在这里也坚持文化和宗教的工具或功能观点，因为对社会统一的象征性证实被认为在所论社会构形的健康、存续和再生产过程中起到关键作用。事实上，几乎没有任何审美系统本身——宗教灵感的审美系统除外——能够抛弃关于艺术的终极社会功用的某种假设。只有海德格尔的把艺术作品视作对存在本身的瞬间瞥见的伟大幻想才称得上纯粹世俗的和非功能性的文化模式；而甚至在海德格尔的情况下，对晚期文本的神学解读也当然是可能的，正如政治的和社会的解读也同样是可能的一样，其中城邦（庙宇）和农民群体（那双农民的鞋和“田间小径”）有助于对社会秩序进行本质上原型法西斯主义

(proto-fascist) 的歌颂。[12]

我要论证的是，文化的功能性或工具性观念的问题在我们这里所论的乌托邦视角中基本上被超越和废除了。在无阶级社会里，卢梭把节日看作社会歌颂自身和自身统一的时刻，涂尔干类似的关于宗教统一“功能”的观点，以及我们自己把文化作为适当的乌托邦或集体冲动的表达的观点，都不再是萨林斯所说的那种微不足道的功能或工具性作用了。这就是说，如果愿意的话，涂尔干的宗教观（我们已将其扩大以包括一般的文化活动）作为对人类关系的象征性证实，以及海德格尔把艺术作品视为人类与非人类、与自然和与存在的关系的象征性表达，在这个社会中都是虚假的和意识形态的；但是，它们将认识真理，并在马克思所说的史前时期结束时得以独立存在。在那个时刻，意识形态与乌托邦的对立或功能—工具与集体的对立的问题，都将变成虚假的问题。

然而，在后结构主义的问题框架中，涂尔干的理论表述由于对个别主体的不同范畴的依赖而必定成为相当不同的批判的对象。[13]显然，不仅涂尔干的集体“意识”观点，还有“阶级意识”
294 观点——这是特定马克思主义传统的核心，依赖于用群体的动力不严厉而象征性地同化个别主体的意识。阿尔都塞和后结构主义者对有关“历史主体”观念的这些和其他表述的批判随时都是可以接受的。然而，阿尔都塞的追随者们所提供的其他选择——个别主体或作为“结构效果”的社会阶级或阶级作为全部结构之**承载者**（Träger）的观点[14]（这是与格雷马斯相对于叙述“人物”的表面范畴提出的叙述行为者观点相类似的一个概念的抽象）——具有纯粹否定的或二度批评的功能，并未提供任何新的概念范畴。这里所需要的——而且是今天马克思主义理论的最迫切任务之一——是集体动力的全新逻辑，其各个范畴免受取自个人经验的纯粹应用术语的污染（在那个意义上，甚至实践概念也是值得怀疑的）。在这个领域内已经做了一些启示性的工作，比如，我想到了也许终究不令人满意的但却大体上未得到讨论的萨特的《辩证理性批判》的机制。[15]但是，这个问题却极少以合适的方式得到关注。在此项任务完成之前，似乎还可以继续使用涂尔干或卢卡契关于集体意识或“正被抹去”的历史主体等语汇，只要我们明白任何这种讨论都不是指这些术语所指的概念，而是指迄今尚未理论化的客体——集体，这些术语便是喻指集体的不完善的提及。

至于认为涂尔干的问题性外在于马克思主义的看法，应该看到，在马克思自己的成熟著作中也存在着与涂尔干的宗教观相等价的东西，即在《政治经济学批判大纲》中提出的颇具黑格尔色 295
彩的小亚细亚生产方式的概念：

> 在小亚细亚的大多数土地形式中，位于所有这些小群体之上的综合性统一是作为高级所有者或独家所有者出现的……由于这种统一是真正的所有者和公社制的前提……个人之于劳动和生产的自然条件的关系……对于他来说是通过总体统一的转化来中介的——一种以暴君的形式实现的统一，他是许多群体之父——而与个人的统一则是通过特殊公社的中介实现的。[16]

显然，在由“暴君的身体”表达的社会统一观念中，宗教的意识形态作用问题要比马克思主义生产方式理论的其他相关问题更加迫切，与涂尔干的非历史的宗教理论相比，要更具体和更具有历史意义。关于这个颇有争议但属于正统马克思主义的概念的文献卷帙浩繁。[17] 以马克思主义立场批评涂尔干的最有影响的当代批

296 评家也力主把小亚细亚生产方式的“伪概念”从马克思主义的问题框架和马克思主义传统中清除出去。[18]然而，我们也许已经充分表明了象征性表现集体统一的**问题**是由马克思本人刻写在那个问题框架之内的，不管最终设计的解决方法是什么。

这就是我想要探讨的本书概述的方法论命题的一般理论框架：马克思主义的否定解释学，马克思主义实践的正统的意识形态分析，在对实际作品的解读和阐释中，应与马克思主义的肯定解释学或对相同的意识形态文化文本的乌托邦冲动的破译**同时进行**。如果这种双重视角——意识形态和乌托邦——的曼海姆式寓意仍然非常活跃，足以提供交流的噪音和概念的干涉，那么，就可以提出可供选择的其他理论表述。在这种理论中，**工具性**分析与**集体—联想**的或**公共**的文化解读相配合，或描述文化文本的**功能性**方法与**预期**的方法相并论。

然而，在没有看到这种命题提出的问题和困境已极大地超越了文学甚或文化批评的有限领域之前，我是不会就此下结论的。人们不愿意以利己的方式为文化批评的特权地位辩护。但是，历史事实是，“结构主义”或文本革命——主要通过阿尔都塞主义，已经改变了所有其他学科，从政治学到人类学，从经济学到立法和司法研究——以一种诠释为样板，对这种诠释来说，文学和文本批评在许多方面都是有力的形式。这实际上是一场反经验主义的“革命”，把“文本”概念楔入了传统学科之中，把“话语”或“写作”观念外推到以前被认为是“现实”的或真实世界的客体之上，如某一社会构形中的各个层面或实例：政治权力、社会
297 阶级、制度和事件本身。如应用得当，“文本”概念，如今天多种多样的符号学实践一样，并不把这些现实“还原”到一种或另一种微小和可控制的书写文献，而是把我们从经验对象中解放出来，不管它是制度、事件还是个别作品，把我们的注意力转移到

它作为客体的**构成**上，以及它与如此构成的其他客体的**关系**上。

因此，今天的文学和文化阐释所提出的特殊问题可以指望与其他社会科学的方法论问题构成启发性的类比（不言而喻，对马克思主义来说，文学和文化分析是一种社会科学）。我甚至可以再进一步提出，本书的结论中为那些特殊文化困境概述的这种解决办法对于其他领域也意义重大。事实上，类似的解决办法无处不有，此乃当今事物之状态。我将从三个相关领域来简述这些类比，即国家的问题，激进的立法研究的设立和民族问题。我们在前面已经涉及第一个问题，其中，当代的政治科学，尤其是尼科斯·普兰查斯的著作[19]，试图使国家和国家权力的研究摆脱旧的马克思的观点，即国家不过是阶级统治的工具或手段。这种传统的政治还原与我们上面描述的意识形态的工具—功能观点显然是一致的。普兰查斯反对这种传统，提出国家是一个半自治场，不是任何一个阶级的手段，而是进行普遍阶级斗争的一个空间。这种观点具有明显的政治影响，反映了现代社会中公共领域以及非霸权力量的极大扩张，如失业者或边缘人物的压力集团和公共领域协会的比较强硬的行动。把国家或公共领域看作自立的集体显然与我们对国家“文本”的乌托邦解读或诠释是一致的。

在激进的立法研究，以及对医疗和住房等公共政策的相关领 298
域的研究中，“文本”问题更加显见。在今日左派眼中的司法领域，在基于意识形态阐释的学派——试图把现存法律作为阶级统治的工具而加以揭示——与恪守乌托邦视角的学派之间存在着公开的对峙，后者恰与前者相反，以构思和制定全新的社会主义立法制度为己任，这种新的制度无法在现存制度中实现，而只能于中“层创进化”。那么，意识形态与乌托邦的协作就似乎具有理论的迫切性，而这必然伴随着真正的政治和战略后果。

最后，我将引用汤姆·奈恩（Tom Nairn）论述民族问题的开拓性著作《不列颠的瓦解》，作为本书提出的理论方法的一个类比的例子。民族问题仍然是当代世界政治的许多基本问题之一，对此，奈恩正确地看到，这代表了“马克思主义巨大的历史失败”，恰恰是受到传统马克思主义否定解释学的实践的阻碍，对这种解释学来说，民族问题不过是经济的意识形态的副现象。“民族主义理论的任务……必须要包括这个困境的进与退。它必须整体认清这种现象，超越这些‘肯定的’和‘否定的’的方面……［这些］区别并不意味着民族主义有两个标牌，一个是健康的，另一个是病态的。问题在于，正如最基本的比较分析将表明的，一切民族主义都既是健康的又是病态的。进步和倒退从一开始就刻写在它的生成符码上。”[20]这种对民族现象的同时是意识形态的和乌托邦的性质的坚持也不是纯粹理论问题；相反，在当今世界上越来越清楚的是（如果曾经有所怀疑的话），不可能掌握民族主义的巨大乌托邦吸引力的左派（正如不能掌握宗教或法西斯主义的吸引力一样），几乎没有希望“占用”这些集体能量，因此注定遭受政治无能的噩运。

299　但在此时，我们必须把本雅明对文化与野蛮状态的认同恢复到其正常的序列，不仅作为对意识形态文本的乌托邦范畴的证实，而最重要的是证实一切高雅文化的意识形态范畴。因此可以说，马克思主义的解释学——用历史唯物主义诠释文化丰碑和过去的痕迹——必须达到这种确定性，即一切阶级历史的作品，仅就它们在我们时代的博物馆、制度和“传统”中幸存下来并流传开来这一点而言，都不同方式地具有深刻的意识形态性，都与基于暴力和剥削的社会结构有着息息相关的利益和功能关系。最后，恢复最伟大的文化丰碑的意义与对它们中包含的一切压抑因素、一切与负有不仅特别使文化而且使**历史**本身成为漫长梦魇之罪过感的特权和阶级统治共谋的因素进行激烈的和带有党派偏见的评价是分不开的。

然而，本雅明的口号对于自由和不问政治的艺术和文学批评家来说则是一句艰涩的名言，对他们来说，它表达了阶级现实的回归，和对看上去甚至最无辜和“终生难忘的”杰作的黑暗面的痛苦回忆。对特定的激进派来说，本雅明的理论表述则是一种指责和警告，反对他们简单地把经典作品用作这种或那种历史上“进步”力量的人道主义表现。最后，它是对本书提出的政治无意识学说的适当修正，重新主张甚至在恢复了乌托邦意义的文化制品内仍然持存的、丝毫没有减弱的意识形态的扭曲力，提醒我们在艺术和文化的象征范围内，统治的意志仍然完好无损。只有以此为代价——即同时承认艺术文本内的意识形态和乌托邦功能——马克思主义的文化研究才有希望在政治实践中发挥作用，当然，这种实践依然是马克思主义的全部意义之所在。

【注释】

[1] Marshall Sahlins, *Culture and Practical Reason*, Chicago: University of Chicago Press, 1976.

[2] 仅就文学批评而言，在理论层面上抛弃内在性的这种幻景，要比在实际诠释层面拒斥它的固存容易得多。这种矛盾的一个颇有指导性和有影响的例子可见于当代对“过时了的”卢卡契的“内容分析”的反应（1970年4月由 *La Nouvelle Critique* 召开的重要的克鲁尼研讨会载有这方面的文献，并以 *Littérature et ideologies* 为题发表）：对整个新的可选方法的符码化——探讨意识形态在纯粹形式范畴，如再现、叙述封闭、围绕中心主体的组织，或在场的幻觉的一个聚合体中的刻写——一般都与《泰凯尔》和《银幕》等小组相关，而且以不同的方式与德里达的著作相关（尤其参见“Hors Livre,” in *La Dissémination*, Paris: Seuil, 1972, pp. 9－67）。因此，对这些范畴及其意识形态后果的揭示是以一种较新的美学、精神分析学和被冠以不同名称的道德价值，如异质性、传播、断裂、精神分裂症和书写

等完成的，也就是说，是以明显的反内在（但也是反超验）的概念完成的。然而，据此而被理论化的这种批评实践背后的冲动往往恰恰是内在的，把文本有效发挥作用的历史环境包括在内，并坚持认为意识形态立场可以通过内在文本或纯粹形式特征的认同而被确定。因此这样一种方法能够把其作品限制在个别印刷的文本，并标明这样一种非历史的观点，即所论的形式特征无论何时何地都带有相同的意识形态负荷。矛盾的是，这个系统所拒斥的外在的、语境的或环境的指涉恰恰是与它相异的。

[3] Paul Ricoeur，*Freud and Philosophy*，trans. D. Savage，New Haven：Yale，1970，p. 27.

[4] See Louis Althusser，"Ideological State Apparatuses，" in *Lenin and Philosophy*，trans. Ben Brewster，New York：Monthly Review，1971，pp. 170—177.

[5] Ernst Bloch，*Das Prinzip Hoffnung*，Frankfurt：Suhrkamp，1959，pp. 395—409.

[6] Max Horkheimer and Theodor W. Adorno，*Dialectic of Enlightenment*，trans. J. Cumming，New York：Herder & Herder，1972，pp. 168—208.

[7] In "Reification and Utopia in Mass Culture，" *Social Text*，No. 1 (1979)，pp. 130—148. 然而，我建议，把当代"高雅"文化（即现代主义）作为更大的文化统一体的一部分加以研究也许会更为合适，大众文化是这个统一体的不可分割的辩证的另一极。

[8] 参见 *Marxism and Form*，pp. 376—390，以及"Class and Allegory in Contemporary Mass Culture：*Dog Day Afternoon* as a Political Film，" *College English*，Vol. 38，No. 7 (March，1977)，reprinted in *Screen Education*，No. 30 (Spring，1979) 中相关的反思。这些表述依据 Ralf Dahrendorf，*Class and Class Conflict in Industrial Society*，Palo Alto：Stanford University Press，1959，pp. 280—289；E. P. Thompson，*The Making of the English Working Classes*，New York：Vintage，1966，Preface（另见他的"Eighteenth Century English Society：Class Struggle

without Class?" *Social History*, 3 [May, 1978]; and *The Poverty of Theory*, London: Merlin, 1979, 298ff.); and Jean-Paul Sartre, *Critique of Dialectical Reason*, trans. by A. Sheridan-Smith, London: New Left Books, 1976, esp. pp. 363—404, on the "fused group"。

[9] Colin Turnbull, *The Forest People*, New York: Simon and Schuster, 1962.

[10] 这并非纯粹的理论或文学批评问题，可以通过人们对法西斯主义本质和动力所恢复的兴趣，以及以更加合适的方式理解这种现象——而非仅将其作为垄断资本主义特定阶段附带的"虚假意识"——的迫切性而得以证明。这种尝试，其中许多基于第三帝国，并试图衡量大众对法西斯主义的"力比多投资"，构成了用我们现行的术语所说的，通过一个辨识其"乌托邦的"力量和本源的分析而实现对法西斯主义"意识形态"的分析。See Jean-Pierre Faye, *Language totalitaires*, Paris: Hermann, 1972; Maria Antonietta Macciochi, ed., *Elements pour une analyse du fascisme*, 2, vols., Paris: 10/18, 1976; Ernst Bloch, *Erbschaft dieser Zeit*, 1935, Frankfurt: Suhrkamp, 1973.

[11] Emile Durkheim, *Les Formes élémentaires de la vie religieuse*, Paris: PUF, 1968, pp. 593—638.

[12] 关于海德格尔与纳粹的关系，参见 M. A. Palmier, ed., *Les Ecrits politiques de Heidegger*, Paris: L'Herne, 1968。

[13] 现在该是把出于策略的考虑而从涂尔干的引文中删掉的那句有牵连的话补上的时候了，它是本书的一句格言："只有包括一切个别主体的主体才能包容这样一个客体［作为总体的社会］。"(*Formes élémentaires*, p. 630)

[14] See Nicos Poulantzas, *Political Power and Social Classes*, trans. T. O'Hagan, London: New Left Books, 1973, p. 62.

[15] 对这个机制的比较全面的准备性讨论见 *Marxism and Form*, esp. pp. 244—257。

[16] Karl Marx, *Grundrisse*, trans. Martin Nicolaus, Harmondsworth:

Penguin，1973，pp. 472—473. 根据文化生产重写“东方专制主义”概念的开拓性的努力当属 Gilles Deleuze and Félix Guattari，*Anti-Oedipus*，trans. Robert Hurley，Mark Seem，and Helen R. Lane，New York：Viking，1977，pp. 192—222（the“barbarism” section of chap. 3，“Savages，Barbarians，and Civilized”）。莫里斯·哥德莱尔始终如一地坚持把这个概念用于原始社会的研究（in *Horizon*：*trajets marxistes en anthropologie*，Paris：Maspéro，1973）。吸引了大量理论批评的一种引申见下面的注释 17。政治无意识中围绕“东方专制主义”概念的文化幻想似乎与现已过时的“世界帝国”阶段相对应，这个“世界帝国”已由资本主义世界体系的新的组织所取代（see Immanuel Wallerstein，*The Modern World System*，New York：Academic，1974，esp. pp. 16—18，32—33，60—62）。

［17］See Jean Chesneaux，ed.，*Sur le*“*mode de production asiatique*”，Paris：Editions sociales，1969；Perry Anderson，“The ‘Asiatic Mode of Production,’ ” in *Lineages of the Absolute State*，London：New Left Books，1974，pp. 462—549；and Barry Hindess and Paul Hirst，*Pre-Capitalist Modes of Production*，London：Routledge & Kegan Paul，1975，chap. 4.（上述第二项和第三项是对这个概念的有力批判。）

［18］在谈到当代马克思主义人类学中类似的宗教观点时，辛迪斯和赫斯特观察道：“梅拉苏克斯（Meillassoux）显然把集体狩猎解作一种集体仪式功能的施行，以强化集体情感。这种观点在涂尔干关于仪式形式和社会团结的框架内可以找到一席之地，但与马克思主义却无任何关系”（Hindess and Hirst，*Pre-Capitalist Modes*，p. 55）。人们忍不住再加一言：那样的话，对马克思主义真是太糟了！

［19］E. g.，*Political Power and Social Classes*，chap. 4，“The Relative Autonomy of the Capitalist State”.

［20］Tom Nairn，*The Break-up of Britain*，London：New Left Books，1977，pp. 332，347—348.

索 引

The Political Unconscious: Narrative as a Socially Symbolic Act
by Fredric Jameson

Originally published by Cornell University Press

图书在版编目(CIP)数据

政治无意识/(美）詹姆逊著；王逢振主编；王逢振，陈永国译．—北京：中国人民大学出版社，2018.5
（詹姆逊作品系列）
ISBN 978-7-300-21610-2

Ⅰ.①政… Ⅱ.①詹… ②王… Ⅲ.①西方马克思主义-研究 Ⅳ.①B089.1

中国版本图书馆 CIP 数据核字（2015）第 152492 号

詹姆逊作品系列
王逢振　主编
政治无意识
[美] 弗雷德里克·詹姆逊（Fredric Jameson）　著
王逢振　陈永国　译
Zhengzhi Wuyishi

出版发行	中国人民大学出版社		
社　　址	北京中关村大街 31 号	**邮政编码**	100080
电　　话	010－62511242（总编室）		010－62511770（质管部）
	010－82501766（邮购部）		010－62514148（门市部）
	010－62515195（发行公司）		010－62515275（盗版举报）
网　　址	http://www.crup.com.cn		
	http://www.ttrnet.com（人大教研网）		
经　　销	新华书店		
印　　刷	涿州市星河印刷有限公司		
规　　格	150 mm×228 mm　16 开本	**版　　次**	2018 年 5 月第 1 版
印　　张	23 插页 2	**印　　次**	2018 年 5 月第 1 次印刷
字　　数	271 000	**定　　价**	69.80 元